U0472794

绿色制造与供应链运营管理

曹 裕 著

科 学 出 版 社

北 京

内 容 简 介

本书较为系统地介绍了绿色制造与供应链运营管理。本书共分为三篇，其中第一篇为绿色制造，该部分主要对绿色制造内涵、绿色制造体系、绿色制造的质量管理和绿色智能制造等进行了梳理。第二篇为绿色供应链运营管理，该部分关注绿色供应商管理、绿色供应链库存管理、绿色供应链销售管理三个方面。第三篇为绿色制造与供应链运营管理前沿，该部分则主要从绿色制造技术、绿色供应链整合和绿色供应链金融三个方面介绍了绿色制造与供应链运营管理研究前沿。

本书为理解和实施绿色制造提供了系统性的理论基础和实践指导，适合对绿色制造和供应链运营管理感兴趣的专业人士、学者、学生和政策制定者阅读。

图书在版编目（CIP）数据

绿色制造与供应链运营管理 / 曹裕著. —北京：科学出版社，2024.3

ISBN 978-7-03-077500-9

Ⅰ. ①绿…　Ⅱ. ①曹…　Ⅲ. ①供应链管理-研究　Ⅳ. ①F252.1

中国国家版本馆 CIP 数据核字（2024）第 007493 号

责任编辑：徐　倩 / 责任校对：贾娜娜
责任印制：吴兆东 / 封面设计：有道设计

科学出版社 出版
北京东黄城根北街 16 号
邮政编码：100717
http://www.sciencep.com
北京厚诚则铭印刷科技有限公司印刷
科学出版社发行　各地新华书店经销

*

2024 年 3 月第　一　版　开本：720 × 1000　1/16
2025 年10月第三次印刷　印张：12 1/2
字数：250 000

定价：136.00 元

（如有印装质量问题，我社负责调换）

目　录

第一篇　绿 色 制 造

第二篇　绿色供应链运营管理

第三篇　绿色制造与供应链运营管理前沿

第一篇　绿色制造

绿色制造，即在尽可能保证产品质量和生产效益的基础之上，整体考量资源利用效率和环境影响的一种现代化生产制造方式，旨在通过减少环境影响、提高资源利用效率和促进可持续发展，实现工业生产与环境保护的和谐共生。政府高度重视绿色制造领域的突破与发展，近年来，为全面推进绿色制造，持续完善其服务体系，助力碳达峰、碳中和的“双碳”目标，出台了系列政策。2015 年，国务院公布的《中国制造 2025》明确提出将绿色制造列为五大重点领域之一，为绿色制造的未来发展方向和目标指明了道路。2016 年，工业和信息化部办公厅印发《关于开展绿色制造体系建设的通知》，提出要全面统筹推进绿色制造体系建设，到 2020 年，绿色制造体系初步建立，绿色制造相关标准体系和评价体系基本建成，在重点行业出台 100 项绿色设计产品评价标准、10～20 项绿色工厂标准，建立绿色园区、绿色供应链标准，发布绿色制造第三方评价实施规则、程序，制定第三方评价机构管理办法，遴选一批第三方评价机构，建设百家绿色园区和千家绿色工厂，开发万种绿色产品，创建绿色供应链，绿色制造市场化推进机制基本完成，逐步建立集信息交流传递、示范案例宣传等为一体的线上绿色制造公共服务平台，培育一批具有特色的专业化绿色制造服务机构。自 2017 年，工业和信息化部开始从国家、省、市三个层面每年遴选绿色制造名单。这些均为政策对如何构建绿色制造体系提供了系统性的梳理和指导，并奠定了我国构建绿色制造体系的基本框架。

截至 2023 年 5 月，我国共公示 7 批国家级绿色制造名单，累计已创建绿色工厂 3616 家、绿色工业园区 267 家、绿色供应链管理企业 403 家，约推广了绿色产品 3 万多种，绿色制造硕果累累。然而，与发达国家相比，我国绿色制造整体水平还有很大提升空间。与此同时，我国地域间差异较大，总体上高端制造技术存在短板、绿色技术研发投入不足、制造企业绿色制造的主动性低等掣肘性问题。

因此，本书对绿色制造内涵、绿色制造体系、绿色制造的质量管理、绿色智能制造等相关领域进行梳理有利于掌握其内在逻辑，为加快推进绿色制造体系建设提供借鉴。本篇将重点介绍绿色制造与绿色制造体系的内涵与构成，分析绿色制造的质量管理机制，并重点关注绿色制造的智能化转型趋势与路径。

第 1 章 绿色制造概述

1.1 绿色制造理念

1.1.1 绿色制造背景

近年来，制造业的快速发展对促进经济增长和扩大就业等起到了重要作用，但同时伴随资源浪费、环境污染等挑战。气候变化、空气和水污染正威胁可持续发展（IPCC，2022，2023,）。传统的制造业具有规模化、高投入的特点，并伴随着资源浪费、废物排放等问题（Mao and Wang，2019）。现阶段，全球制造商面临合规性、能源和材料成本上升的问题（Jena et al.，2020）。但随着制造业环保意识的增强，绿色制造崭露头角，这指引了制造业的升级方向（李廉水等，2015）。发展绿色工业是实现绿色经济的关键（李晓西和王佳宁，2018）。现代制造业利用先进技术（如自动化），实现流程优化、能源和材料消耗减少、效率和产品质量提升。绿色制造成为关键，其旨在平衡制造与环境保护（Kannan et al.，2022；Dubey and Bag，2018）。

环境保护是推动绿色制造兴起的重要背景（周源等，2018）。绿色制造基于制造业的可持续发展需求和环境保护紧迫性，融合技术创新、环境保护和可持续发展，提高制造业效率、减少环境影响，实现经济发展和环境保护双赢。全球范围内，绿色制造得到认可和应用，为可持续发展奠定基础（Abualfaraa et al.，2020；原毅军和陈喆，2019；Paul et al.，2014）。为减少环境影响，绿色制造强调生产过程中最大限度地降低能源消耗和废物排放并优化材料使用等。随着环境法规愈加严格，企业通常会采用绿色制造以遵守法规、应对风险。

1.1.2 绿色制造内涵

在 1996 年，美国制造工程师学会发布的《绿色制造》（*Green Manufacturing*）蓝皮书系统地阐述了绿色制造的详细概念，其认为绿色制造是一种综合考虑资源效率和环境影响的现代制造模式。国内学者刘飞（1997）提出的对于绿色制造的相关定义，得到学者的广泛认可，其认为绿色制造是一种贯穿产品或服务的整个生命周期、整体考量资源利用效率和环境影响的一种现代化生产制造方式，在产品及服务的设计、制造、包装、运输、销售到回收处理的各个阶段中，强调在对环境的负面影响最小化的同时最大化资源利用效率，最终实现制造企业经济效益、环保效益和社会效益三方面的协调优化。此后，刘飞等（2021）指出：绿色制造是一种新兴的现代化制造模式，该模式将环境影响和资源消耗两个方面纳入考虑范围。其核心目的是在产品、服务的整个生命周期中，从构思、制造、包装、运输、使用到回收处理，最大可能地减少对环境的负面影响，同时实现资源利用的高效率，并协调优化企业的经济效益、社会效益和生态效益。

从上述定义可知，实施绿色制造，是协同解决制造问题、环境保护问题以及资源优化利用问题之策，是三大效益的优化之策。本书将沿袭这一基本定义，将“制造”视为产品的全生命周期。这个概念承接了 1990 年国际生产工程学会（Collège International pour la Recherche en Productique，CIRP）给出的相对宽泛的界定——制造，即对产品研发设计、材料及供应商选择、生产流程规划、产品质量保障、企业经营管理、市场销售等一系列产品全生命周期相关活动的概括。本书延续更为宽泛的“大制造”概念，结合刘飞等学者的绿色制造概念，认为绿色制造是在尽可能保证产品质量和生产效益的基础之上，整体考量资源利用效率和环境影响的一种现代化生产制造方式。绿色制造通过优化制造过程、改良产品设计以及提高资源利用效率等手段，旨在最大限度地降低对环境造成的负面影响，从而实现长远发展目标。作为对传统制造模式的一种升级和改良，绿色制造关注整个产品的生命周期，从资源获取、生产加工、使用阶段，直至产品报废和再利用，均致力于减少环境污染和资源浪费，同时确保产品质量和性能。

绿色制造对促进可持续发展具有重大意义。首先，它有助于减少环境污染，保护生态系统的稳定性和多样性。传统制造模式常常导致空气、水和土壤的污染，绿色制造的推广可以减少这些污染，改善环境质量。其次，绿色制造有利于资源的合理利用。随着资源短缺问题的日益突出，通过减少浪费和循环利用，绿色制造可以有效地延长资源的使用寿命。此外，绿色制造也能够提高企业的竞争力和可持续经营能力。消费者日益重视环保产品，企业通过绿色制造能更好地迎合市场趋势，从而提升品牌声誉和扩大市场占有率。

绿色制造代表了制造业可持续发展的方向。在资源短缺和环境污染等挑战面前，绿色制造为制造企业提供了一种切实可行的解决方案，它不仅有助于保护环境，还能提高企业的竞争力和市场份额。通过技术创新、产业合作和政策支持，有望实现绿色制造的目标，以期为未来的可持续发展铺平道路。然而要实现绿色制造并非一项简单的任务，需要克服诸多挑战。首先，技术创新和转型是关键。新的制造技术和工艺需要不断地研发和应用，但这可能需要较高的投资和较多的时间。其次，产业链合作也是至关重要的。制造业涉及众多环节，需要不同企业间的合作才能实现资源的有效利用和废物的循环利用。此外，政策支持和法规制定也是推动绿色制造的重要手段，政府可以通过激励措施和监管政策引导企业朝着更加环保的方向发展。

1.1.3　绿色制造特征

绿色制造作为一种现代制造范式，强调在产品的整个生命周期内减少环境影响，提高资源利用效率，实现可持续发展目标。绿色制造具有综合性和全局观、资源高效利用、创新技术应用、系统化思维、作为企业战略与社会责任的特征，而其特征就在于通过整合先进技术、优化流程、改变思维方式以及调整企业战略，创造更加环保和可持续的制造模式。

1. 综合性和全局观

绿色制造的核心特征是其综合性和全局观，强调将环境保护与可持续发展融入产品生命周期和制造价值链的每个环节，以实现全面的环保目标。这一特征展现了制造业在追求环保和可持续性方面更加系统化与前瞻性的思维方式。综合性意味着绿色制造不局限于某一个生产环节，而是包括了产品、服务的整个生命周期，从构思、采购、生产、物流、使用到废弃处理等各方面。这要求制造企业应将环保理念融入产品从产生到终结的全过程。例如，绿色制造能够通过采用可再生能源供电、优化生产工艺、减少废物排放、提高产品再制造和回收利用等多维度措施，减轻对环境的影响。全局观则强调了绿色制造从更宏观、更系统的角度来考虑和实施环保措施。这要求企业不应仅将制造过程中的环保改进视为孤立的任务，而应将其整合进更广泛的策略和目标中。例如，企业不仅要关注单一工厂的能源消耗，还需考虑整个企业在全球范围内的能源利用和排放状况，同时与供应商、合作伙伴及整个产业链中的其他企业协同合作，以实现更广泛的环保效益。综合性和全局观的特征使绿色制造超越了单一的技术应用，成为一种更为深远的理念和战略。通过将环保和可持续性的理念融入企业文化和价值观，企业能更灵活地适应不断变化的环境挑战，实现可持续的增长和发展。

2. 资源高效利用

绿色制造致力于资源的高效利用，旨在避免资源浪费和过度消耗。其核心在于生产过程中极大地减少资源的消耗和浪费，更为高效地利用可再生与不可再生资源，从而降低对环境的影响，并推向可持续发展的制造模式。这一特征凸显了对资源稀缺性和环境可持续性的深切关注，旨在通过优化资源利用来推动制造业向更环保、更可持续的方向发展（Xiong et al.，2020）。绿色制造强调通过优化生产工艺、改良设计和采用先进技术，将资源浪费最小化（Saxena and Srivastava，

2022）。这涵盖了减少原材料消耗、降低能源和水的使用、减少废弃物的生成等多个方面。通过精细的过程控制和工程设计，能够减少生产过程中的不必要损耗，进而提高资源的利用效率。同时，绿色制造倡导循环经济的原则，即通过回收和再利用废弃物与副产品，使资源保持在生产循环中。这有助于减少对新原材料的需求，降低废弃物排放，同时节约能源和成本（方行明等，2019）。通过建立高效的回收系统，绿色制造实现了废弃物向资源转化，促成了资源的可持续利用。此外，绿色制造强调选择更环保和可循环利用的材料，以减少生产过程中对环境的影响。这包括选用可再生材料，减少有毒、有害物质的使用，降低对稀缺资源的依赖，等等。优化材料的选择不仅有助于减少资源消耗和废弃物产生，还能提高产品的环保性能（Maruthi and Rashmi，2015）。

3. 创新技术应用

绿色制造的创新技术应用是指在制造过程中采用先进的、环保的技术和方法，以实现资源高效利用、废弃物减少和环境影响降低的目标。这一特征凸显了技术创新在推动绿色制造转型中所扮演的关键角色，凭借新颖的科技手段，改进生产过程，提高产品质量，降低环境风险，并在经济、环境和社会层面上实现可持续发展。数字化制造技术，如工业互联网、物联网（internet of things，IoT）、大数据分析等，为绿色制造开辟了新的途径（Despeisse et al.，2022；Bag et al.，2021）。实时监测与数据分析能够提升生产过程的效率和精确度，进而减少资源和能源的消耗（Sartal et al.，2020）。此外，数字化技术还能协助企业更高效地管理供应链，完善生产计划，尽可能减少库存和降低运输成本。绿色制造倡导开发和使用环保材料，如可再生材料和生物降解材料等，以减少对有限资源的依赖。同时，新的生产工艺可以降低对环境的影响，如使用水性涂料替代有机溶剂涂料，采用精细加工技术减少材料损耗等（Yin et al.，2022）。

4. 系统化思维

绿色制造的系统化思维特征强调将制造过程视为一个复杂的系统，通过综合考虑各种因素和其间的相互关系，以实现资源高效利用、环境影响降低和可持续发展的目标。这种思维方式超越了传统的单一技术和部门的观念，将制造过程纳入整体的、综合性的考虑范畴，以确保系统各个环节的协调和优化。绿色制造着重从整体系统的角度看待制造过程，将不同的组成部分和环节看作相互关联、相互影响的整体，而不是孤立的单元。这种系统性思考视角有助于识别各个环节之间的相互依赖关系，找到优化资源利用和环境影响的策略。系统化思维意味着需要在制定决策时综合考虑包括技术、经济、环境、社会等在内的诸多因素。绿色制造不仅仅追求单一目标的优化，而是通过综合性的决策，实现多方面的平衡，如在资源利用和环境影响之间找到最佳平衡点。此外，绿色制造采用周期性的分析方法，从产品的生命周期角度考虑环境影响。这种思维特征将产品从设计、制造、使用到废弃的全过程纳入考虑，以识别潜在的环境热点和影响因素，并寻找优化策略。

5. 作为企业战略与社会责任

绿色制造不仅仅是一种生产方法，更是一种全面的企业战略和社会责任，覆盖了从产品设计、生产、供应链管理到市场营销以及与社会和环境的多维互动。作为企业的战略选择，绿色制造将环保和可持续性融入企业的核心价值观和追求目标中。企业视环境保护为长远战略，将之融入业务决策与资源配置中，并据此来确定其市场定位，这不仅能够增强企业的竞争力，同时也满足了消费者对环保产品和企业社会责任的期望（Padilla-Lozano and Collazzo，2022）。绿色制造着重企业对社会和环境的责任。企业需深刻认识到自身行为对环境和社会的影响，并采取积极措施减轻负面效应，提升环境效益。通过减少环境污染、资源浪费，以及采纳可再生能源等策略，企业有能力回馈社会，为环境保护和可持续发展贡献力量（Afum et al.，2020a；Rosário and Dias，2022）。

1.1.4　绿色制造目标

作为绿色经济的核心组成部分，绿色制造自 2012 年“Rio 20＋”峰会提出“以绿色经济解决持续发展与贫困问题”以来，便成为全球关注的焦点。绿色经济强调可持续资源利用、碳排放减少和环境可持续性，其核心原则在于在实现经济增长和繁荣的同时，最小化环境危害并提高社会包容性（United Nation，2012）。在绿色经济的实现框架中，绿色制造被视为实现这些目标的重要手段，其旨在通过降低对环境的影响、提高资源利用效率和可持续发展，实现工业生产与环境保护的和谐共生。具体而言，绿色制造的目标包括以下三个方面。

1. 降低对环境的影响

绿色制造的首要任务是减轻工业生产对环境的负面影响。作为绿色制造的核心目标之一，旨在通过改变生产方式和采用环保措施，减少工业生产对环境的不良效应。这包括减少空气、水和土壤污染，减少有害排放物的释放，防止生态系统的破坏和生物多样性的丧失。通过优化生产流程，采用清洁技术和绿色材料，以及实施严格的环境管理和监测，企业能够在实现经济增长的同时，维护自然生态系统的稳定。此外，降低环境影响还涉及减少能源和水资源的使用，以及合理管理废弃物和妥善处理废弃物。绿色制造通过集成环境因素，旨在建立更可持续的产业模式，为未来的发展创造更清洁、更健康的生产环境。

2. 提高资源利用效率

提高资源利用效率和推动可持续发展是绿色制造的两个紧密关联的目标（D’Angelo et al.，2023），它们共同构建了一个可持续的产业生态系统。通过优化资源利用，减少浪费，以及在生产、设计和供应链中融入环保理念，企业能够实现资源的高效利用，同时保持经济与生态的平衡。企业通过引入节能技术、优化生产流程、提升设备效率，以及改进产品设计，可以实现更高效的资源利用，降低成本，同时减少环境影响。循环经济概念也在此背景下崭露头角，鼓励资源的再利用、回收和再生，减少资源的线性消耗，促进资源的循环利用。同时，采用可再生能源和绿色材料也是提高资源利用效率的关键途径，它帮助企业减少对有限资源的依赖，转向更可持续的发展路径（诸大建，2012）。

3. 可持续发展

作为绿色制造的根本目标，可持续发展强调在满足当前需求的同时，保障未来世代的需求。它关注的是长期的平衡和协调，涵盖经济、社会和环境三个维度。绿色制造通过将可持续发展原则融入企业战略、生产流程和产品设计，以及与利益相关者合作，确保工业发展与社会、环境之间的协调。在产品设计上，考虑产品的寿命周期、易于拆解和回收，推动可持续性产品的制造。在供应链管理上，与供应商合作，共同减少环境影响和社会风险（Maruthi and Rashmi，2015）。此外，积极参与社会责任活动、支持社区发展，也是企业实现可持续发展的重要途径之一（Afum et al.，2020a，2020b）。资源效率和可持续发展之间的关系密不可分。提高资源效率可以降低对有限资源的需求，减轻环境污染，从而推动可持续发展的实现。而要实现可持续发展，则需要在资源利用、生态保护和社会福祉之间找到平衡，确保资源得到可持续利用，以满足当前和未来的需求。绿色制造通过全面地考虑资源效率和可持续发展，引领企业走向更加可持续的发展道路，不仅在经济层面取得成功，更在环境和社会层面塑造出更美好的未来。

1.2　绿色制造发展现状

1.2.1　典型国家制造业发展

目前，我国在建设绿色制造体系方面不断深入拓展研究，绿色制造理念已经在全国各地广泛应用。本书摘取“十三五”时期以来部分政策供读者阅读与理解，如表 1-1 和表 1-2 所示。

表 1-1　国家有关绿色制造的政策汇总

年份	颁布部门	政策名称	政策主要内容
2016	工业和信息化部	《工业绿色发展规划（2016—2020 年）》	加快形成绿色集约化生产方式，增强制造业核心竞争力
2016	工业和信息化部、国家发展改革委、财政部、科技部	《绿色制造工程实施指南（2016—2020 年）》	在制造业领域积极推行绿色管理和认证
2016	工业和信息化部办公厅	《关于开展绿色制造体系建设的通知》	培育一批具有特色的专业化绿色制造服务机构
2017	国务院办公厅	《关于积极推进供应链创新与应用的指导意见》	在汽车、通信、机械等行业推行产品全生命周期绿色管理
2021	工业和信息化部、科技部、财政部、商务部、国务院国有资产监督管理委员会、中国证券监督管理委员会	《关于加快培育发展制造业优质企业的指导意见》	支持参与实施工业低碳行动和绿色制造工程
2021	工业和信息化部、中国人民银行、中国银行保险监督管理委员会、中国证券监督管理委员会	《关于加强产融合作推动工业绿色发展的指导意见》	将国家产融合作平台作为金融支持工业绿色发展的重要载体，增设“工业绿色发展”专区
2022	工业和信息化部、国家发展改革委、国务院国有资产监督管理委员会	《关于巩固回升向好趋势加力振作工业经济的通知》	深入实施智能制造工程，开展智能制造试点示范行动，加快推进装备数字化，遴选发布新一批服务型制造示范，加快向智能化、绿色化和服务化转型
2022	中共中央、国务院	《扩大内需战略规划纲要（2022—2035 年）》	加快构建废旧物资循环利用体系，规范发展汽车、动力电池、家电、电子产品回收利用行业，构建多层次资源高效循环利用体系
2022	工业和信息化部、国家发展改革委、住房和城乡建设部、水利部	《关于深入推进黄河流域工业绿色发展的指导意见》	到 2025 年，黄河流域传统制造业能耗、水耗、碳排放强度显著下降，绿色低碳技术装备广泛应用，绿色制造水平全面提升
2023	中共中央、国务院	《质量强国建设纲要》	全面推行绿色设计、绿色制造、绿色建造，优化资源循环利用技术标准

表 1-2　部分省区市有关绿色制造的政策汇总

年份	省区市	政策名称	政策主要内容
2016	海南省	《海南省人民政府关于贯彻落实〈中国制造 2025 的实施意见〉》	全面推进绿色制造，增强可持续发展能力。实行市县、重点行业、产业园区主要污染物排放总量与强度双控制，开展园区循环化改造，构建“源头减量、过程控制、末端再生”循环生产方式
2016	江苏省	《江苏省绿色制造体系建设实施方案》	稳步推进绿色制造体系建设，逐步建立集信息交流传递、政策和示范案例宣传等为一体的省级绿色制造公共服务平台，培育一批具有特色的专业化绿色制造服务机构，一批第三方评价机构符合工信部资质管理要求并获得认定
2016	广西壮族自治区	《关于印发广西绿色制造体系建设工作实施方案的通知》	以冶金、有色、建材、汽车、机械、制糖、林板、轻工等行业、纤维板产品为绿色制造体系建设的重点领域，建立健全工作机制

续表

年份	省区市	政策名称	政策主要内容
2016	北京市	《北京制造业创新发展领导小组关于印发〈北京绿色制造实施方案〉的通知》	贯彻全生命周期、资源节约环境友好、绿色创新三大原则，推动绿色材料、绿色产品、绿色工厂、绿色园区和绿色产业链五大领域全面发展
2016	湖北省	《湖北省工业绿色制造体系建设实施方案》	发布全省工业绿色产品目录，引导绿色生产，促进绿色消费；补全完善园区内产业的绿色链条
2017	甘肃省	《关于开展绿色制造体系建设试点工作的通知》	在钢铁、有色、化工、建材、轻工、装备制造业、陇药等 7 个重点行业，建设 10 个绿色园区，20 个绿色工厂，开发 100 种绿色产品，创建基于各行业或区域特色的 10 条绿色供应链
2017	湖南省	《湖南省绿色制造体系建设实施方案》	到 2020 年，全省建设 100 家绿色工厂和 10 家绿色园区，培育一批绿色制造服务机构
2021	河北省	《河北省“十四五”工业绿色发展规划》	聚焦八大主导产业和 107 个省级特色产业集群，培育一批低碳转型效果明显的先进制造业集群和县域特色产业集群
2022	辽宁省	《辽宁省“十四五”生态经济发展规划》	加快绿色工厂建设，遴选一批优质企业开展绿色工厂自我对标，以绿色工厂建设创建带动制造业企业建立能源管理体系并有效运行
2023	重庆市	《重庆市工业领域碳达峰实施方案》	推动现有企业、园区生产过程清洁化转型，精准提升市场主体绿色低碳水平，引导绿色园区低碳发展，打造绿色制造体系低碳升级版。培育创建绿色低碳工厂；打造绿色低碳工业园区；构建绿色低碳供应链；创建清洁生产试点园区等
2023	山西省	《山西省制造业绿色低碳发展 2023 年行动计划》	以钢铁、焦化、化工、有色金属、建材等高耗能行业为重点，对标重点领域能效标杆水平，有序推进技术工艺升级，大力推动烧结烟气内循环、干熄焦、低品位余热利用、高效篦式冷却机改造、炉窑蓄热保温技术等节能降碳技术改造
2023	浙江省	《2023 年浙江省绿色制造工作要点印发》	一是完善全生命周期绿色标准，研究出台“浙江省绿色供应链建设评价导则”“浙江省工业企业碳达峰碳中和行动指南”。二是健全省市县梯度培育机制，研究出台“浙江省绿色低碳工业园区、工厂动态管理办法”
2023	上海市	《上海市推动制造业高质量发展三年行动计划（2023—2025 年）》	创建 150 家绿色制造示范单位和 15 家“零碳”示范单位，形成 10 条具有代表性的绿色供应链等

与此同时，近年来各国（或地区）制定了一系列制造产业政策，具体见表 1-3。

表 1-3 部分国家/地区制造产业政策汇总

年份	国家/地区	政策名称	政策主要内容
2021～2022	美国	《先进制造业国家战略》	将发展重点聚焦在先进材料、智能制造、脱碳等先进制造业领域
		《通胀削减法案》	引导多方投资于新能源与清洁项目
		《芯片和科学法案》	向尖端科技领域提供巨额补贴、减税优惠以及资金支持
		《基础设施投资和就业法案》	扩大美国制造材料和产品在社会各方的应用

续表

年份	国家/地区	政策名称	政策主要内容
2023	欧洲	《绿色协议产业计划》	加强欧洲零排放产业的竞争力并提高欧盟本土的可再生能源产能
		《净零工业法案》	提出到 2030 年最低有 40%低碳技术在欧盟制造
		《关键原材料法案》	提出最低 40%的原材料加工和提炼在本地进行
2023	日本	《2023 年制造业白皮书》	强调稳定制造供应是数字社会“安全上的最重要课题”
2021	印度	《生产挂钩激励计划》	提供财政激励措施、扩大外资投入、改善营商环境以及对华替代

下面介绍美国、欧洲和日本制造业的特点。

1. 美国制造业的特点

截至 2022 年 3 月，美国生产的主要产品数量为 576 个，全球市场占有率 60%以上的品种数量有 99 个。在全球市场份额超过 60%的产品中，逻辑 IC 和 MOS 型微型计算机等电子元器件材料约占 40%。全球市场占有率在 60%以上且销售额超过 1 万亿日元的品种有 11 个，包括逻辑 IC 及零部件等。销售额超过 10 万亿日元的品种涉及医药、汽车、手机及零部件等多个领域，其中相比其他国家，美国制造业从零部件到最终产品，均具有优势。（以上数据均来自日本《2023 年制造业白皮书》。）

2. 欧洲制造业的特点

截至 2022 年 3 月，欧洲生产的主要产品数量为 497 个，世界市场占有率 60%以上的品种数量为 50 个，销售额超过 1 万亿日元的品种为 25 个。在世界市场占有率 60%以上的品种中，汽车用零部件材料产品有 18 个，其中包括销售额超过 1 万亿日元的飞机机身。销售额 10 万亿日元以上的品类有汽车、医药品和碳钢。欧洲在汽车和医药类产品领域具有优势。（以上数据均来自日本《2023 年制造业白皮书》。）

3. 日本制造业的特点

截至 2022 年 3 月，日本生产的主要产品数量为 825 个，全球市场占有率 60%以上的品种数量为 220 个，销售额超过 1 万亿日元的产品有 18 个。占全球份额 60%以上的品种远超美国、欧洲和中国。其中约 70%是电子类和汽车等零部件材料，这是日本制造业的强项。销售额超过 1 万亿日元的品种与美国、欧洲、中国相比较少，销售额超过 10 万亿日元的品种只有汽车和混合动力车。《2023 年制造业白皮书》分析称，日本严重依赖汽车产业。日本制造业在零部件材料产品上具有优势，但在销售额较大的终端产品方面，除汽车以外的其他领域，与美国、欧洲和中国相比，销售额和全球份额较小，且品种也较少。（以上数据均来自日本《2023 年制造业白皮书》。）

1.2.2　典型国家与地区的绿色制造技术

1. 美国绿色制造技术

多年以来，为了有效地促进制造业的蓬勃发展，美国能源部（United States Department of Energy，DOE）一直极力通过推进各种创新技术的发展以及相关配套措施的支持，促进能源利用效率的提高。在 2013 年，美国能源部能效和可再生能源局（Office of Energy Efficiency and Renewable Energy，EERE）就启动了“清洁能源生产计划”，目的是提高美国清洁能源产品竞争力，提高制造业能源利用效益。节能减排创新中心（Reducing EMbodied-energy and Decreasing Emissions Institute，REMADE）是“Manufacturing USA 计划”（美国制造业计划）中由美国能源部主导的第五个创新技术研究院，致力于开发能够显著降低关键材料所需能源的新型技术应用研究。该创新技术研究院通过提高对金属、纤维、聚合物和电子废弃物这四大类重点能耗领域材料的回收、循环利用和再生产，推动整个制造业能效的提升。其未来目标是到 2027 年将整体能源利用效率提高 50%。REMADE 主要将目标集中于五大技术领域，如图 1-1 所示。

系统分析与整合
数字收集、标准化、度量标准以及理解物料流所需工具等

再利用与拆卸
为物料利用与二次利用开发专用工具

利用效率
在制造过程中提高材料利用效率，减少材料二次利用的质量损失

再利用效率
元器件回收、清洗，追求回收与再利用效率的最大化

回收与复原
快速收集、识别、分类、拆卸以及污染物去除再加工预处理

图 1-1　美国绿色制造技术聚焦的五大领域

2. 欧洲绿色制造技术

欧盟委员会公布的《净零工业法案》再次提出到 2030 年将净排放量在 1990 年的基础上削减 55%，于 2050 年实现碳中和。拟议法案设定了一个“总体基准”，即确保到 2030 年，欧盟内部至少 40%的低碳技术需求由本土制造业满足。40%的基准代表了“在战略净零技术和整个能源系统中实现高弹性的总体政治雄心，同时考虑到以灵活和多样化的方式追求这一雄心的必要性”。

具体而言，这一目标适用于八项“战略净零技术”清单，其中不包括核能。这八项技术如图 1-2 所示。

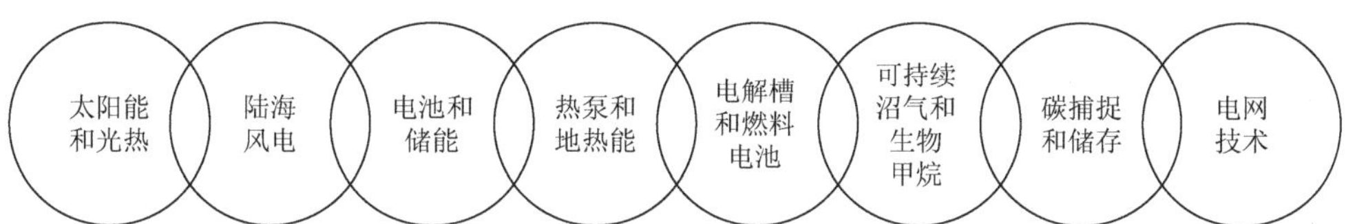

图 1-2　欧洲绿色制造的八项技术

3. 日本绿色制造技术

1）电动马达与蓄电池技术占据竞争优势

电动马达优点突出，被广泛应用于纯电动汽车的生产；2022 年数据显示，在电池技术方面，日本松下的电池产量占世界总量的 13.3%。

2）功率半导体及氧化镓半导体技术突出

在功率半导体技术以及氧化镓半导体技术方面，日本拥有领先地位，2022 年数据显示，东芝、三菱电机、富士电机等企业生产的功率半导体占全球功率半导体总需求的 1/5。

3）技术快速发展

日本东芝公司研发了“化学能”技术，该技术可将 CO_2 转化为 CO 从而实现高速固碳，并利用公司自行研制的电极催化剂，实现 CO_2 在气态条件下的利用和转化，再通过电解模块技术，使碳循环处理能力大大提高。

参 考 文 献

方行明，何春丽，张蓓. 2019. 世界能源演进路径与中国能源结构的转型[J]. 政治经济学评论，10（2）：178-201.

李廉水，程中华，刘军. 2015. 中国制造业“新型化”及其评价研究[J]. 中国工业经济，（2）：63-75.

李晓西，王佳宁. 2018. 绿色产业：怎样发展，如何界定政府角色[J]. 改革，（2）：5-19.

刘飞. 1997. 绿色制造[R]. 大连：先进生产模式与制造哲理研讨会.

刘飞，刘培基，单忠德，等. 2021. 绿色制造总论[M]. 北京：机械工业出版社.

原毅军，陈喆. 2019. 环境规制、绿色技术创新与中国制造业转型升级[J].科学学研究，37（10）：1902-1911.

周源，张晓东，赵云，等. 2018. 绿色治理规制下的产业发展与环境绩效[J]. 中国人口·资源与环境，28（9）：82-92.

诸大建. 2012. 绿色经济新理念及中国开展绿色经济研究的思考[J]. 中国人口·资源与环境，22（5）：40-47.

Abualfaraa W，Salonitis K，Al-Ashaab A，et al. 2020. Lean-green manufacturing practices and their link with sustainability：a critical review[J]. Sustainability，12（3）：981.

Afum E，Agyabeng-Mensah Y，Sun Z，et al. 2020a. Exploring the link between green manufacturing，operational competitiveness，firm reputation and sustainable performance dimensions：a mediated approach[J]. Journal of Manufacturing Technology Management，31（7）：1417-1438.

Afum E，Osei-Ahenkan V Y，Agyabeng-Mensah Y，et al. 2020b. Green manufacturing practices and sustainable performance among Ghanaian manufacturing SMEs：the explanatory link of green supply chain integration[J]. Management of Environmental Quality，31（6）：1457-1475.

Bag S，Pretorius J H C，Gupta S，et al. 2021. Role of institutional pressures and resources in the adoption of big data analytics powered artificial intelligence，sustainable manufacturing practices and circular economy capabilities[J]. Technological Forecasting and Social Change，163：120420.

D'Angelo V，Cappa F，Peruffo E. 2023. Green manufacturing for sustainable development：the positive effects of green activities，green investments，and non-green products on economic performance[J]. Business Strategy and the Environment，32（4）：1900-1913.

Despeisse M，Chari A，González Chávez C A，et al. 2022. A systematic review of empirical studies on green manufacturing：eight propositions and a research framework for digitalized sustainable manufacturing[J]. Production & Manufacturing Research，10（1）：727-759.

Dubey R，Bag S. 2018. Antecedents of Green Manufacturing Practices：A Journey Towards Manufacturing Sustainability[M]. Hershey：IGI Global：1271-1293.

IPCC. 2022. Global warming of 1.5℃[R]. An IPCC Special Report on the Impacts of Global Warming of 1.5℃.

IPCC. 2023. AR6 synthesis report：climate change 2023[R]. Interlaken：The Panel's 58th Session.

Jena M C，Mishra S K，Moharana H S. 2020. Application of Industry 4.0 to enhance sustainable manufacturing[J]. Environmental Progress & Sustainable Energy，39（1）：13360.

Kannan D，Shankar K M，Gholipour P. 2022. Paving the way for a green transition through mitigation of green manufacturing challenges：a systematic literature review[J]. Journal of Cleaner Production，368：132578.

Mao Y S，Wang J. 2019. Is green manufacturing expensive? Empirical evidence from China[J]. International Journal of Production Research，57（23）：7235-7247.

Maruthi G D，Rashmi R. 2015. Green manufacturing：it's tools and techniques that can be implemented in manufacturing sectors[J]. Materials Today：Proceedings，2（4/5）：3350-3355.

Padilla-Lozano C P，Collazzo P. 2022. Corporate social responsibility，green innovation and competitiveness：causality in manufacturing[J]. Competitiveness Review：An International Business Journal，32（7）：21-39.

Paul I D，Bhole G P，Chaudhari J R. 2014. A review on green manufacturing：it's important，methodology and its application[J]. Procedia Materials Science，6：1644-1649.

Rosário A，Dias J. 2022. Sustainability and the digital transition：a literature review[J]. Sustainability，14（7）：4072.

Sartal A，Bellas R，Mejías A M，et al. 2020. The sustainable manufacturing concept，evolution and opportunities within Industry 4.0：a literature review[J]. Advances in Mechanical Engineering，12（5）：289-376.

Saxena A，Srivastava A. 2022. Industry application of green manufacturing：a critical review[J]. Journal of Sustainability and Environmental Management，1（1）：32-45.

United Nation. 2012. Rio + 20 policy brief：a green economy for a planet under pressure[EB/OL]. https://sustainabledevelopment.un.org/index.php?page=view&type=400&nr=662&menu=1515 [2022-12-10].

Xiong X Q，Ma Q R，Wu Z H，et al. 2020. Current situation and key manufacturing considerations of green furniture in China：a review[J]. Journal of Cleaner Production，267：121957.

Yin S，Zhang N，Ullah K，et al. 2022. Enhancing digital innovation for the sustainable transformation of manufacturing industry：a pressure-state-response system framework to perceptions of digital green innovation and its performance for green and intelligent manufacturing[J]. Systems，10（3）：72.

第 2 章　绿色制造体系

2.1　绿 色 产 品

2.1.1　绿色产品的内涵及其特征

1. 绿色产品的内涵

绿色产品是指从原材料的获取、生产制造、使用阶段到废弃的整个生命周期中，对生态环境和人类健康无害或危害较小的产品，绿色产品具有节约资源、环境友好和安全健康的特征（Amatulli et al.，2019）。绿色产品的设计、制造和使用旨在降低碳足迹、减少污染物排放、促进资源的有效利用，并且符合可持续发展的原则。

绿色产品的范畴涵盖广泛，涉及各个生产领域和生活领域。一般来说，绿色产品主要涉及绿色食品和绿色设计产品两个范畴[①]，其中绿色设计产品覆盖了石化、钢铁、有色金属、建材、机械、轻工、纺织、通信、包装等行业。美国联邦政府则将绿色产品分为食品辅助产品、建筑产品、保洁产品、电子及相关服务产品、除冰器、机械车间产品及家具产品等（U.S. Environmental Protection Agency，2023）。

绿色产品不仅能改善环境质量和保护生态平衡，还涵盖经济和社会层面的利益。绿色产品与绿色消费息息相关，绿色消费是绿色产品的诞生动机之一（Barbu et al.，2022），如社会规范、自然环境取向、公司感知绿色形象、绿色产品特征、购买绿色产品的感知风险和不便、购买绿色产品的感知利益、制度信任、社会人口特征和消费者信心等因素影响着消费者对绿色产品的消费行为。企业则可借绿色产品提升品牌形象和企业声誉，增强消费者对其产品的认可度和信任感。

2. 绿色产品的特征

绿色产品的特征主要包括以下几个方面（Ghazali et al.，2023；Marcon et al.，2022）。

（1）资源利用率高：从原材料阶段开始，一直到制造、消费和处置阶段，绿色产品采用环保的生产工艺，减少污染物排放和废弃物产生，解决整个生命周期

---

①《绿色设计产品标准清单》，https://www.miit.gov.cn/jgsj/jns/lszz/art/2022/art_073342a296614db5b67ea862ccb33a74.html，2022 年 9 月 16 日。

中的资源效率问题。

（2）轻质化：大多数产品都是由不同的部件组成的，而体积更大、更重的产品通常会使用更多的自然资源。绿色产品则通过采用更少的材料、更小的尺寸或更轻的重量以减少自然资源的消耗，进而助力可持续发展。

（3）使用无毒/循环材料：产品通常由多种不同材料制造，如果其中一种材料含有对环境有害的成分，则需要使用特定方式处理掉。而绿色产品由循环材料制成，可以无限次回收并制成新产品，直到材料的实际使用寿命终止并不能再使用为止。

（4）可重复使用且易维护：绿色产品的设计考虑可重复使用的属性，防止产品在完成其主要功能之前被丢弃。易维护的属性则使产品易于拆卸和更换部件，该特征旨在增加产品的耐用性，使其在被丢弃之前可以有更长的使用寿命。

（5）生态标签：生态标签具有双重作用，一方面可以提高消费者在购买产品时对产品效益的渴望程度，另一方面能直接提供环境效益的相关信息。

2.1.2　绿色产品的政策发展历程

中国的绿色产品政策演变有以下关键节点：绿色食品认证——《绿色食品标志管理办法》①——《中华人民共和国循环经济促进法》②——节能产品惠民工程③——生态文明建设——《关于构建绿色金融体系的指导意见》④——《绿色产品标识使用管理办法》⑤——《新时代的中国绿色发展》⑥，如图 2-1 所示。

2.1.3　绿色产品的评价体系

1. 中国绿色产品认证

中国的绿色设计产品标准体系⑦是为了推动可持续发展和环保产业发展而建

① 《绿色食品标志管理办法》，http://www.moa.gov.cn/govpublic/SCYJJXXS/201006/t20100606_1532925.htm，2010 年 6 月 6 日。

② 《中华人民共和国循环经济促进法》，http://www.npc.gov.cn/npc/c2/c183/201905/t20190522_78895.html，2019 年 5 月 22 日。

③ 《财政部 国家发展改革委关于开展“节能产品惠民工程”的通知》，https://www.ndrc.gov.cn/fggz/hjyzy/jnhnx/200905/t20090525_1134226_ext.html，2009 年 5 月 25 日。

④ 《关于构建绿色金融体系的指导意见》，https://www.mee.gov.cn/gkml/hbb/gwy/201611/t20161124_368163.htm，2016 年 11 月 24 日。

⑤ 《绿色产品标识使用管理办法》，https://www.samr.gov.cn/zw/zfxxgk/fdzdgknr/rzjgs/art/2023/art_83b043fb65134857931c671619e7be27.html，2019 年 5 月 7 日。

⑥ 《新时代的中国绿色发展》，https://www.gov.cn/xinwen/2023-01/19/content_5737923.htm，2023 年 1 月 19 日。

⑦《国务院办公厅关于建立统一的绿色产品标准、认证、标识体系的意见》，https://www.gov.cn/gongbao/content/2016/content_5148757.htm，2016 年 11 月 22 日。

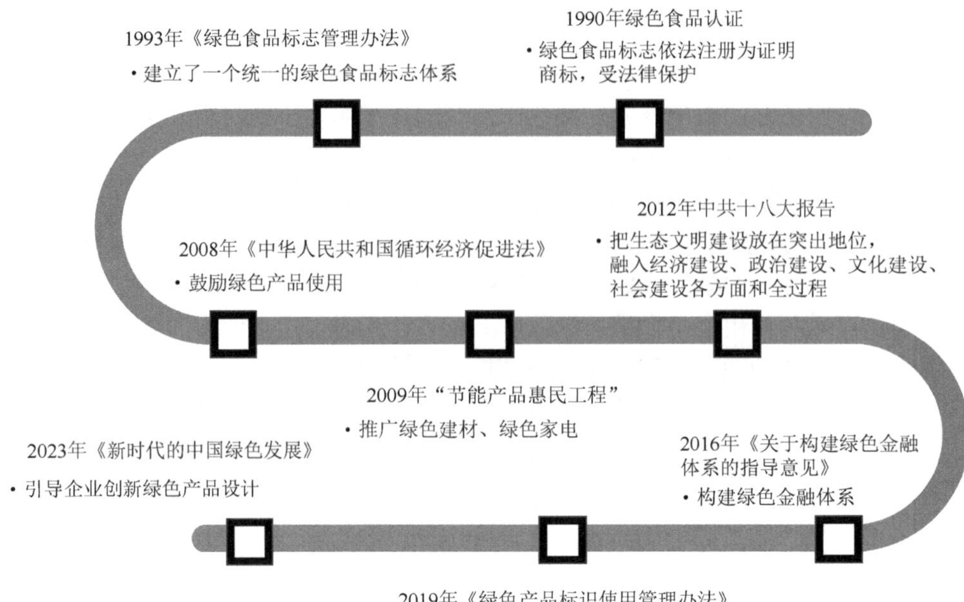

图 2-1　绿色产品政策

立的一套标准和认证体系。该体系包括了不同领域的绿色设计标准和认证，其中涉及建筑、产品、环境和能源等方面，旨在鼓励企业和个人在设计过程中注重环保、资源节约和可持续性，推动绿色产业的发展和绿色生活方式的普及。截至 2022 年 9 月，我国已经公布了包括光缆、稀土钢等在内的 159 项产品的绿色设计产品评价技术规范。

2. 其他绿色产品认证

（1）美国联邦政府 *Recommendations of Specifications，Standards，and Ecolabels for Federal Purchasing*（《联邦采购的规格、标准和生态标签的建议》）（U.S. Environmental Protection Agency，2023）：美国颁布了 USA 14057 号行政命令及“Federal Sustainability Plan”（联邦可持续发展计划）等政策，以帮助美国联邦采购者识别和采购环保产品与服务，以实现净零排放和其他目标。上述政策法规在 30 多个采购类别中纳入 40 多个私营部门标准/生态标签，并借鉴私营部门的方法来定义和衡量可持续性。例如，*Cradle to Cradle Certified™ Product Standard*（《从摇篮到摇篮认证™产品标准》）、*Green Circle Certified Environmental Facts for Flooring Products*（《绿圈认证地板产品环保信息》）等对瓷砖等产品进行绿色认证。

（2）欧盟 *Strategic EU Ecolabel Work Plan 2020-2024*（《欧盟生态标签战略工

作计划 2020—2024》）（European Commission and Member States，2023）：欧盟生态标签设立于 1992 年，是欧盟认定的绿色产品认证。欧盟生态标签是循环经济的一个重要工具，它鼓励生产商根据产品类别有效地利用原材料，在制造过程中减少废物和二氧化碳的产生，减少危险化学品的使用。此外，它还鼓励生产商开发耐用、易于维修和可回收的产品。欧盟生态标签不仅推动了绿色采购，同时可以引导消费者购买具有环保性能的优质产品。

2.1.4　绿色产品实例——立白科技集团

立白科技集团自 1994 年陆续推出了立白浓缩除菌护色洗衣凝珠、立白大师香氛天然洗衣液、立白内衣专用除菌皂等绿色产品。

立白科技集团将绿色健康战略视为企业发展战略中的重要部分，作为一家日化企业，其产品具备以下三个特征。

（1）资源利用率高：从原材料阶段开始，一直到制造、消费和处置阶段，立白产品采用环保的生产工艺。通过创新升级废水、废气和固废处理系统，立白科技集团有效地实现了污染物排放的控制，经过处理的废水甚至可以用于长期养鱼。在工艺改进方面，立白采用了浓缩增效技术，通过后配物料的调整，极大减少了品类切换所需的停产时间。通过降低填充剂的使用量，实现了对环境污染的源头性减少。

（2）使用无毒/循环材料：立白科技集团从大西洋深海红海藻中提取活性生物酶，将海洋科技引入洗衣领域。与此同时，立白科技集团填补了国内凝珠水溶膜技术的空白，成功研发出高洁净力、环保节能的洗衣凝珠，将水溶膜技术应用扩展到洗涤、清洁等领域。除此之外，在这一过程中，立白科技集团还探索生物和种植技术，提取天然原料，实现可降解包装材料的应用。这些研发为绿色产品与服务的提供奠定了基础，并且倡导了社会共同创造绿色生态环境的理念，引领了健康生活方式。

（3）产品绿色后市场服务：为了进一步深化绿色消费理念，立白科技集团为其产品建立了线上客服系统，以提供更加便捷的产品绿色后市场服务。倡导环保理念的消费者可以通过热线电话等渠道，向立白反馈与产品环保方面相关的意见，这种积极的反馈机制有助于不断优化立白产品的环保性能。

2.2　绿 色 工 厂

推动实现可持续发展，俨然已经成为全球各国的未来发展导向，受到人们广泛的关注。在工业生产领域，绿色工厂是可持续发展在工业生产端的实践与实现，是推进当前工业领域低碳生产的重要举措。那么问题来了，什么是绿色工厂？为什么要做绿色工厂？如何创建绿色工厂？这些都需要我们进一步去探讨。

2.2.1　绿色工厂的内涵、作用与建设

1. 绿色工厂的内涵

绿色工厂是指在工业生产过程中充分考虑环境保护和可持续发展的工厂，其要求能耗水平整体优于能效标杆水平。本质上，绿色工厂以生产、设计、运营等环节为切入点，通过清洁生产技术、循环经济模式和节能环保措施创新技术引领企业最大限度地减少对环境的负面影响。

2. 绿色工厂的作用

绿色工厂是绿色制造体系的重要组成部分和实现经济增长的重要载体，工厂能否做到绿色化，对产品生产与环境保护都至关重要，绿色工厂的作用主要有以下几点。

第一，绿色工厂可以有效地减少环境污染。传统的工厂往往会排放大量的废气、废水和固体废物等污染物，容易对大气、水体和土壤造成污染，对环境伤害较大，严重破坏生态系统。而绿色工厂通过采用先进的生产技术和生产设备，从生产端控制和减少废弃物的排放，有助于生态环境的保护与恢复。

第二，绿色工厂能够提高能源和资源的有效利用。目前很多传统工厂靠粗放型的能源消耗进行生产，能源利用效率极低，能源浪费情况较为严重。绿色工厂以高效利用能源为目标，通过使用节能设备和技术，减少能源的消耗，提高能源利用效率。同时，绿色工厂还强调资源的循环利用，通过回收再利用废料和废水，最大限度地减少对资源的浪费。

第三，绿色工厂能够提高产品质量和生产效率。绿色工厂采用先进的生产技术对企业的生产流程进行改进，引进先进设备和管理模式，在减少环境污染的同时提高产品的质量，得到社会和消费者的认可，从而使得企业在市场上获得更好的竞争优势。

第四，绿色工厂可以同时带来社会效益和经济效益。尽管在建立绿色工厂的初期，企业需要投入大量的成本，短期来看是企业的一项负担。但在长期运营过程中，绿色工厂可以降低能源和原材料成本，减少环境污染导致的罚款和赔偿。同时，绿色工厂还能提高企业形象，吸引更多消费者和投资者的青睐，带来更高

的市场价值，为社会创造就业机会，改善当地居民的生活质量。

因此，在当前环境保护和可持续发展的大背景下，绿色工厂已经成了不可替代的选择。通过绿色工厂建设，实现可持续发展的目标，为我们的子孙后代留下一个更加美好的世界。

3. 绿色工厂的建设

绿色工厂通过选择绿色建筑技术改造工厂，保留可再生资源的应用场所，合理布局能源、材料流动路径，采用先进、适用的绿色制造生产技术和高效的终端处理设备，淘汰落后设备等方式，实现生产的低碳化。绿色工厂的建设涉及多个方面的内容，包括但不限于以下几点。

（1）注重设备智能化和节能减排。绿色工厂采用智能化、自动化和绿色化程度较高的设备，以提高企业的生产效率和生产的精度。同时，绿色工厂对传统化石能源的依赖不高，可以通过采用节能环保措施和清洁生产技术，达到控制废弃物与污染物排放，实现低碳可持续生产的目标。

（2）强调循环利用和环境保护。绿色工厂主要采用循环经济模式，转废为宝，将废弃物转化为有效的资源，实现资源的最大化利用和循环利用。同时绿色工厂还应强化环境监测信息系统，加强对生产过程的全面实时管控，保障生产的环保性。

（3）加强人员培训。绿色工厂需要全体员工上下同心推动工厂的绿色化，因此，应该通过各类培训提高员工的环保意识，提升员工的技能水平，鼓励员工参与绿色生产的实践和改进，实现人与环境的和谐共存。

2.2.2　绿色工厂的政策发展历程

中国的绿色产品政策演变存在以下关键节点：2015 年《中国制造 2025》——2016 年《工业绿色发展规划（2016—2020 年）》和《绿色制造工程实施指南（2016—2020 年）》——2018 年《绿色工厂评价通则》，如图 2-2 所示。

2.2.3　绿色工厂的评价体系

1. 绿色工厂的评价指标

绿色工厂评价指标见表 2-1。

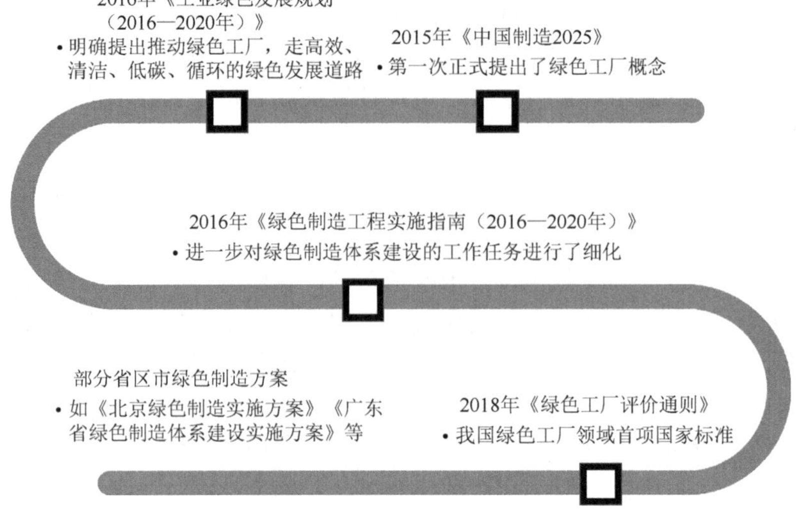

图 2-2　绿色工厂政策

表 2-1　绿色工厂的评价指标

一级指标	二级指标
一般要求（6 分）	合规性与相关方要求、管理职能
基础设施（10 分）	建筑、计量设备和照明
管理体系（13 分）	管理体系基本要求、环境管理体系、能源管理体系和社会责任
能源资源投入（15 分）	能源投入、资源投入和采购
产品（12 分）	生态设计、节能、碳足迹和有害物质限制使用
环境排放（15 分）	污染物处理设备、大气污染物排放、水污染物排放、固体污染物排放、噪声排放、温室气体排放
绩效（29 分）	用地集约化、生产洁净化、废物资源化和能源低碳化

2. 2023 年绿色工厂评价行业标准的新变化

2023 年 7 月 21 日，工业和信息化部变更了绿色工厂评价行业标准。较 2022 年 9 月 16 日，明显增加了一些行业，不仅增加了评价标准的数量，而且引入了一些新的行业标准，意味着国家对绿色工厂的绿色程度要求提高了。区别如下：其一，行业标准的数量从原先的 41 项增加到 82 项，增加了一倍。其二，新增了具体行业的评价标准，例如有色金属行业和化工行业各自新增了 7 个行业的绿色工厂评价标准，轻工行业新增了 9 个行业的绿色工厂评价标准，汽车行业则增加了整车的绿色工厂评价标准。

2.2.4　绿色工厂实例——中车青岛四方

近年来，中车青岛四方机车车辆股份有限公司（简称中车青岛四方）的绿色工厂建设如火如荼，已成为公司的标杆，是公司高质量发展和满足市场需求的必经之路。中车青岛四方在对标《绿色工厂评价通则》和行业评价要求之后，全体员工上下同心完成了绿色工厂的创建工作，并被认定为第五批国家级绿色工厂。中车青岛四方建设绿色工厂的举措如下（迟玉亮，2023）。

1. 绿色工厂的前期谋划工作

首先，公司组建了绿色工厂建设的专项团队，做好责任分工，为后期企业开展绿色工厂建设提供组织保障。其次，通过认真研读绿色工厂评价标准，编制推进公司绿色工厂建设的实施方案，并做好分工和计划工作。再次，统一思想与行动，组织全体员工进行培训，深入掌握绿色工厂建设的要点。最后，开展专项评价，查漏补缺，经专家评审，并开展绿色工厂的建设。

2. 绿色工厂的建设要点

绿色工厂是产品生产的载体，因此，绿色工厂建设的首要任务是设计绿色产品、选用环保材料、制造绿色环保产品。其次，积极采用绿色制造工艺技术和改进节能技术，推动能源信息化管控，实现制造本身的绿色化。同时，积极推进物料储运一体化，实现包装循环使用。此外，实施长期污染防治行动，全面提升环境治理绩效。

3. 绿色运营的持续建设

中车青岛四方坚持以碳达峰、碳中和“双碳”目标作为绿色工厂建设的工作引领，制订了绿色工厂持续建设方案，从绿色产品、绿色原料、绿色供应链、绿色能源、绿色智造、绿色厂区、绿色监控等七个方面对绿色工厂进行持续建设。

2.3　绿色园区

2.3.1　绿色园区的内涵与作用

1. 绿色园区的内涵

作为绿色制造体系的重要组成部分，绿色园区是指一个生产企业和基础设施集聚的平台，园区内企业都有突出的绿色理念和要求，在园区规划、产业链设计等实施措施上，进一步增加了布局集聚化、结构绿色化、连接生态化等措施。

2. 绿色园区的作用

随着生产活动不断集聚，工业园区作为企业上一层次组织的作用也越来越大，全国各地建设了工业生产企业集聚的经济技术开发区，因此从园区层面谋划绿色发展，对促进生产企业绿色转型和营造改善园区工业生态环境起到十分关键的杠杆作用。归纳起来，绿色园区的重要作用主要有如下三个方面。

第一，绿色园区能够促进绿色制造体系的全面实现。绿色园区建设能够助力绿色制造体系建设，是贯彻新发展理念、实现国家绿色发展和高质量发展的需要。

第二，绿色园区能够有效促进企业间资源共享。绿色园区的建设统一了园区内企业的利益，园区形成一个循环，有利于企业之间资源的有效交换与利用。通过资源共享、原料互供和融合共生，提高资源利用效率，促进园区良好的环境生态。同时园区可以设计绿色生产循环系统，形成企业内部和企业之间的循环经济产业链，改变传统的粗放式能源利用方式，通过节材、节地、节水和节能等形式提高园区资源利用率，降低污染物排放，提升园区生产效率和环境绩效。

第三，绿色园区促进产业转型和结构升级。产业转型与结构升级对解决能源问题和环境保护等至关重要。绿色园区存量提质改造、增量结构调整有助于推进绿色产业集聚，培育新增长点以促进产业结构升级。

2.3.2　绿色园区的政策发展历程

近年来，工业园区的建设取得了很大的进展，各类国家文件都明确提出深入推进绿色园区建设等重要任务。关于绿色园区建设的政策文件见表 2-2。

表 2-2　绿色园区建设的政策文件

颁布时间	政策文件	要点
2021 年 12 月	《“十四五”工业绿色发展规划》	完善绿色园区标准
2021 年 11 月	《关于加强产融合作推动工业绿色发展的指导意见》	鼓励运用数字技术对绿色工业园区开展碳核算
2017 年 7 月	《关于加强长江经济带工业绿色发展的指导意见》	建设专业化、清洁化绿色园区
2016 年 9 月	《绿色制造标准体系建设指南》	为推进工业园区产业耦合，实现近零排放而制定的标准

续表

颁布时间	政策文件	要点
2016 年 9 月	《绿色制造工程实施指南（2016—2020 年）》	提升园区资源能源利用效率，优化空间布局，培育一批创新能力强、示范意义大的示范园区
2016 年 7 月	《工业绿色发展规划（2016—2020 年）》	构建绿色制造体系，发展绿色园区
2015 年 5 月	《中国制造 2025》	发展绿色园区，推进工业园区产业耦合，实现近零排放
2013 年 1 月	《工业领域应对气候变化行动方案（2012—2020 年）》	选择一批基础好、有特色、代表性强、依法设立的工业产业园区，纳入国家低碳产业试验园区试点
2012 年 1 月	《“十二五”控制温室气体排放工作方案》	选取产业园区开展低碳产业试验园区试点
2007 年 4 月	《关于开展国家生态工业示范园区建设工作的通知》	鼓励开发区申报并建设生态工业示范园区
2005 年 7 月	《国务院关于加快发展循环经济的若干意见》	在产业园区开展循环经济试点，探索发展循环经济的有效模式

2.3.3　绿色园区的评价体系

绿色园区评价指标体系如表 2-3 所示。

表 2-3　绿色园区评价指标体系

一级指标	序号	二级指标	单位	引领值	类型
能源利用绿色化指标（EG）	1	能源产出率	万元/吨标准煤当量	3	必选
	2	可再生能源使用比例	%	15	必选
	3	清洁能源使用率	%	75	必选
资源利用绿色化指标（RG）	4	水资源产出率	元/米^3	1500	必选
	5	土地资源产出率	亿元/千米^2	15	必选
	6	工业固体废弃物综合利用率	%	95	必选
	7	工业用水重复利用率	%	90	必选
	8	中水回用率	%	30	4 项指标选 2 项
	9	余热资源回收利用率	%	60	
	10	废气资源回收利用率	%	90	
	11	再生资源回收利用率	%	80	

续表

一级指标	序号	二级指标	单位	引领值	类型
基础设施绿色指标（IG）	12	污水集中处理设施	—	具备	必选
	13	新建工业建筑中绿色建筑的比例	%	30	2项指标选1项
	14	新建公共建筑中绿色建筑的比例	%	60	
	15	500米公交站点覆盖率	%	90	2项指标选1项
	16	节能与新能源公交车比例	%	30	
产业绿色指标（CG）	17	高新技术产业产值占园区工业总产值比例	%	30	必选
	18	绿色产业增加值占园区工业增加值比例	%	30	必选
	19	人均工业增加值	万元/人	15	2项指标选1项
	20	现代服务业比例	%	30	
生态环境绿色指标（HG）	21	工业固体废弃物（含危废）处置利用率	%	100	必选
	22	万元工业增加值碳排放量消减率	%	3	必选
	23	单位工业增加值废水排放量	吨/万元	5	必选
	24	主要污染物弹性系数	—	0.3	必选
	25	园区空气质量优良率	%	80	必选
	26	绿化覆盖率	%	30	3项指标选1项
	27	道路遮阴比例	%	80	
	28	露天停车场遮阴比例	%	80	
运行管理绿色指标（MG）	29	绿色园区标准体系完善程度	—	完善	必选
	30	编制绿色园区发展规划	—	是	必选
	31	绿色园区信息平台完善程度	—	完善	必选

注：数据来源于《工业和信息化部办公厅关于开展 2023 年度绿色制造名单推荐工作的通知》（工信厅节函〔2023〕202 号）

2.3.4　国家级绿色园区的分布情况与实例

1. 国家级绿色园区的分布情况

2017 年开始，工业和信息化部开始评选国家级绿色园区，其中江苏、安徽、河北、贵州、广东、广西和宁夏位于第二地位，数量在 10 个到 14 个之间，其他省区市工业园区的建设低于 10 个。由于绿色工业园区是动态变化的，不符合条件的园区会被撤销，因此截至 2023 年 5 月，国家级绿色工业园区的数量为 267 个。2017～2022 年公示绿色工业园区的立项名单如表 2-4 所示。

表 2-4　2017～2022 年公示绿色工业园区的立项名单

地区	第 1 批（2017 年）	第 2 批（2018 年）	第 3 批（2018 年）	第 4 批（2019 年）	第 5 批（2020 年）	2021 年	2022 年	总计
北京	0	0	1	0	0	0	1	2
天津	1	0	1	0	1	1	0	4
河北	1	0	2	2	3	2	2	12
内蒙古	2	1	1	0	2	1	0	7
黑龙江	0	0	0	0	0	0	1	1
吉林	2	0	0	0	0	0	0	2
辽宁	0	0	0	0	2	2	2	6
江苏	3	4	3	2	3	3	3	21
浙江	1	1	1	4	4	3	1	15
安徽	1	2	3	3	2	3	3	17
江西	1	0	4	3	3	3	2	16
山东	2	1	3	1	2	4	3	16
山西	0	0	0	1	2	2	1	6
河南	0	2	4	2	2	2	3	15
湖北	0	0	0	0	2	1	3	6
湖南	1	1	0	2	3	3	3	13
广东	1	0	1	2	5	1	1	11
广西	0	1	1	2	2	2	2	10
海南	1	0	0	0	0	0	0	1
重庆	1	0	1	1	0	2	3	8
四川	0	1	2	3	1	3	3	13
贵州	1	1	1	1	2	3	3	12
云南	1	1	1	2	2	1	1	9
宁夏	3	2	0	1	2	2	0	10
陕西	0	1	1	0	2	0	1	5
甘肃	0	0	2	1	2	1	1	7
新疆	1	1	0	3	2	1	1	9
青海	0	1	1	2	0	0	1	5

续表

地区	第1批（2017年）	第2批（2018年）	第3批（2018年）	第4批（2019年）	第5批（2020年）	2021年	2022年	总计
上海	0	1	0	1	1	3	0	6
福建	0	0	0	1	1	3	2	7
总计	24	22	34	40	53	52	47	272

2. 绿色园区实例——中国药谷

大兴生物医药产业基地，简称中国药谷。截至2023年3月，基地落地企业有600余家，规模以上工业企业有76家，上市企业20家，国家高新技术企业251家。近年来，中国药谷在绿色生态发展上下了很大的功夫，成效也很显著，并于2022年被工业和信息化部认定为国家级绿色工业园区[①]。中国药谷绿色工业园区建设主要从以下几个方面展开。

1）以发展绿色产业为依托，打造绿色人才“智慧库”

一流产业聚集，“绿凤凰”再落户。作为中关村国家自主创新示范区唯一冠名生物医药产业的专属园区，大兴医药基地主导产业突出、产业集聚明显、产业布局持续优化。基地通过积极对接“三城一区”（怀柔科学城、中关村科学城、昌平未来科学城、亦庄经济技术开发区）成果转化和国内外高精尖项目，引进中国医学科学院药物研究所与中国医学科学院病原生物学研究所等国家级科研院所，以及科兴中维、百奥赛图等一批企业落地，建成中国食品药品检定研究院、中国医学科学院药物研究所，并立即投入使用。这一举措使“1＋4＋2”产业格局得到进一步巩固[②]。

通过创新研发体系，园区持续建设和完善研发中心、工程中心、联合实验室、成果转化等孵化服务平台，并全力优化平台生态服务体系，为社会注入“绿色发展新活力”。同时，园区强化公共服务，不断吸引“绿色人才”聚集。随着首都医科大学整体搬迁工程的全面推进，园区成为吸引全市甚至全国生命健康领域高端和青年人才的高地，以素质化“人才库”、平台化“成果基”、品牌化“引进法”，围绕北京“医药健康”高精尖产业发展需求，为首都生物医药产业高质量发展注入核心动力，并依托首都医科大学的品牌影响力与磁场效应，推动优质医

① 《中国药谷获评2022年度国家级“绿色工业园区”称号》，https://www.sohu.com/a/682639501_161623，2023年6月6日。

② “1＋4＋2”产业格局分为一个核心板块、四个主体板块、两个拓展板块。核心板块为药政审批和医药研发板块；主体板块为生物制药、现代中药、创新化药、医疗器械板块；拓展板块为大健康和兽用医药疫苗板块。

学科技成果转化落地，实现园区人才引进“质量双增”。

2）以顶层慢行系统为核心，搭建绿色格局“循环泵”

凝聚全球智慧，立目标、展效果、求实效。2022 年 11 月，中国药谷基于 22.5 平方公里的新版图，正式启动景观及慢行系统国际方案征集活动，并积极贯彻落实北京市委、市政府未来五年着力建设公园城市的工作要求，统筹推动“绿地连片、绿道连通、绿产连居”的“国际一流产业园区”高质量发展。

落实因地制宜，在方案征集上，园区与前沿思潮接轨的同时，实施服务人才、惠及企业的“策略与运营成本论证”评价法，要求设计结合实施需要，配合当地转型升级和城市更新工作，织补现状区的蓝绿空间系统，打通慢行步道网络，让园区能够真正做到“产—城—人”融合发展，实现交通快速聚集与疏解、生产封闭生活顺意、绿地公园就在身边的宜居宜业新园区。

接下来，中国药谷将持续厚植传统优势、培育创新动能，深入践行绿色发展理念，以“双碳”战略为引领，持续推广可再生能源建筑应用，提高装配式建筑比例，推广超低能耗建筑建设，推进公共建筑节能化改造，扩大建筑绿色发展区域示范作用。最终，实现向“产城融合、宜居宜业、职住平衡”的转变，将大兴生物医药产业基地创新打造成生物医药科技创新成果的重要转化地、环境优美产居融合的健康新城区、具有国际影响力的中国药谷。

2.4　绿色供应链

2.4.1　绿色供应链的内涵与特征

绿色供应链是一种关注环境可持续性和社会责任的供应链管理方法（伊晟和薛求知，2016）。其旨在借助生命周期分析、碳足迹追踪等手段，在实现经济效益的同时减少产品或服务的供应链流程中对环境的负面影响。

Webb（1994）首次提出“绿色采购”，两年后，密西根大学制造研究所提出了绿色供应链管理的概念。绿色供应链管理主要包括九个方面：绿色设计、绿色采购、绿色营销、绿色消费、绿色物流、绿色生产、绿色回收、无害化处理、环境信息公开（Sheng et al.，2023）。其在供应链的每个环节都强调可持续性和环保原则，旨在减少资源消耗、能源浪费和环境污染。

在现实中，绿色供应链在战略层面、创新层面和运营层面（Herrmann et al.，2021）等显现其特征，具体包括制订公司的环境计划和目标并整合组织和供应链的战略；采取行动减少生产过程中的材料消耗，使用产生较少污染或废物的材料，使用无毒材料，以及使用回收或可循环利用的材料；采用允许库存管理的方法和工具等。近年来，区块链、云计算、人工智能等数字技术成为绿色供应链管理的重要推动者（Wang et al.，2023），并与绿色供应链管理有不同程度的重叠（D'Angelo and Belvedere，2023）。

2.4.2　绿色供应链政策发展历程

1976 年，美国颁布了 *The Resource Conservation and Recovery Act*（《资源保护与再生法》）（United States Environmental Protection Agency，1976），该法案授权美国国家环境保护局（U.S. Environmental Protection Agency，EPA）对危险废物进行全过程控制，包括危险废物的产生、运输、处理、储存和处置，成了绿色供应链管理法案。欧盟最早关于绿色供应链管理的政策尝试出现在 2011 年的电力设备管理上（Council of the European Communities，2011）。日本政府在 20 世纪末颁布了一系列循环经济和绿色采购法律（Ministry of Environment of Japan，1995，2000），建立了一个较为成熟的法律体系，以促进绿色供应链管理。

中国的绿色产品政策演变存在以下关键节点：《国务院关于加快发展循环经济的若干意见》①——《关于环境标志产品政府采购实施的意见》②——《企业绿色采购指南（试行）》③、《工业绿色发展规划（2016—2020 年）》④、《绿色制造标准体系建设指南》⑤、《国务院办公厅关于积极推进供应链创新与应用的指导意见》⑥——机械行业、汽车行业、电子电器行业绿色供应链管理企业评价指标体系⑦——《国务院关于加快建立健全绿色低碳循环发展经济体系的指导意见》⑧——《新时代的中国绿色发展》⑨，如图 2-3 所示。

---

① 《国务院关于加快发展循环经济的若干意见》，https://www.gov.cn/zhengce/content/2008-03/28/content_2047.htm，2008 年 3 月 28 日。

② 《关于环境标志产品政府采购实施的意见》，https://www.gov.cn/zwgk/2006-11/17/content_445320.htm，2006 年 11 月 17 日。

③ 《商务部 环境保护部 工业和信息化部关于印发〈企业绿色采购指南（试行）〉的通知》，https://www.mee.gov.cn/gkml/hbb/gwy/201412/t20141226_293493.htm，2014 年 12 月 26 日。

④ 《工业和信息化部关于印发〈工业绿色发展规划（2016—2020 年）〉的通知》，https://www.miit.gov.cn/zwgk/zcwj/wjfb/zh/art/2020/art_5f9aec0cd5584b37999c837cfa10a411.html，2016 年 7 月 18 日。

⑤ 《工业和信息化部 国家标准化管理委员会关于印发〈绿色制造标准体系建设指南〉的通知》，https://www.miit.gov.cn/zwgk/zcwj/wjfb/zh/art/2020/art_8fb62ac0cd5a41d7a21f3f196ba540ef.html，2016 年 9 月 15 日。

⑥ 《国务院办公厅关于积极推进供应链创新与应用的指导意见》，https://www.gov.cn/zhengce/content/2017-10/13/content_5231524.htm，2017 年 10 月 13 日。

⑦ 《〈机械行业绿色供应链管理企业评价指标体系〉〈汽车行业绿色供应链管理企业评价指标体系〉和〈电子电器行业绿色供应链管理企业评价指标体系〉》，https://wap.miit.gov.cn/jgsj/jns/gzdt/art/2020/art_4c7f1840d852414fa408e0fcde9df973.html，2019 年 1 月 17 日。

⑧ 《国务院关于加快建立健全绿色低碳循环发展经济体系的指导意见》，https://www.gov.cn/gongbao/content/2021/content_5591405.htm，2021 年 2 月 2 日。

⑨ 《新时代的中国绿色发展》，https://www.gov.cn/zhengce/2023-01/19/content_5737923.htm，2023 年 1 月 19 日。

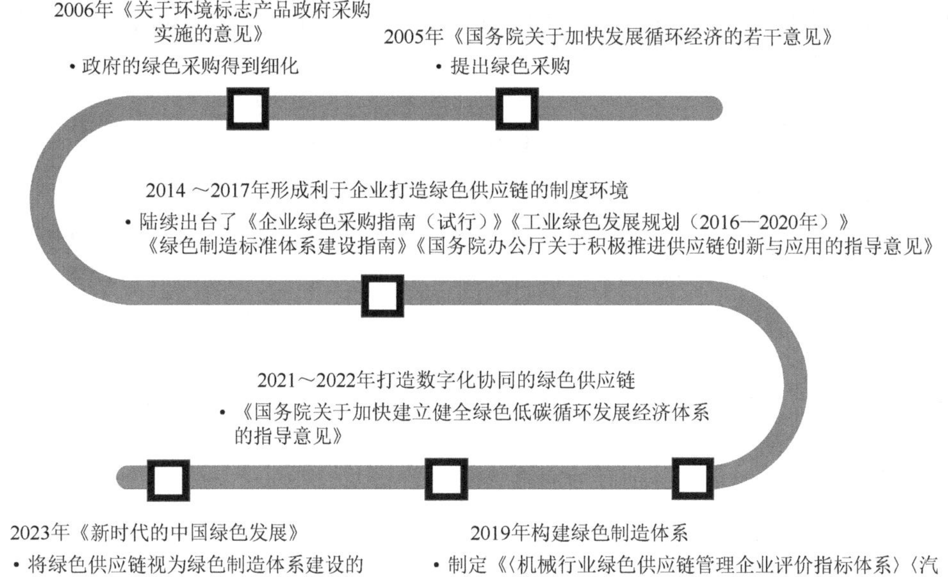

图 2-3　绿色供应链政策

2.4.3　绿色供应链的标准体系

1. 国家标准

中国的绿色供应链标准参照《绿色制造 制造企业绿色供应链管理 评价规范》（GB/T 39257—2020）、《绿色制造 制造企业绿色供应链管理 物料清单要求》（GB/T 39259—2020）、《绿色制造 制造企业绿色供应链管理 采购控制》（GB/T 39258—2020）、《绿色制造 制造企业绿色供应链管理 信息化管理平台规范》（GB/T 39256—2020）等，其分别列举了绿色供应链中绿色设计、绿色采购等指标细节（以绿色物流为例，其指标包括管理制度、物流方案、产品运输、储存要求和运输工具）以及绿色供应链管理物料清单总体要求等。

2. 国际标准

1）ISO 14001

ISO 14001 环境管理标准（International Organization for Standardization，2015）为企业绿色供应链管理提供了建立和实践环境管理体系的框架。该标准最早于 1996 年发布，是在 ISO 9001 质量管理体系标准的基础上发展而来的。它是首个被国际认可的环境管理体系标准，为组织提供了一种系统化管理其环境责任和绩效的途径。随着环境保护和可持续发展的重要性不断上升，ISO 14001 得到了广泛的采用和认可。

ISO 14001 标准涵盖了一系列关于环境管理体系的要求，以帮助组织实现环境绩效的持续改进。①范围和应用：描述了标准适用的组织范围和条件。②规范性引用：指导 ISO 14001 的其他标准和文件。③术语和定义：规范了在标准中使用的一些关键术语和定义，如环境管理系统、生命周期、合规性义务等。④环境管理系统要求：标准的核心部分，涵盖了制定环境政策和目标、进行环境方面的风险评估、制订环境管理计划、实施操作和控制、建立监测和测量机制、建立非符合和纠正措施程序、进行管理评审。⑤支持性信息：培训、沟通、文档控制等方面的要求。⑥环境绩效评价：强调持续改进，包括监测和评估环境绩效，以及为实现环境目标采取纠正措施。

通过建立和实施 ISO 14001 环境管理体系，企业能够更好地管理其环境责任和风险，提高环境绩效，满足客户需求，提高声誉并降低环境相关风险。

2）ISO 26000

ISO 26000（International Organization for Standardization，2014）鼓励企业在供应链中采取可持续和体现社会责任的实践。该标准从 2005 年开始制定，并在经过多年的讨论后最终于 2010 年正式发布。ISO 26000 是一项旨在为组织和企业提供社会责任指南的国际标准，帮助它们在经济、社会和环境方面采取可持续和道德的行为。ISO 26000 提供了关于社会责任的原则、实践和指南，以帮助组织在商业活动中积极参与处理社会问题。

ISO 26000 涵盖了一系列与社会责任相关的主题和问题，旨在帮助组织更好地了解、评估和实践社会责任。以下是 ISO 26000 标准的主要内容。①范围和应用：描述了标准适用的范围、目的和相关术语。②基本原则：规定了履行社会责任的七个基本原则，即尊重人权、尊重利益相关者、尊重法律、遵循国际规则、透明度、行为道德以及责任担当。③主题领域：ISO 26000 主要涉及七个方面的主题，包括人权方面、环境方面、消费者方面、社区参与和发展方面、组织管理方面、工人实践方面、公平经营方面。④指南和建议：提供了在每个主题领域内采取的一般性实践和指导原则。

通过采用 ISO 26000 指南，企业能够更好地了解社会责任的原则和实践，将这些原则融入其商业策略和运营中。这有助于建立企业的声誉、吸引员工、满足利益相关者的期望，并在经济效益、社会效益和环境效益之间取得平衡。

2.4.4　绿色供应链实例——施耐德电气

施耐德电气有限公司（简称施耐德电气）作为一家全球化电气企业，在全球能效管理和自动化领域是专家。2022 年，施耐德电气的年收入达 342 亿欧元。施耐德电气的绿色供应链管理集中体现在四个方面：战略规划、绿色采购与供应商管理、清洁生产与绿色制造、智慧物流与运输。

（1）战略规划：施耐德电气的绿色战略规划未来能带动整个产业链实现可持续发展，因此该企业主动提高绿色供应链标准，并同步帮助其供应商、客户以及其他合作伙伴一起打造绿色供应链。

（2）绿色采购与供应商管理：施耐德电气推出 EcoStruxure 数字化解决方案，帮助供应商进行碳排放计算和资源的有效利用，以实现节能减排。此外，施耐德电气针对供应商开设专业培训计划，增强其可持续发展意识及提升可持续发展能力。

（3）清洁生产与绿色制造：施耐德电气积极致力于为其下游客户提供具有更长寿命周期、更环保、低能耗特性的产品，同时极力减少碳排放。例如，施耐德电气推出的无六氟化硫开关柜，采用了无污染气体来取代传统污染源六氟化硫气体，从而有效提升产品的环保性。在产品研发过程中，施耐德电气注重产品的环保属性，持续改进采用更环保的原材料，如塑料和金属触点，以确保材料在生命周期结束时不会对环境造成污染。通过利用可再生能源，施耐德电气努力创造更清洁和安全的工作环境。在产品终期处理方面，施耐德电气采用可持续能源服务，通过二维码追踪产品去向，为客户提供主动的维护、升级和报废处理服务，同时回收再利用产品中的贵重金属和核心组件。

（4）智慧物流与运输：在物流配送领域，施耐德电气设计了数字化的自动计算系统，可根据不同产品的尺寸自动计算出最合适、最节省的包装方式。在运输方面，施耐德电气采用铁路和清洁能源车辆，通过优化路径规划实现更短的运输距离。

参 考 文 献

迟玉亮. 2023. 绿色工厂建设实践与经验浅谈[J]. 机械工业标准化与质量，（5）：43-48.

马苓，王艺彬，牛艳晓. 2022. 全“绿”以赴：立白科技集团的绿色创新实践[EB/OL]. http://www.cmcc-dlut.cn/Cases/ Detail/6548[2022-10-01].

王永贵，汪淋淋，张仪，等. 2022. 从践行者到赋能者：施耐德电气的可持续发展实践[EB/OL]. http://www.cmcc-dlut.cn/ Cases/Detail/5967[2022-10-01].

伊晟，薛求知. 2016. 绿色供应链管理与绿色创新：基于中国制造业企业的实证研究[J]. 科研管理，37（6）：103-110.

Amatulli C，De Angelis M，Peluso A M，et al. 2019. The effect of negative message framing on green consumption：an investigation of the role of shame[J]. Journal of Business Ethics，157（4）：1111-1132.

Barbu A，Catană Ş A，Deselnicu D C，et al. 2022. Factors influencing consumer behavior toward green products：a systematic literature review[J]. International Journal of Environmental Research and Public Health，19（24）：16568.

Council of the European Communities. 2011. Directive on the restriction of the use of certain hazardous substances in electrical and electronic equipment[S].

D'Angelo V，Belvedere V. 2023. Green supply chains and digital supply chains：Identifying overlapping areas[J]. Sustainability，15（12）：9828.

European Commission and Member States. 2023. Strategic EU ecolabel work plan 2020-2024[S].

Ghazali I，Abdul-Rashid S H，Dawal S Z M，et al. 2023. Embedding green product attributes preferences and cultural consideration for product design development：a conceptual framework[J]. Sustainability，15（5）：4542.

Herrmann F F，Barbosa-Povoa A P，Butturi M A，et al. 2021. Green supply chain management：conceptual framework and models for analysis[J]. Sustainability，13（15）：8127.

International Organization for Standardization. 2014. Promoting social responsibility and sustainability[S].

International Organization for Standardization. 2015. Environmental management systems：ISO 14001[S].

Marcon A，Ribeiro J L D，Dangelico R M，et al. 2022. Exploring green product attributes and their effect on consumer behaviour：a systematic review[J]. Sustainable Production and Consumption，32：76-91.

Ministry of Environment of Japan. 1995. Law of Promoting Container and Package Sorting and Recycling[S].

Ministry of Environment of Japan. 2000. Green Public Procurement[S].

Sheng X R，Chen L P，Yuan X L，et al. 2023. Green supply chain management for a more sustainable manufacturing industry in China：a critical review[J]. Environment，Development and Sustainability，25（2）：1151-1183.

United States Environmental Protection Agency. 1976. The Resource Conservation and Recovery Act[S].

U.S. Environmental Protection Agency. 2023. Recommendations of Specifications，Standards，and Ecolabels for Federal Purchasing[S].

Wang Y，Yang Y F，Qin Z X，et al. 2023. A literature review on the application of digital technology in achieving green supply chain management[J]. Sustainability，15（11）：8564.

Webb L. 1994. Green purchasing：forging a new link in the supply chain[J]. Resource：Engineering and Technology for Sustainable World，1（6）：14-18.

第 3 章　绿色制造的质量管理

3.1　绿色制造质量评估

3.1.1　绿色制造质量评估的内涵与原则

绿色制造质量评估是一种综合评价制造过程和产品的方法，通过收集数据、分析数据和对比指标等，对环境影响、产品环境性能、社会责任和经济效益等方面进行综合性的评估，以此来判断其是否符合绿色制造的要求。评估结果可指导制造企业改进制造过程和产品设计，并为政策的制定提供一定的借鉴，同时对助力绿色制造的发展和推广具有重要意义。

首先，绿色制造质量评估要考虑生产制造过程中的环境影响。首要工作是对产品制造中能源消耗及污染物、废弃物排放的评估，以确定该制造过程是否对环境产生了负面影响。其次，绿色制造质量评估还需要考虑产品的环境性能。评估者需要全面评估产品的材料选择、能源利用效率、可回收性、使用寿命等多个方面，以确定该产品是否符合绿色制造的要求，是否能够减少资源消耗和环境污染。此外，绿色制造质量评估还需要考虑社会可持续发展的因素。评估者需要对制造过程中的社会责任、员工福利、社区影响等进行评估，以确定该制造过程是否符合社会可持续发展的要求。

具体而言，绿色制造质量评估主要包括以下几个方面。

（1）环境影响评估：评估制造过程对环境产生的影响，包括能源消耗、废物排放、污染物排放等因素。评估者需要考虑生产过程中的资源利用效率、能源效率和废物处理等方面的指标，以确定制造过程是否对环境产生了负面影响。

（2）环境性能评估：评估在整个生命周期内产品的环境性能，包括从原材料采集、生产、使用到废弃的各个阶段。评估者需要考虑产品的材料选择、能源利用效率、使用寿命、可回收性等因素，以确定产品是否符合绿色制造的要求，是否能够减少资源消耗和环境污染。

（3）社会责任评估：评估制造过程中的社会责任表现，包括员工福利、社区影响和社会贡献等方面。评估者需要考虑制造过程中的劳动条件、员工健康与安全、社区参与等因素，以确定制造过程是否符合社会可持续发展的要求。

（4）经济效益评估：评估制造过程和产品的经济性能，包括生产成本、产品竞争力和市场需求等方面。评估者需要考虑制造过程的效率和成本控制及产品的市场价值和竞争力，以确定制造过程和产品是否具有经济可行性（图 3-1）。

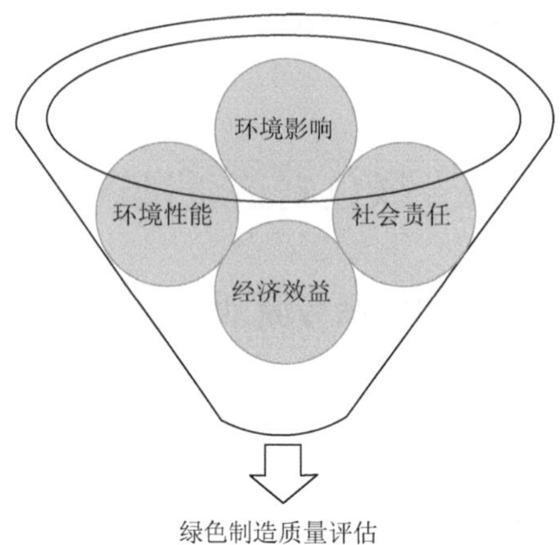

图 3-1　绿色制造质量评估内容

绿色制造质量评估应遵循科学性、全面性、可比性、可持续性、参与性和持续改进的原则（图 3-2）。通过遵循这些原则，可以确保绿色制造质量评估的公正性、准确性和可信度，推动绿色制造的发展和推广。

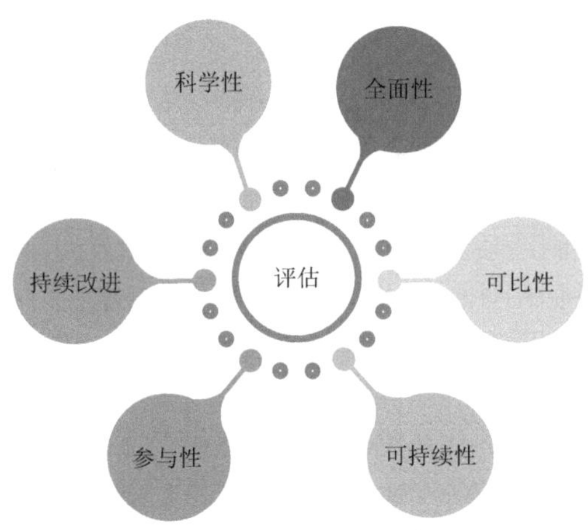

图 3-2　绿色制造质量评估原则

第一，科学性原则。绿色制造质量评估应采用科学的方法和工具，如生命周期评价（life cycle assessment，LCA）、环境影响评估等。评估者需要采集准确的数据，并运用科学的分析技术进行评估，以确保评估结果的准确性和可靠性。

第二，全面性原则。绿色制造质量评估需要考虑多个方面的因素，包括生产过程中的环境影响、产品的环境性能以及社会可持续发展的因素。评估者需要综合考虑这些因素，以全面评估制造过程的绿色性能。

第三，可比性原则。绿色制造质量评估需要参考相关的标准和指南，以确保评估的一致性和可比性。评估者需要使用统一的评估方法和指标，以便可以对不同的制造企业和产品进行比较与评估。

第四，可持续性原则。绿色制造质量评估应促进制造过程和产品的可持续发展。评估者需要评估制造过程中的社会责任、员工福利、社区影响等因素，以确定制造过程是否符合社会可持续发展的要求。

第五，参与性原则。绿色制造质量评估需要广泛听取各方的意见和建议。评估者应与制造企业、消费者、政府机构、非政府组织等进行合作和沟通，以确保评估过程的公正性和透明性。

第六，持续改进原则。绿色制造质量评估是一个持续改进的过程。评估者需要将评估结果反馈给制造企业，帮助其改进制造过程和产品，提高绿色制造的质量和效果。评估者还应持续跟踪和监测评估结果，以确保评估的持续有效性。

3.1.2　绿色制造质量评估指标

制造业是当前国民经济发展的重要基础，也是实现绿色发展最关键的产业。因此，必须根据我国国情和制造业行业的发展情况建立一个完整、可行的绿色产品质量评估指标体系。当前，有关绿色质量评估的研究已成为绿色经济研究中的重要话题，国内外学者在绿色制造质量评估指标体系的研究中，主要从环境性能、资源利用、社会责任、经济效益等多个方面进行了探索。

首先，学者主要关注制造过程中的环境影响和产品的环境性能。例如，美国国家环境保护局提出了生命周期评价方法，即对从原料采购、生产、使用到废弃的整个产品生命周期的环境影响进行完整的评估。在国内，绿色制造质量评估指标体系的研究也取得了一些成果。Liu 等（2016）提出了一个基于环境效益的评估指标体系，该体系包括能源效率、废物管理、污染物控制、资源利用效率等方面的指标。王鸣涛和叶春明（2020）建立了一个用于评价区域工业绿色制造水平的评估指标体系，其中包括绿色生产、绿色排放、绿色科技和绿色质效四个方面。孙婷婷等（2021）从包括资源能源、生态环境和健康安全等环境绿色属性，以及管理绿色属性两方面设计了一套评估指标。

其次，在资源利用方面，马珊珊等（2007）通过对我国 18 个大中型钢铁企业进行绿色度评价，提出从环境负担、资源消耗、经济发展方面构建绿色制造指标体系。也有学者基于循环经济提出绿色制造质量评估指标体系，该体系主要包括循环利用率、再制造比例、再生能源利用等指标，以评估制造过程和产品的循环经济性能。Yuan 等（2017）在前人研究的基础上，构建了一个包括材料选择、能源利用、废物管理、可回收性等方面的评估指标体系。

再次，学者在绿色制造质量评估指标体系的构建中，还注重考虑社会可持续发展的因素。例如，Zhu 和 Geng（2019）认为绿色制造的质量评价应综合考虑环境、经济和社会三个方面的因素，并提出了包括环境性能、经济性能和社会责任等方面的综合评估指标。张艳（2004）提出的绿色评估指标体系包括文化影响、道德影响、社会安定进步影响等社会责任方面的指标，以评估制造过程和产品的社会可持续性。

最后，学者在绿色制造质量评估指标体系的构建中，还注重考虑经济效益和创新能力等因素。例如，德国联邦环境署（Umweltbundesamt，UBA）提出了“生态创新评估”（eco-innovation assessment，EIA）方法，该方法综合考虑了环境性能和创新能力两个方面的指标，以评估制造过程和产品的生态创新能力。Gandhi 等（2018）研究指出，环境监管引发的技术创新效应是除立法保障外影响绿色制造有效性的关键指标。在国内，张彩霞和麻东露（2014）提出了基于经济效益、社会效益、环境效益和能源效益的绿色制造评估指标体系，以评估制造过程和产品的经济性和绿色性。

综上所述，国内外学者在绿色制造质量评估指标体系的研究中，从不同的角度和层面进行了探索与研究，构建了各种不同的指标体系。这些指标体系涵盖了环境性能、资源利用、社会责任、经济效益等多个方面，为绿色制造质量的评价提供了重要的参考和指导。然而，目前绿色制造质量评估指标体系的研究还存在一些问题，如指标选择的主观性、指标权重的确定等，需要进一步研究和完善。未来的研究可以进一步完善绿色制造质量评估指标体系，提高评价的准确性和可靠性，研究基于大数据和人工智能的绿色制造质量评估方法，以及更加细化和精准的评估指标体系的构建，借以推动绿色制造的可持续发展。

3.1.3 基于产品全生命周期的绿色制造质量评估体系构建

基于产品全生命周期的绿色制造质量评估体系是一种综合考虑产品从原材料采集、生产、使用到废弃的整个生命周期的评价方法，旨在评估产品在环境方面产生的影响，以及产品的资源利用效率、能源消耗、废物排放等指标，从而确定产品是否符合绿色制造的要求。

构建一个基于产品全生命周期的绿色制造质量评估体系需要考虑以下几个方面。

1. 确定评估指标

这些指标应包括生命周期各个阶段的环境性能指标，如原材料采集阶段的资源利用效率、生产阶段的能源消耗、使用阶段的使用寿命和能耗等，以及废弃阶段的废物排放和回收率等指标。评估指标的选择应基于科学的数据和方法，并考虑产品特性和制造过程的实际情况。

具体来看，绿色质量管理涵盖了从市场研究和产品开发到产品寿命结束的各个环节，并分为内部和外部两个方面。在内部方面，绿色质量管理强调在产品研发、设计、制造和交付过程中考虑环境因素，引入绿色环保的方案，从而减少环境污染和资源浪费，提高产品质量。例如，选择环保材料和生产工艺、减少能源消耗和废弃物产生、提高产品能效等。在外部方面，绿色质量管理关注产品的使用和售后服务过程。它鼓励企业与消费者建立良好的沟通和反馈机制，及时解决产品使用中出现的质量问题。同时，绿色质量管理也倡导推广可持续发展的理念，引导消费者选择环保产品，并提供相关的售后支持和服务。基于此，建立一套覆盖全供应链的绿色质量评估指标体系，该体系指标立足于内部生产流程和外部流通两方面，涉及绿色采购、绿色生产、绿色销售、绿色回收四个环节，共建立 30 个绿色指标。

（1）绿色采购。为了实现经济发展与环境保护的双赢，我们需要在采购阶段选择符合绿色标准的材料或供应商，以减少资源浪费、保护环境并提高环境绩效水平。绿色采购主要包括材料消费管理和供应商消费管理两个方面。一方面，在原材料消费管理时，企业应该选择符合国家标准的原材料，考虑使用原材料是否节能、绿色、安全及能否回收或再生等方面的情况。另一方面，在选择供应商时，既要斟酌供应商是否具备绿色环保资质，还要进一步实现环境友好的社会效应。

（2）绿色生产。绿色生产是指在生产制造中强调绿色观念，以节能、降耗、减污为目标，以管理和技术为手段，最大限度地控制污染气体及废弃物排放以提升环境绩效。在此过程中，企业应不断加强对研发设计和生产技术方面的投入，全面控制污染物的产生，推行清洁生产。核心原则包括充分利用自然资源如水、土地、能源等，实时监测和检测污染物排放浓度以确保符合国家标准，以及鼓励生产加工符合绿色认证的产品。

（3）绿色销售。绿色销售要求企业在追求利润的同时，也兼顾环境绩效，以实现长期可持续发展。销售过程可分为售前、售中和售后三个阶段。企业应该在满足客户对产品的绿色需求的同时，在产品存储和运输方面做出充分的绿色努力。换句话说，在产品销售全过程中，消费者的绿色需求应该被企业重点关注，进行产品绿色推广，并考虑存储、装卸和运输等环节的环境效益。

（4）绿色回收。绿色回收是现代绿色发展产生的新概念，在产品全生命周期中起着重要作用。绿色回收要求建立高回收、高循环、高利用的回收模式，其有两种具体表现形式：货物回收与废弃物处理。货物回收中包括了用户、销售商、生产者和企业，重点处理非生产原料性质的工业用品、残次物，以及劳动力过剩商品。废弃物处理则是对生产过程中产生的废弃物（包括废料、废水、废渣）进行集中无害化的处理，或尽可能投入循环再利用。

基于产品全生命周期的绿色制造质量评估指标体系如表 3-1 所示。

表 3-1　基于产品全生命周期的绿色制造质量评估指标体系

一级指标	二级指标	三级指标
A1 绿色采购	B1 原材料	C1 包装材料绿色度
		C2 材料可再生性
		C3 材料可回收性
		C4 采购成本
	B2 供应商	C5 ISO 14001 认证
		C6 供应商绿色认可度
		C7 供应商环境绩效
A2 绿色生产	B3 资源利用	C8 水资源利用率
		C9 物料利用率
		C10 清洁能源利用效率
	B4 污染排放	C11 废气排放量
		C12 废水排放量
		C13 固体废物排放量
		C14 噪声排放量
	B5 产品属性	C15 产品绿色性能
		C16 产品标准化程度
		C17 产品合格率
A3 绿色销售	B6 物流仓储	C18 绿色仓储度
		C19 绿色装卸度
		C20 绿色运输度
	B7 销售推广	C21 中间商绿色意识
		C22 营销网络绿色度
		C23 广告绿色度
		C24 绿色推广度
		C25 消费者绿色需求满足度
A4 绿色回收	B8 货物回收	C26 报废产品再利用率
		C27 产品回收成本
	B9 废弃物处理	C28 废弃物无害化处理率
		C29 生产废弃物的回收利用率
		C30 废弃物处理成本

2. 确定评价方法

常用的评价方法包括生命周期评价、生命周期成本（life cycle cost，LCC）法和生命周期绩效评价（life cycle performance assessment，LCPA）等。具体来看，三种评价方法各有侧重。生命周期评价是一种系统评价方法，可衡量产品在整个生命周期内的环境和资源利用情况。生命周期成本法是一种衡量产品在整个生命周期内的经济成本的方法。生命周期绩效评价是一种评价产品在整个生命周期内的性能和可持续性的方法。评价方法的选择应根据评价目的和数据可获得性进行综合考虑。

3. REACH

REACH（Registration, Evaluation, Authorization and Restriction of Chemicals，《化学品注册、评估、许可和限制的法规》）是欧盟制定的一种化学品法规，旨在保护人类健康和环境，于 2007 年 6 月 1 日起开始实施。该法规对企业生产、进口和使用的化学物质进行注册、评估和控制，要求详细列明所有商品的化学成分，并登记在案。在此基础上，REACH 建成了一个数据库将所有信息汇聚起来，并交由欧洲化学品管理局负责管理。

4. RoHS

RoHS（Restriction of Hazardous Substances，《关于限制在电子电气设备中使用某些有害成分的指令》）是欧洲于 2003 年 2 月 13 日正式颁布的用于控制有害物质的指令。该指令是为了规范电子电气制品的材质和技术要求，并控制在电子电气设备中所使用的铅、汞、镉等六大有害物质的浓度，使其更加有益于人类身体健康和环境。

需要注意的是，构建一个基于产品全生命周期的绿色制造质量评价体系是一个复杂的任务，需要跨学科的合作和综合考虑多个因素。此外，评价体系的构建应与不同行业相关的标准和指南进行对接，以确保评价的一致性和可比性。

3.2　绿色制造质量过程管理

3.2.1　绿色制造质量管理流程

企业绿色质量管理流程是指企业在生产和运营过程中，将绿色环保和高质量要求相结合，通过一系列管理措施和流程来保证产品和服务的质量，并减少对环境的负面影响。常见的质量管理流程包括以下几个方面。

（1）环境评估：企业首先进行环境评估，了解自身的环境状况和对环境的影响。这包括评估企业的资源消耗、废物排放、能源使用等指标，并制定相应的目标。

（2）绿色设计：在产品研发和设计阶段，企业应考虑环境因素，例如使用环保材料、减少能源消耗、降低废物产生等。通过绿色设计，可以减少产品在使用过程中对环境的影响。

（3）供应链管理：企业应与供应商合作，建立绿色供应链管理体系。这包括选择有环保认证或承诺的供应商、评估供应商的环保绩效以及监督供应商的环保行为，并与供应商共同推动绿色供应链的建设。

（4）生产过程控制：企业需要对生产过程进行严格的控制，确保产品符合质量标准和环保要求。这包括设立质量控制点、实施生产工艺改进、监测和控制废物排放等。

（5）质量检验和测试：企业应建立完善的质量检验和测试体系，对产品进行全面的检验和测试，确保产品符合质量标准和环保要求。

（6）数据分析和改进：企业应收集和分析与绿色质量相关的数据，评估自身的绩效，并不断改进和优化流程。通过数据分析，可以发现现存的问题以便采取相应措施加以改进。

（7）客户反馈和沟通：企业应与客户保持良好的沟通，了解客户的产品环保需求，实时关注客户反馈。同时，企业也应主动向客户传递产品的环保特性、保障产品质量，以增强客户的信任和满意度。

（8）培训和教育：企业应加强对员工的培训和教育，加强员工对绿色质量管理的意识并提高管理能力。这包括组织相关培训课程、制定绿色质量管理操作规程、开展绿色质量管理宣传和教育活动等。

3.2.2　绿色制造质量管理标准

产品的绿色质量管理旨在确保产品的生产、使用和处置过程中对环境的影响最小化，涵盖了从原材料采购到产品生命周期结束的各个环节，以保证产品的环境性能符合相关标准和要求。在过去的几十年中，随着环境问题的日益严峻，绿色质量监督机制逐渐成为政府、企业和消费者关注的焦点。通过实施产品绿色质量管理，从而促使企业采用环境友好的工艺和生产技术，减少对环境的污染和资源的浪费，还可以帮助消费者在购买环境友好产品时做出明智的选择，促进可持续消费和生产模式的发展。

绿色质量监管的实施离不开相关的政策和法规的支持。一些国家和地区已经制定了相应的法律法规来规范产品的绿色质量要求，如欧盟的环境标志体系和中国的环境标志认证制度。这些法律法规为企业提供了明确的要求和指导，促使它们采取措施改善产品的环境性能。目前通用的国际产品绿色质量标准有多种，以下是其中一些常见的标准。

（1）ISO 14000 系列标准：ISO 14000 是国际标准化组织为环境管理制定的一系列标准，汇集了多个发达国家在环境管理方面的经验，具有完整性强、可行性高的特点。其中，ISO 14001 标准是整个系列标准的核心，主要是为了缓解全球性环境问题而制定的，如全球气候变暖、臭氧层破坏和生物多样性丧失等。这些环境标准规定了环境管理过程中的共同话语及准则，为企业和政府单位等使用者提供了综合管理环境的指南，可以更有效地管理和改善其环境绩效，减少对环境的负面影响。

（2）ENERGY STAR（能源之星）：ENERGY STAR 是一个能源效率标识，由美国国家环境保护局和美国能源部于 1992 年共同推出，旨在节约能源、保护地球环境。最初主要应用于电脑产品，目前已扩展到包括电子产品、家电、制热/制冷设备、照明产品等多个类别的产品。在国内市场中，LED（light emitting diode，发光二极管）光源、紧凑型荧光灯（compact fluorescent lamp，CFL）、嵌入式灯具（recessed lighting fitting，RLF）、安全出口指示灯和交通信号灯等照明产品常采用 ENERGY STAR 标准认证。

（3）LEED（leadership in energy and environmental design，能源与环境设计先锋）：LEED 是对包括建筑设计、施工、运营和维护等方面提出的环境可持续性要求，是由美国绿色建筑委员会（U.S. Green Building Council，USGBC）推出的建筑行业的绿色评估体系，它主要从五个方面进行建筑的绿色等级综合考察。①可持续建筑场址。评估建筑所选用的场地是否能最大限度地减少对自然环境的影响，包括环境敏感地区的选择、交通便利度等。②水资源利用。评估建筑在水资源管理方面的表现，包括节水设施的使用、雨水收集利用、废水处理等。③建筑节能与大气。对建筑行业的能源效率和碳排放情况进行评估，要求采用节能设备、使用可再生能源、减少温室气体排放等。④资源与材料。评估建筑材料的可持续性，包括使用环保材料、减少废弃物产生等。⑤室内空气质量。评估建筑内部空气质量的控制和改善措施，包括通风系统设计、室内环境污染物控制等。

LEED 根据以上五个方面对建筑的绿色程度进行打分，将建筑级别分为白金、金、银等认证级别。通过参与 LEED 评估，建筑可以得到认可和奖励，同时也可以为环境保护和可持续发展做出贡献。然而，产品绿色质量监督在实施过程中仍然面临一些挑战和难题。首先，企业改善产品的环境性能需要投入大量的人力、物力和财力，这对于一些中小型企业来说可能是一项巨大的负担。其次，绿色质量监督的标准和认证体系仍然存在一定的不统一性，这给企业带来了额外的成本。

此外，一些企业可能存在对绿色质量监督认识不足和意识不强的问题，导致其对环境友好产品的生产和推广不积极。

3.2.3 达伦特的绿色质量管理案例

达伦特香氛科技有限公司（原达伦特工艺品有限公司，以下简称达伦特）始创于 1997 年 7 月 1 日，多年来一直致力于精细生产艺术蜡烛及玻璃工艺品，年生产规模已位于亚洲蜡烛制造企业的领先地位。事实上，达伦特的发展并非一帆风顺。在 2006 年，中国的蜡烛出口企业受到了来自美国商务部的反倾销制裁，使得国内蜡烛代加工产业受到致命打击，对于当时还处在发展初期的达伦特来说，无疑是一个毁灭性的生存危机。在重重压力下，集团创始人王立新果断带领公司转变经营战略，攻坚克难，战胜重重阻碍，步伐坚定地从当初被动加入国际标准，到主动拥抱绿色理念，从“活下来”到“强起来”，成为全球唯一一家在中国、东盟、欧盟均设有工厂的绿色蜡烛制造企业。

1. 获得绿色认证

在 WTO 框架中，各行业都有对污染程度和资源开发数量的限制要求，即所谓的“绿色壁垒”。事实上，达伦特在绿色转型过程中面临的第一大挑战是获得认证，这些认证通常涉及环境和社会责任等方面。中国制造的产品只有通过当地认证才能销售。达伦特在 1997 年与 Gala 家居建立了合作关系，但与 Gala 家居、麦德龙等大型零售商建立长期合作关系并不是一帆风顺的。Gala 因其严格的供应商管控要求而闻名，这些要求被称为“ION”行为准则，是与 Gala 进行业务合作的前提条件。下游零售商对环保事务的重视也迫使达伦特必须关注国际上盛行的“绿色”趋势。企业必须获得认证才能在这场艰难的战役中取得胜利。在这个阶段，达伦特进行的实践是在“浅绿”层面上，达伦特为了获得出口机会并与国际大公司取得战略合作，在“浅绿”层面上，只能被动接受相关要求。2006 年，达伦特成为中国首家通过 ION 认证和 4-SIP（Standard Inspection Procedure）认证的企业，同时也成了全国专业标准化技术委员会成员。

2. 源头绿色化

达伦特公司积极探索更加环保的道路。它从蜡烛的材料入手进行改进，因为蜡烛制作的主要材料石蜡和植物蜡都存在环境问题。石蜡是从石油中提炼出来的不可再生资源，而植物蜡需要砍伐大片的自然森林，消耗宝贵的林业资源。公司曾就是否成立研发中心进行过激烈讨论，因为自主研发需要大量的资金和资源投入，成功与否以及研发的收益都是未知数。然而，达伦特始终坚信，只有掌握核心技术，激发绿色潜力，才能在竞争中掌握话语权。

2016年，达伦特的中国轻工业蜡烛及制品重点实验室在大连市政府的支持下成立，秉承着“材料可再生”的生产理念，公司的材料研发能力不断提升。2020年，达伦特首创了乳木果蜡烛，这种蜡烛是由原始森林生长的乳油木的果实加工提取而成的，具有可再生、无须砍伐自然林、无须人工种植等优点，对环境保护具有重大意义。此外，公司还在不断提升工艺木制品的绿色化水平。当达伦特发展到泰国时，其发现当地有大量废弃的杧果、龙眼等果树，价格仅为常用木材的十分之一。达伦特发现商机，研发了适应中国市场的木制工艺品，为当地的废木找到了更好的利用途径。通过推行原材料绿色化，达伦特实施了绿色发展战略，避免了原材料供应紧张的问题，减少对不可再生资源的依赖。2021年，公司的专利数量累计已达80件。

3. 过程绿色化

达伦特一直坚持生产低耗能、少排放的理念，为此在2002～2006年进行了一系列的升级改造。首先，达伦特与德国Herrhammer公司和KUKA公司合作，研发了自动化生产设备，改进了生产工艺。其次，公司与煤化工前沿研究单位合作，研发了高效炼化工艺，将其应用到蜡烛材料中，实现了煤资源的高价值低碳应用。此外，达伦特还监控维护导热油管路和压缩空气管路，降低了能源在传输过程中的损耗。最后，达伦特开展了清洁生产项目，投资改造了蜡化中心，实现了废气排放的集约控制。为改善能源结构，达伦特更多地采用可持续的、可再生的能源。达伦特通过配备环保和安全设施，如建立安全的排水管网图，将企业的生产废水、生活污水、雨水、地下水进行分流和分类处理，始终遵循减少污染、实现绿色生产的环境理念，切实实现绿色生产。

4. 创新绿色化

达伦特在经历了反倾销制裁后，深信创新是企业获取竞争优势的关键，尤其是绿色创新。为了赋予产品绿色属性，达伦特采取了多种措施：首先，将环境影响因素作为产品设计评价的重要指标，评估原材料是否需要选择可持续的配件和材料，如食品接触级的玻璃和陶瓷配件，以及天然材料如藤条、秸秆和干花作为香味扩散材料。其次，通过计算产品整个生命周期的温室气体排放量，筛选掉排放量较高的供应商从而推动高排放材料供应商实现产业升级，并提高回收料的使用比例，以降低产品的碳排放量。最后，达伦特旗下的AN香氛作为其绿色化战略的一个重要里程碑，该品牌以“艺术、自然、和谐”为理念，原材料采用绿色无污染的纯天然植物蜡，通过高效的原材料采购布局，实现了全球资源的高效整合。该品牌蜡烛采用优质大豆蜡和无铅棉芯，容器采用大连本土传统手工玻璃，相关技术专利在绿色创新层面取得多项成就。在公司的年会上，王立新曾强调研发和设计团队必须协同创新，将“科技赋能、文创香氛、协同创新”作为企业 2021 年的重点任务。

3.3　供应商绿色质量管理机制

3.3.1　检查机制

检查机制是企业对产品进行质量控制最直接的方式。学界对检查机制在产品质量不确定时，如何影响订单分配和供应商质量提升进行了研究。其中，Starbird（2001）、Hwang 等（2006）、Lee 和 Li（2018）、Hsu J T 和 Hsu L F（2013）、Babich 和 Tang（2012）等专家学者基于博弈论视角研究了简单的供应链（包含单一供应商和单个下游客户）中的产品最优检查策略，其中产品的质量水平由供应商决策，而检查精度由下游客户决策。另外，一些研究者从经济订货量（economic order quantity，EOQ）模型的角度，分析产品质量控制中检查机制的影响，例如，Salameh 和 Jaber（2000）基于 EOQ 模型探究供应商的质量改进问题；Khan 等（2011）、Zhou 等（2016）、Al-Salamah（2016）进一步考虑了检查存在错误的情况，分析了实施检查机制对零售商最优订购决策的影响。以上研究中的检查机制均是全检机制，即对所有产品进行检查。然而，在现实中，由于检查存在成本，并且检查过程中可能会破坏产品质量，因此许多企业选择采取抽检的方式，以此来大致预测整个批次产品的质量水平。

3.3.2　抽检机制

学者从不同研究角度对抽检机制进行了研究。Fernández（2017）研究出一种考虑抽样计划和条件风险价值的新的成本优化方法。Duffuaa 和 El-Ga’aly（2015）分析了抽检计划下假设存在抽检错误的多目标优化问题。Taleizadeh 和 Dehkordi（2017）基于 EOQ 模型，提出了考虑部分缺货情景下的决策策略，并通过抽检策略来确定最优的产品订购数量和最高利润水平。Rezaei（2016）针对存在次品情况的模型，提出了一种全检-抽检组合策略，并对两个次品阈值下的产品进行分析。Farooq 等（2017）建立了四个质量成本模型，并研究了采用全检或抽检策略组合的最佳检查策略。此外，张斌和华中生（2006）建立了一个非合作博弈模型，确定了供应链质量管理中制造商的最优抽检方案。毕军贤和赵定涛（2011）探讨了产品抽检过程中买卖双方质量检验的博弈问题。上述研究主要基于单个企业角度，而较少从供应链全局视角探讨抽检机制对各方的复杂影响。

3.3.3　溯源机制

随着 RFID（radio frequency identification，射频识别技术）与互联网技术的进步，溯源机制被广泛运用。已有研究发现，溯源体系在企业实时控制和追查责任方面起到不可替代的重要作用，其可以通过供应链形成连续、可靠的信息流，赋予产品可追溯的特性，从而帮助企业提高生产投入和产品质量。2015 年，自国务院办公厅印发了《关于加快推进重要产品追溯体系建设的意见》后，各省区市积极响应号召，逐渐建立起了产品追溯体系。在学术界，学者也对溯源机制进行了丰富的研究，主要关注消费者对溯源产品的购买意愿以及可追溯性对企业利润的影响。例如，Dickinson 和 Bailey（2002）通过拍卖实验，发现消费者普遍愿意为肉制品的追溯性、生产透明度和质保这些特征支付溢价。Cicia 和 Colantuoni（2010）对 23 项研究进行了 Meta 分析，得出追溯体系可以起到推动食品市场积极发展作用的结论。Stranieri 等（2017）及 Wang 等（2017）的研究也提出了类似的观点。此外，虽然目前关于可追溯性对企业利润影响的研究还不够充分，但 Pouliot 和 Sumner（2008）对美国部分农产品市场经营进行统计，预测出五年内农产品企业将获得可追溯系统建设成本 1.7 倍的总回报。Stuller 和 Rickard（2008）也认为追溯体系带来的收益至少可以弥补其投入成本。但较少有学者研究溯源机制对企业质量改进的影响。现有的研究主要集中在供应链上游和下游企业，以及食品供应链的运营效率评估等方面，如 Resende-Filho 和 Hurley（2012）、龚强和陈丰（2012）、Aiello 等（2015）的研究。

3.4　绿色制造质量管理机制的选择

3.4.1　问题描述

本节在由单一供应商与单一零售商组成的绿色制造供应链中，研究产品绿色制造质量的控制问题。在这条供应链中，首先供应商以 c 的成本生产绿色产品，然后将绿色产品以 w 的价格卖给零售商，最后零售商再将绿色产品以 p 的售价卖给消费者。该绿色产品在价格 p 下的产品市场需求 y 是随机的，并有密度函数 $f(y)$ 及累积分布函数 $F(y)$（其中，$F(y)$ 函数是非负、严格递增的，且有 $F(0)=0$）。假设零售商仅在一个周期开始时订购量 Q 的绿色产品。那么，当 $Q\geqslant y$ 时，订购量大于市场需求，此时零售商会产生该绿色产品的库存，并将超过市场需求的 $(Q-y)$ 部分的绿色产品以更便宜的价格 s_v（$<p$）处理掉；当 $Q<y$ 时，订购量不能满足市场需求，零售商会产生一部分缺货成本，但这里暂时忽略缺货带来的影响。

生产过程中不可避免地会存在次品，假设每生产Q数量的产品将会有$\bar{\theta}Q$的次品，那么$\bar{\theta}=1-\theta$用来表示产品次品率，$\theta\in[0,1]$则代表产品的正品率，θ是随机变量。那么，该绿色产品的密度函数记为$h(\theta)$，累积分布函数记为$H(\theta)$。为了简化计算，这里假设θ服从$[a,b]$的均匀分布，即

$$h(\theta)=\begin{cases}\dfrac{1}{b-a}, & a\leqslant\theta\leqslant b\\ 0, & 其他\end{cases}$$

则有，$\mu_\theta=\int_a^b\theta h(\theta)\mathrm{d}\theta$，$\bar{\mu}_\theta=1-\mu_\theta$，且$a,b\in[0,1]$。假设$w$与次品率相关，不妨设为$w=a_0-a_1\bar{\theta}$，其中$a_0$为最大的单位批发价，$a_1$表示对次品率的敏感系数。假设次品销售到市场上总会被消费者发现，由此产生c_p的责任成本，且$c_p>p-w$。

为了应对次品出现导致零售商出现损失的情况，零售商会对采购的绿色产品进行质量检查。检查机制、抽检机制与溯源机制是零售商主要考虑的三种质量管理控制机制。

检查机制是指零售商对所有采购的绿色产品进行质量检查，发现次品后将退还给供应商。抽检机制是指仅从每批次采购的绿色产品中抽取部分进行质量检查，依据抽检结果推测整批产品的次品率，并根据结果决定是否接收该批次绿色产品。而溯源机制与以上两种机制有较大区别，零售商可以通过溯源技术和手段获取绿色产品在供应链各生产制造环节中的详细信息。这样，零售商就可以接收全部绿色产品。如果消费者发现销售的绿色产品是次品，零售商可以利用溯源信息推断责任归属，并让供应商承担责任成本。检查机制、抽检机制与溯源机制分别用上标A、S和T表示，本小节中供应商和零售商分别用下标S和R表示，集中式和分散式分别用下标c和d表示。

模型所涉及的符号如表3-2所示。

表 3-2　符号与定义

符号	定义	符号	定义
Q	订购量	c	供应商的生产成本
y	市场需求	p	产品的零售价
$f(y)$	需求的密度函数	$h(\theta)$	次品率的密度函数
$F(y)$	需求的累积分布函数	$H(\theta)$	次品率的累积分布函数
$\bar{\theta}$	次品率，$\theta=1-\bar{\theta}$	s_v	零售商的处理价
w	供应商的批发价	c_d	拒绝批次后供应商对次品的处理成本
c_p	次品被消费者发现时产生的产品责任成本	$\bar{\beta}$	检查精度，$\beta=1-\bar{\beta}$

续表

符号	定义	符号	定义
c_{tr}	单位溯源成本	c_e	单位检查成本
c_n	拒绝批次后供应商对正品的处理成本	n	抽检数量
ε	零售商承担的溯源成本比率	α_1,α_2	抽样产品的次品率阈值
$\bar{\theta}_{\min},\bar{\theta}_{\max}$	批次产品的次品率阈值		

3.4.2　模型构建

1. 检查机制

零售商采取检查机制，对数量Q的全部绿色产品进行检查。由于检查成本与检查精度$\bar{\beta}$及产品订购量Q相关，因而检查成本为$I(Q)=c_e\bar{\beta}Q$。在检查机制下，零售商将通过检查的绿色产品以价格p销售给消费者，并将未能通过检查的次品退给供应商，供应商对退回的次品进行处理，产生处理成本c_d。实际上，能够通过检查精度$\bar{\beta}$的绿色产品比率由正品率θ与未被检查出来的次品率$\beta\bar{\theta}$两部分组成，即$\lambda(\theta)=\theta+\beta\bar{\theta}$。同时，有$\bar{\beta}\bar{\theta}$比例的产品被检查出为次品，并退回给供应商。因此，在订购量Q下通过质量检查的绿色产品数量为$Z(\lambda)=\lambda(\theta)Q$，退还给供应商的次品数量为$\bar{\beta}\bar{\theta}Q$。并且，由于产品的市场需求随机，零售商实际能卖给消费者的数量为$S(Z)=Z(\lambda)-\int_0^{Z(\lambda)}F(y)\mathrm{d}y$，其中，$Z(\lambda)$代表实际流入市场的绿色产品数量，则$Z(\lambda)-S(Z)$为未能销售给消费者的数量，这部分产品被以$s_v$（$<p$）的价格进行低价处理。

由于检查机制存在缺陷，会有部分次品通过质量检查，即存在$\beta\bar{\theta}Q$的次品不能被发现。假设逃过质量检查的次品均会被消费者发现，每单位次品将产生产品的责任成本为c_p（包括对消费者的赔偿、召回费用等），则总次品责任成本为$c_p\beta\bar{\theta}Q$，由零售商承担。假设销售次品带来的损失会大于其带来的净收益，即$c_p>p-w$，那么零售商会倾向于改善产品质量。此时，零售商的期望利润水平为

$$
\begin{aligned}
\Pi_R^A(Q)&=p\int_a^b S(Z)h(\theta)\mathrm{d}\theta+s_v\left[\int_a^b\lambda(\theta)Qh(\theta)\mathrm{d}\theta-\int_a^b S(Z)h(\theta)\mathrm{d}\theta\right]\\
&\quad-\int_a^b w\lambda(\theta)Qh(\theta)\mathrm{d}\theta-c_p\int_a^b\beta(1-\theta)Qh(\theta)\mathrm{d}\theta-c_e\bar{\beta}Q \qquad (3\text{-}1)\\
&=(p-s_v)\int_a^b S(Z)h(\theta)\mathrm{d}\theta-Q\left[(w-s_v)E_\theta(\lambda)+c_p\beta\bar{\mu}_\theta+c_e\bar{\beta}\right]
\end{aligned}
$$

其中，$\mu_\theta=\int_a^b \theta h(\theta)\mathrm{d}\theta$，$\bar{\mu}_\theta=1-\mu_\theta$，$E_\theta(\lambda)=\int_a^b \lambda(\theta)h(\theta)\mathrm{d}\theta=\mu_\theta+\beta\bar{\mu}_\theta$。在式（3-1）中，$(p-s_v)\int_a^b S(Z)h(\theta)\mathrm{d}\theta$ 表示零售商的实际销售收入，$c_p\beta\bar{\mu}_\theta Q$ 表示产品的责任成本，$c_e\bar{\beta}Q$ 表示检查成本，另外，$(a_0-s_v)E_\theta(\lambda)Q-a_1Q\int_a^b \bar{\theta}\lambda(\theta)h(\theta)\mathrm{d}\theta$ 表示零售商的实际销售成本，其中 a_0 为最大的单位批发价，a_1 为对次品率的敏感系数。

在检查机制下，供应商只需承担被退回的次品处理成本，供应商期望利润水平为

$$
\begin{aligned}
\Pi_S^A(Q)&=\int_a^b w\lambda(\theta,\beta)Qh(\theta)\mathrm{d}\theta-cQ-c_d\int_a^b \bar{\beta}\bar{\theta}Qh(\theta)\mathrm{d}\theta\\
&=\left[a_0E_\theta(\lambda)-a_1\int_a^b \bar{\theta}\lambda(\theta)h(\theta)\mathrm{d}\theta-c-c_d\bar{\beta}\bar{\mu}_\theta\right]Q
\end{aligned}
$$

其中，$a_0E_\theta(\lambda)Q-a_1Q\int_a^b \bar{\theta}\lambda(\theta)h(\theta)\mathrm{d}\theta$ 表示供应商获得的销售收入；cQ 表示供应商生产绿色产品的生产成本；$c_d\bar{\beta}\bar{\mu}_\theta Q$ 表示次品的处理成本。

因此，检查机制下集中式绿色制造供应链的期望利润包括零售商和供应商的利润之和，用 $\Pi^A(Q)$ 表示，为

$$
\begin{aligned}
\Pi^A(Q)&=\Pi_R^A(Q)+\Pi_S^A(Q)\\
&=\left(pE_\theta(\lambda)-c-c_p\beta\bar{\mu}_\theta-c_e\bar{\beta}-c_d\bar{\beta}\bar{\mu}_\theta\right)Q-(p-s_v)\int_a^b\int_0^Z F(y)h(\theta)\mathrm{d}y\mathrm{d}\theta
\end{aligned}
\tag{3-2}
$$

在检查机制中，零售商为了获得最大收益，会对订购量 Q 进行决策，结果如命题 3-1 所示。

命题 3-1 ①在零售商采用检查机制的情况下，$\Pi_R^A(Q)$ 是关于 Q_d^A 的凹函数，$\Pi^A(Q)$ 是关于 Q_c^A 的凹函数；②在分散式供应链中，存在最优订购量 Q_d^{A*} 满足 $\int_a^b\left[(p-s_v)F(Z)(\theta+\bar{\theta}\beta)+a_1\bar{\beta}\bar{\theta}^2\right]h(\theta)\mathrm{d}\theta=(p-a_0)E_\theta(\lambda)+a_1\bar{\mu}_\theta-c_p\beta\bar{\mu}_\theta-c_e\bar{\beta}$ 且 $p>\dfrac{a_0E_\theta(\lambda)-a_1\bar{\mu}_\theta+c_p\beta\bar{\mu}_\theta+c_e\bar{\beta}}{E_\theta(\lambda)}$，使 $\Pi_R^A(Q)$ 实现最优；③在集中式供应链中，存在最优订购量 Q_c^{A*} 满足 $\int_a^b F(Z)(\theta+\bar{\theta}\beta)h(\theta)\mathrm{d}\theta=\dfrac{pE_\theta(\lambda)-c-c_p\beta\bar{\mu}_\theta-c_e\bar{\beta}-c_d\bar{\beta}\bar{\mu}_\theta}{p-s_v}$ 且 $p>\dfrac{c+c_p\beta\bar{\mu}_\theta+c_e\bar{\beta}+c_d\bar{\beta}\bar{\mu}_\theta}{E_\theta(\lambda)}$，使 $\Pi^A(Q)$ 实现最优。

据命题 3-1 可知，在集中式和分散式供应链中，零售商的绿色产品最优订购量受到产品次品率、检查精度、责任成本、处理价格等因素的影响。在集中式供应链下，零售商的订购量随着次品率、检查成本、责任成本、次品处理成本的增加而减少，也就是说成本的增加会导致零售商订购更少的绿色产品。

2. 抽检机制

抽检机制意味着零售商会根据抽检产品的次品率来判断是否接受绿色产品，即抽取 n 的样本产品，它们都来自订购量 Q，假设次品量为随机变量 x，其期望是 $\bar{\theta}n$，可接受的次品率阈值为 α，零售商接受该批产品的概率是 γ，检查精度是 $\bar{\beta}$：

$$\gamma = P(\bar{\beta}x \leqslant \alpha n) = 1 - P(\bar{\beta}x > \alpha n)$$

在抽检策略下，零售商的期望利润函数为

$$\begin{aligned}\Pi_R^S(Q) &= \gamma\left[pS(Q) + s_v(Q - S(Q)) - wQ - c_p\int_a^b (1-\theta)Qh(\theta)\mathrm{d}\theta\right] \\ &= \gamma\left[pQ - (p - s_v)\int_0^Q F(y)\mathrm{d}y - wQ - c_p\bar{\mu}_\theta Q\right]\end{aligned} \quad (3\text{-}3)$$

其中，$S(Q) = Q - \int_0^Q F(y)\mathrm{d}y$ 表示实际销售的绿色产品数量。供应商的期望利润函数为

$$\begin{aligned}\Pi_S^S(Q) &= w\gamma Q - (1-\gamma)\left[c_n\int_a^b \theta Qh(\theta)\mathrm{d}\theta + c_d\int_a^b (1-\theta)Qh(\theta)\mathrm{d}\theta\right] - cQ \\ &= w\gamma Q - (1-\gamma)(c_n\mu_\theta Q + c_d\bar{\mu}_\theta Q) - cQ\end{aligned}$$

其中，wQ 表示采购成本；$c_n\mu_\theta Q$ 表示正品的处理成本；$c_d\bar{\mu}_\theta Q$ 表示次品的处理成本；cQ 表示生产成本。

用 $\Pi^S(Q)$ 表示抽检策略下集中式绿色制造供应链的期望利润，则

$$\begin{aligned}\Pi^S &= \Pi_R^S(Q) + \Pi_S^S(Q) \\ &= \gamma\left[pQ - (p - s_v)\int_0^Q F(y)\mathrm{d}y - c_p\bar{\mu}_\theta Q\right] - (1-\gamma)(c_n\mu_\theta Q + c_d\bar{\mu}_\theta Q) - cQ\end{aligned} \quad (3\text{-}4)$$

零售商在分散式或集中式供应链中的最优订购量见命题 3-2。

命题 3-2　在抽检策略下，Π_R^S 是关于 Q_d^S 的凹函数，Π^S 是关于 Q_c^S 的凹函数，对零售商有：①分散式供应链的最优订购量 Q_d^{S*} 满足 $F\left(Q_d^{S*}\right) = \dfrac{p - w - c_p\bar{\mu}_\theta}{p - s_v}$ 且 $p > w + c_p\bar{\mu}_\theta$；②集中式供应链的最优订购量 Q_c^{S*} 满足 $F\left(Q_c^{S*}\right) = \dfrac{\gamma(p - c_p\bar{\mu}_\theta) - (1-\gamma)(c_n\mu_\theta + c_d\bar{\mu}_\theta) - c}{\gamma(p - s_v)}$ 且 $p > \dfrac{\gamma c_p\bar{\mu}_\theta + (1-\gamma)(c_n\mu_\theta + c_d\bar{\mu}_\theta) + c}{\gamma}$；③当 $\bar{\mu}_\theta > \dfrac{w\gamma - c - (1-\gamma)c_n}{(1-\gamma)(c_d - c_n)}$ 时，有 $Q_d^{S*} > Q_c^{S*}$，反之，有 $Q_d^{S*} \leqslant Q_c^{S*}$。

命题 3-2 意味着，两种供应链模式下，订购量均会随次品率与责任成本的增

加而减少；但集中式供应链中，订购量还会随次品与正品处理成本的增加而减少，特别地，当 $\overline{\mu}_\theta < \dfrac{p+c_n}{c_p+c_n-c_d}$ 时，订购量还会随产品接受概率的增加而增加。

3. 溯源机制

溯源机制意味着消费者可以通过产品的标签二维码查询到供应商和零售商在不同生产环节中记录的信息。我们假设溯源二维码的单位成本为 c_{tr}，其中供应商承担 $(1-\varepsilon)c_{\text{tr}}Q$ 的溯源成本，零售商承担 $\varepsilon c_{\text{tr}}Q$ 的溯源成本，零售商需承担更多的溯源成本，故溯源成本的分摊比例 $\varepsilon \in (0.5,1]$。

除了消费者的信息查询外，溯源机制还意味着，产品发生质量问题时，零售商对供应商的追责，在本节模型中即假设发生的责任成本完全由供应商承担，单位产品的责任成本为 c_p，记为 $c_pQ\int_a^b \overline{\theta}h(\theta)\mathrm{d}\theta$。结合产品的销量 $S(Q)=Q-\int_0^Q F(y)\mathrm{d}y$，我们有零售商的期望利润函数：

$$
\begin{aligned}
\Pi_R^T(Q) &= pS(Q)+s_v(Q-S(Q))-\int_a^b\left(a_0-a_1\overline{\theta}\right)\mathrm{d}yQ-\varepsilon c_{\text{tr}}Q \\
&=(p-s_v)\left(Q-\int_0^Q F(y)\mathrm{d}y\right)-(a_0-a_1\overline{\mu}_\theta)Q+s_vQ-\varepsilon c_{\text{tr}}Q
\end{aligned}
\qquad (3\text{-}5)
$$

其中，$(p-s_v)\left(Q-\int_0^Q F(y)\mathrm{d}y\right)$ 表示零售商的销售收入；$(a_0-a_1\overline{\mu}_\theta)Q$ 表示零售商的采购成本；s_vQ 表示处理成本；$\varepsilon c_{\text{tr}}Q$ 表示溯源成本。在溯源机制下，供应商的期望利润函数为

$$
\begin{aligned}
\Pi_S^T(Q) &= \int_a^b\left(a_0-a_1\overline{\theta}\right)\mathrm{d}yQ-cQ-(1-\varepsilon)c_{\text{tr}}Q-c_pQ\int_a^b\overline{\theta}h(\theta)\mathrm{d}\theta \\
&=\left(a_0-a_1\overline{\mu}_\theta-c-(1-\varepsilon)c_{\text{tr}}-c_p\overline{\mu}_\theta\right)Q
\end{aligned}
$$

对供应商而言，$(a_0-a_1\overline{\mu}_\theta)Q$ 是销售收入，cQ 是生产成本，$(1-\varepsilon)c_{\text{tr}}Q$ 是溯源成本，$c_p\overline{\mu}_\theta Q$ 是责任成本。

$\Pi^T(Q)$ 是该模式下集中式供应链的期望利润：

$$
\Pi^T(Q)=\Pi_R^T(Q)+\Pi_S^T(Q)=(p-c-c_{\text{tr}}-c_p\overline{\mu}_\theta)Q-(p-s_v)\int_0^Q F(y)\mathrm{d}y \qquad (3\text{-}6)
$$

同样，通过计算分散式与集中式供应链在溯源机制下的最优订购量，可得命题 3-3。

命题 3-3　①溯源机制下，我们得到 $\Pi_R^T(Q)$ 是关于 Q_d^T 的凹函数，$\Pi^T(Q)$ 是关于 Q_c^T 的凹函数；②分散式供应链的最优订购量 Q_d^{T*} 满足 $F\left(Q_d^{T*}\right)=\dfrac{p-a_0+a_1\overline{\mu}_\theta-\varepsilon c_{\text{tr}}}{p-s_v}$

且 $p > a_0 - a_1\bar{\mu}_\theta + \varepsilon c_{tr}$；③集中式供应链的最优订购量 Q_c^{T*} 满足 $F\left(Q_c^{T*}\right)=\dfrac{p-c-c_p\bar{\mu}_\theta-c_{tr}}{p-s_v}$ 且 $p > c + c_p\bar{\mu}_\theta + c_{tr}$；④比较发现，当 $\bar{\mu}_\theta > \dfrac{a_0-(1-\varepsilon)c_{tr}-c}{c_p+a_1}$ 时，有 $Q_d^{T*} > Q_c^{T*}$，反之，$Q_d^{T*} \leqslant Q_c^{T*}$。

命题 3-3 表示，分散式供应链下的最优订购量随溯源成本的增加、次品率的下降而下降。这表明过高的溯源成本和较低的次品率均降低了零售商的订购意愿，此外，研究还发现溯源成本与绿色产品责任成本无关。集中式供应链的最优订购量随责任成本、溯源成本的增加而降低。不同供应链下订购量的相对大小取决于次品率、溯源成本与责任成本等因素。

3.4.3 机制选择

模型检验了不同机制下零售商的最优订货决策。下面通过数值仿真验证以上结论。参考 Rezaei（2016）与 Lee 等（2013），我们做出如下的参数设置：①$f(y)=1/1000$；②$p=4.5$，$c=1.2$，$s_v=3.2$，$c_e=0.12$，$c_d=1.8$，$c_p=3.0$，$c_{tr}=0.10$，$\varepsilon=0.7$，$\overline{\beta}=0.9$；③$\theta \sim U(0.85,1)$（这是由于 2018～2022 年国家市场监督管理总局公布的产品质量抽查合格率分别为 89.7%、89.3%、90.0%、87.6%、90.4%），则有

$$h(\theta)=\begin{cases}6.\dot{6}, & 0.85 \leqslant \theta \leqslant 1\\ 0, & \text{其他}\end{cases}$$

我们观察不用机制的次品率 $\bar{\mu}_\theta$ 对零售商订购决策与利润的影响，图 3-3 和图 3-4 是仿真结果图。

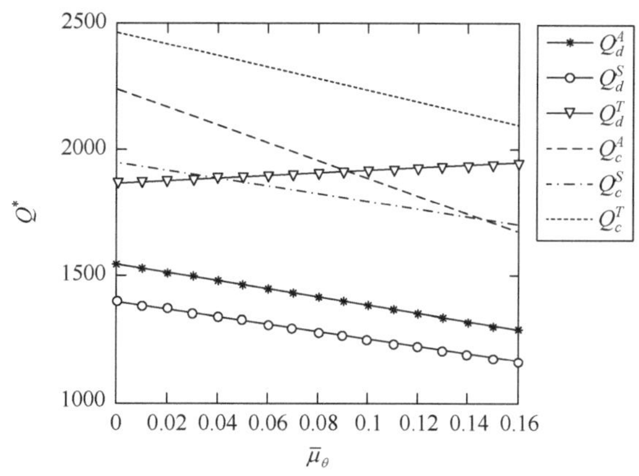

图 3-3　分散式与集中式供应链下 $\bar{\mu}_\theta$ 对订购量的影响

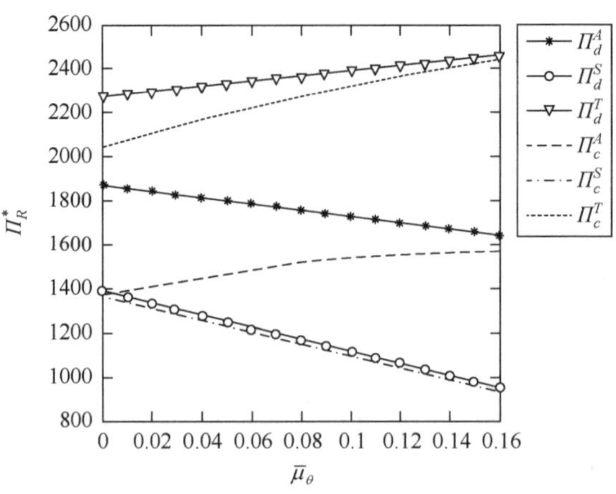

图 3-4 分散式与集中式供应链下 $\bar{\mu}_\theta$ 对零售商利润的影响（一）

1. 分散式与集中式供应链下次品率对订购量的影响

图 3-3 验证了分散式供应链和集中式供应链的不同结论，即分散下，Q^A 随 $\bar{\mu}_\theta$ 的减少而上升，Q^T 随 $\bar{\mu}_\theta$ 的上升而上升；而集中下，Q^A、Q^T 均会随 $\bar{\mu}_\theta$ 的上升而下降。其一，分散式供应链中的零售商由于不承担次品损失，因而会在采购成本降低时，订购更多的绿色产品；但集中式供应链中，次品率升高意味着整个供应链的损失上升，这就降低了订购量。其二，抽检机制下的零售商订购量随着次品率 $\bar{\mu}_\theta$ 的上升而减少且不受供应链分散或集中的影响，这说明零售商会降低订购量以规避高不确定性质量产品带来的潜在损失。比较集中式供应链和分散式供应链，零售商在集中式供应链中将订购更多的产品。此外，在集中式和分散式下，均有 Q^T 是最大的，即 $Q_d^T > Q_d^A$、$Q_d^T > Q_d^S$、$Q_c^T > Q_c^A$、$Q_c^T > Q_c^S$，且在分散式供应链中恒有 $Q_d^T > Q_d^A > Q_d^S$ 成立。然而，在集中式供应链中，当次品率低发生时，$Q_c^T > Q_c^A > Q_c^S$ 成立，若次品率增加到一定程度，则有 $Q_c^T > Q_c^S > Q_c^A$ 成立。

2. 分散式与集中式供应链下次品率对零售商利润影响

从图 3-4 可知，在集中式供应链中，检查机制下的零售商利润和溯源机制下的零售商利润随着次品率的增加而增大，抽检机制下的零售商利润随着次品率的增加而减小，当次品率较低时，溯源机制最优，随着次品率的增加，溯源机制的优势逐渐放大。在分散式供应链中，检查机制下的零售商利润及抽检机制下的零售商利润均随着次品率的增加而减小，而溯源机制下的零售商利润随着次品率的增加不断增大，且始终最优。总体来看，比较分散式与集中式供应链可知，分散式供应链下的零售商利润均高于集中式，即 $\Pi_d^A > \Pi_c^A$ 、 $\Pi_d^S > \Pi_c^S$ 、 $\Pi_d^T > \Pi_c^T$ ，意味着零售商实施检查机制、溯源机制或抽检机制时选择分散式供应链可以获得更多的收益。溯源机制对处理次品率的上升效果最佳，实施溯源机制可以获得更高的收益。

3. 分散式与集中式供应链下 $\overline{\mu}_\theta$ 和 $\overline{\beta}$ 对零售商利润的影响

从图 3-5 可知，不论是在分散式或是集中式供应链中，抽检机制下零售商的利润均会随 $\overline{\mu}_\theta$ 增加而递减，而溯源机制下零售商的利润则随 $\overline{\mu}_\theta$ 增加而递增，且有 $\Pi_d^A < \Pi_c^A$ 、 $\Pi_d^T > \Pi_c^T$ 。同时，在 $\overline{\mu}_\theta$ 较低时，检查机制在两种供应链中的表现更优，抽检机制在集中式供应链中表现更优，随着 $\overline{\mu}_\theta$ 的增加，溯源机制在分散式与集中式供应链中表现均优于其他两种机制。

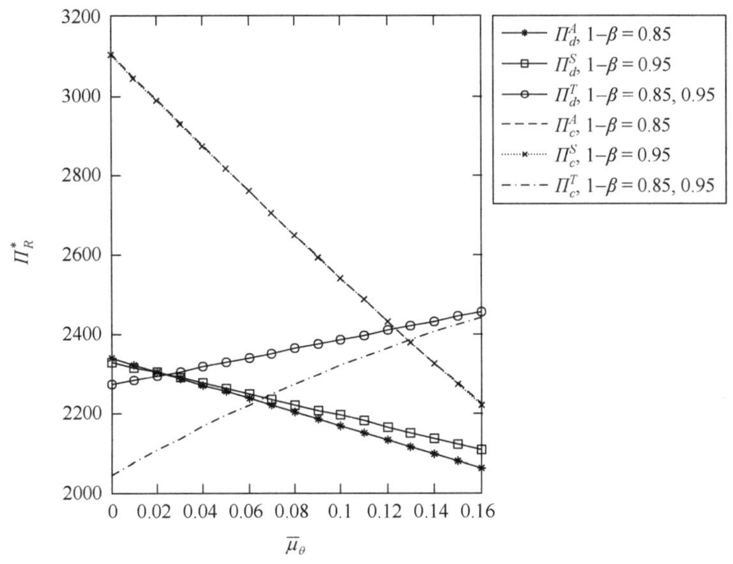

图 3-5　分散式与集中式供应链下 $\overline{\mu}_\theta$ 对零售商利润的影响（二）

图 3-6 对比了在高次品率和低次品率的不同情况，验证了在次品率 $\overline{\mu}_\theta$ 较低时零售商的利润会随着检查精度 $\overline{\beta}$ 的上升而下降，这在检查机制和抽检机制中成立，但分散式和集中式下，不同机制对次品率的反应不同。在检查机制下，集中式供应链下零售商的利润对检查精度更为敏感；而在抽检机制下，分散式供应链下零售商的利润对检查精度更为敏感。从次品率的影响上看，随着次品率的提高，零售商的利润会下降，但不同策略下利润的下降幅度不同。相比于检查机制，抽检机制下随着次品率的提高零售商的利润下降程度更大。

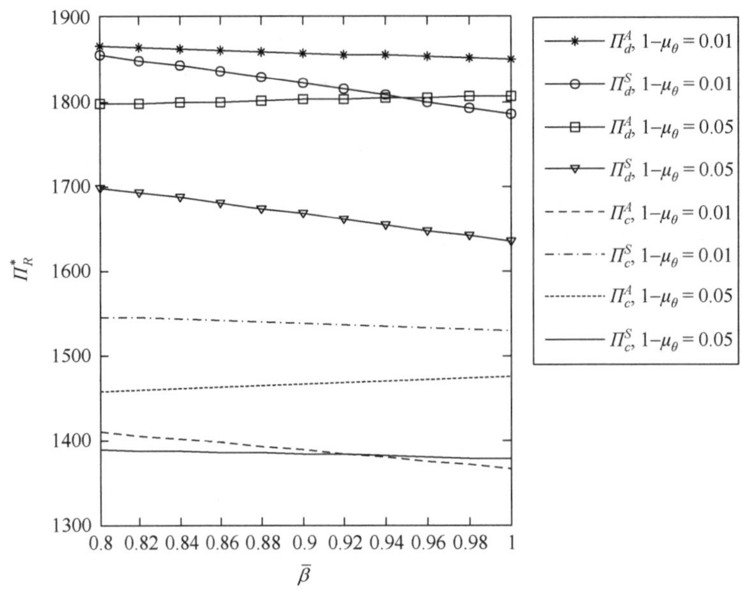

图 3-6　分散式与集中式供应链下 $\overline{\beta}$ 对零售商利润的影响

3.4.4　结论启示

本章研究了质量不确定性下由供应商和零售商组成的供应链中质量控制问题。我们分别考虑了分散式供应链和集中式供应链决策模式，对比分析检查机制、抽检机制、溯源机制三种不同的机制，得到的主要结论如下。

次品率在零售商的采购决策和质量管理机制选择中扮演着至关重要的角色。在分散式供应链背景下，次品率的上升会引发零售商采购数量和利润水平在检查和抽样机制下下降，而在追溯机制下上升。这意味着在产品质量不确定性较低时，零售商应选择抽检机制，而检查机制的效率稍低。当产品质量不确定性较高时，零售商应选择溯源机制。然而，在集中式供应链中，结果有所不同。检查机制和抽检机制下的零售商订购数量和利润水平会随次品率增加而下降，而溯源机制则会导致订购数量下降和利润水平上升。因此，在选择质量控制机制时，企业应首先考虑次品率的影响。但无论次品率高低，零售商选择溯源机制始终是最优的。可见，对于国家重要产品而言，尤其是对如食品、农产品、药品等质量风险较高的产品，构建一个完善的体系极为重要，但产品本身质量较高时，企业也应该根据供应链情况考虑采取检查机制或抽检机制。

此外，值得注意的是，检查准确性、可追溯性成本和责任成本的变化并没有改变次品率对零售利润趋势的总体影响。具体而言，首先，质量检测的精度影响检测和抽样机制的效率，但也受到次品率的影响。在低次品率的场景下，提高检查精度会降低零售利润；然而，在高次品率的情况下，提高检查精度可以降低产品的次品率。其次，尽管可追溯性成本降低了可追溯性机制的有效性，但由于供应商承担了这些可追溯性和责任成本，在高次品率的情况下，可追溯性机制的营利能力仍然优于检查和抽样机制。因此，对于质量不确定度较高的产品，零售商提高检查精度是有利的。然而，这种改进应该谨慎对待，政府机构积极参与监测和惩罚质量问题可以进一步激励企业建立可追溯性机制。

参 考 文 献

毕军贤，赵定涛. 2011. 抽样检验产品的质量检验博弈与诚信机制设计[J]. 管理科学学报，14（5）：43-51.

龚强，陈丰. 2012. 供应链可追溯性对食品安全和上下游企业利润的影响[J]. 南开经济研究，（6）：30-48.

马珊珊，齐二石，霍艳芳，等. 2007. 钢铁行业绿色制造评价体系研究[J]. 科学学与科学技术管理，28（9）：194-196.

孙婷婷，高宏伟，奚道云. 2021. 绿色制造评价指标体系构建[J]. 中国标准化，（8）：16-20.

王鸣涛，叶春明. 2020. 基于熵权 TOPSIS 的区域工业绿色制造水平评价研究[J]. 科技管理研究，40（17）：53-60.

张斌，华中生. 2006. 供应链质量管理中抽样检验决策的非合作博弈分析[J]. 中国管理科学，14（3）：27-31.

张彩霞，麻东露. 2014. 工业发展效益绿色评价指标体系研究[J]. 河北经贸大学学报（综合版），14（1）：42-45.

张艳. 2004. 绿色制造环境绩效评价模型研究[J]. 现代制造工程，（12）：69-71.

Aiello G，Enea M，Muriana C. 2015. The expected value of the traceability information[J]. European Journal of Operational Research，244（1）：176-186.

Al-Salamah M. 2016. Economic production quantity in batch manufacturing with imperfect quality，imperfect inspection，and destructive and non-destructive acceptance sampling in a two-tier market[J]. Computers & Industrial Engineering，93：275-285.

Babich V，Tang C S. 2012. Managing opportunistic supplier product adulteration：deferred payments，inspection，and combined mechanisms[J]. Manufacturing & Service Operations Management，14（2）：301-314.

Cicia G，Colantuoni F. 2010. Willingness to pay for traceable meat attributes：a meta-analysis[J]. International Journal on Food System Dynamics，1（3）：252-263.

Dickinson D L，Bailey D. 2002. Meat traceability：are U.S. consumers willing to pay for it?[J]. Journal of Agricultural and Resource Economics，27（2）：348-364.

Duffuaa S O，El-Ga'aly A. 2015. Impact of inspection errors on the formulation of a multi-objective optimization process targeting model under inspection sampling plan[J]. Computers & Industrial

Engineering，80：254-260.

Farooq M A，Kirchain R，Novoa H，et al. 2017. Cost of quality：evaluating cost-quality trade-offs for inspection strategies of manufacturing processes[J]. International Journal of Production Economics，188：156-166.

Fernández A J. 2017. Economic lot sampling inspection from defect counts with minimum conditional value-at-risk[J]. European Journal of Operational Research，258（2）：573-580.

Gandhi N S，Thanki S J，Thakkar J J. 2018. Ranking of drivers for integrated lean-green manufacturing for Indian manufacturing SMEs[J]. Journal of Cleaner Production，171：675-689.

Hsu J T，Hsu L F. 2013. An EOQ model with imperfect quality items，inspection errors，shortage backordering，and sales returns[J]. International Journal of Production Economics，143（1）：162-170.

Hwang I，Radhakrishnan S，Su L X. 2006. Vendor certification and appraisal：implications for supplier quality[J]. Management Science，52（10）：1472-1482.

Khan M，Jaber M Y，Bonney M. 2011. An economic order quantity（EOQ）for items with imperfect quality and inspection errors[J]. International Journal of Production Economics，133（1）：113-118.

Lee C H，Rhee B D，Cheng T C E. 2013. Quality uncertainty and quality-compensation contract for supply chain coordination[J]. European Journal of Operational Research，228（3）：582-591.

Lee H H，Li C H. 2018. Supplier quality management：investment，inspection，and incentives[J]. Production and Operations Management，27（2）：304-322.

Liu X，Zhang Z，Yang Q. 2016. Evaluation of green manufacturing quality based on environmental benefits[J]. Journal of Cleaner Production，112：160-169.

Pouliot S，Sumner D A. 2008. Traceability，liability，and incentives for food safety and quality[J]. American Journal of Agricultural Economics，90（1）：15-27.

Resende-Filho M A，Hurley T M. 2012. Information asymmetry and traceability incentives for food safety[J]. International Journal of Production Economics，139（2）：596-603.

Rezaei J. 2016. Economic order quantity and sampling inspection plans for imperfect items[J]. Computers & Industrial Engineering，96：1-7.

Salameh M K，Jaber M Y. 2000. Economic production quantity model for items with imperfect quality[J]. International Journal of Production Economics，64（1/2/3）：59-64.

Starbird S A. 2001. Penalties，rewards，and inspection：provisions for quality in supply chain contracts[J]. Journal of the Operational Research Society，52（1）：109-115.

Stranieri S，Cavaliere A，Banterle A. 2017. Do motivations affect different voluntary traceability schemes? An empirical analysis among food manufacturers[J]. Food Control，80：187-196.

Stuller Z J，Rickard B. 2008. Traceability adoption by specialty crop producers in California[J]. Journal of Agribusiness，26（2）：101-116.

Taleizadeh A A，Dehkordi N Z. 2017. Economic order quantity with partial backordering and sampling inspection[J]. Journal of Industrial Engineering International，13（3）：331-345.

Wang J，Yue H L，Zhou Z N. 2017. An improved traceability system for food quality assurance and evaluation based on fuzzy classification and neural network[J]. Food Control，79：363-370.

Yuan C，Shen L，Xie X. 2017. Evaluation of green manufacturing quality based on life cycle assessment[J]. Journal of Cleaner Production，142：1672-1682.

Zhou Y W，Chen C Y，Li C W，et al. 2016. A synergic economic order quantity model with trade credit，shortages，imperfect quality and inspection errors[J]. Applied Mathematical Modelling，40（2）：1012-1028.

Zhu Q，Geng Y. 2019. A comprehensive evaluation system for green manufacturing quality：a case study of Chinese manufacturing enterprises[J]. Journal of Cleaner Production，238：117974.

第 4 章　绿色智能制造

4.1　智 能 制 造

随着人工智能等先进技术的不断突破创新及其大模型的兴起，全球经济正在面临重大的重构。这些突破式创新与实体经济的深度融合促进了企业的智能化生产，从而推动了实体经济的进一步发展。2020 年新冠疫情暴发，也加速了企业向智能制造的转变，进一步推动了企业的智能化转型，世界智能化浪潮全面深化，新一代科技革命和产业革命的呼声日渐高涨，智能制造作为一种新的技术范式逐渐引起了世界范围内的广泛关注。

4.1.1　智能制造的内涵

Wright 和 Bourne 两位学者在 *Manufacturing Intelligence* 中最早给出了智能制造的概念，即在没有人工协助的情况下，利用制造软件系统、集成知识工程和机器人视觉等技术生产出来的智能机器人能够独自进行制造生产，这样一个生产过程就是智能制造（Wright and Bourne，1998）。然而，彼时学界对于智能制造的理解多为机械化、自动化，事实上这并非该技术的本质。随着企业智能制造、智能化浪潮的全面推进，智能制造的内涵也在不断地升级与演化（戚聿东和徐凯歌，2022）。

目前，学术界达成了共识，认为智能制造是一套人机一体化智能系统，其中蕴含着人类专家与智能机器的智慧。比如，在产品的生产制造过程中，作为人类智慧载体的机器人能够根据指令系统的命令完成分析、推理、判断和决策等智能活动，从而完成产品的生产（陈金亮等，2021；张强等，2023）。随着智能制造技术不断突破，智能生产的不断深化，智能机器人在制造过程中智能化的程度也在加强，从而在一定程度上替代了原先在生产过程中必备的人类专家的脑力劳动。

4.1.2　智能制造的发展历程

从全球视角来看，现阶段智能制造一词对于所有国家而言，都还停留在概念或实验层面，但也是各国政府和地区发展计划中必不可少的一部分（戚聿东和徐凯歌，2022）。

（1）日本：日本于 1990 年率先倡导多个发达国家开展智能制造相关技术的国际合作研发计划，1994 年正式启动包括制造知识体系、公司集成与全球制造、分布智能系统技术、分布智能系统控制等智能制造相关领域的先进制造国际合作研究项目。

（2）美国：美国于 1992 年开始执行的新技术政策中，提出要加大对智能制造、信息技术等关键重大技术的支持力度，推动新兴产业的发展从而实现改造传统工业的目的，并于 2012 年推出《美国先进制造业国家战略计划》，与此同时 GM 公司（General Motors Company，通用汽车公司）首次提出了工业互联网的建设构想。

（3）加拿大：20 世纪 90 年代加拿大推出《1994～1998 年发展战略计划》，该计划指出了知识密集型产业的重要性，即无论是对本土还是对全国的经济都举足轻重，而智能系统的应用在其中起到至关重要的作用，推进了动态环境下系统集成、机械传感器、机器人控制、人机界面、智能计算机等研究项目。

（4）欧盟：1994 年推动的新信息项目包括 39 项关键核心技术，智能制造必备的关键技术分子生物学、信息技术和先进制造技术三项技术是其中的重要组成部分。

（5）中国：20 世纪 80 年代末，“智能模拟”这一模块被正式引入我国科技发展规划中，并在模式识别、机器人、中文机器学习、专家系统等方面取得了突破性进展。2015 年发布的《中国制造 2025》是制造强国战略下第一个重要的十年纲领。2021 年工业和信息化部等八部门联合颁布了《“十四五”智能制造发展规划》，在战略中提出智能制造的两个目标，明确了“两步走”战略，体现了中国对产业建设与发展智能制造的坚定决心。

总而言之，智能制造从很早开始就受到了世界各国的高度重视，并正在全世界广泛兴起，而这是先进技术与制造业融合的必然结果，也是自动化、信息技术和集成技术纵向发展的必然选择。

4.1.3　智能制造的特征

相较于传统制造而言，以下是智能制造特有的性质。

（1）自律能力：智能机器具备收集信息、领悟环境信息和了解本身信息的能力，与此同时，它还能剖析、判断和规划行为。自律能力体现在一方面它们展现出一定的独立性、自主性和个性；另一方面，它们又是相互联系的，彼此之间存在协调和竞争。其自律能力依赖于储备丰富的知识库和基于知识的模型。

（2）人机一体化：智能制造系统是人机一体化的混合智能系统。这是考虑到智能制造系统拥有人类专属的灵感思维（顿悟）能力，而且目前以人工智能为基础的智能机器只能按照程序设定进行机械式的推理、估测和判断。因此，全面脱离人类专家协助的智能制造是不现实的。人机一体化的生产制造一定以人类专家为中心，借助智能机器实现无法由人类独自完成的生产制造。所以本质上，人机一体化是人类与机器两者之间的相互配合、相互合作与相辅相成的智能体系。

（3）虚拟现实技术：该技术萌发于 20 世纪 60 年代，综合运用了仿真技术、计算机技术和电子信息等，通过信号处理与传递并借助各种智能设备形成一个虚拟现实世界，从而让用户在虚拟现实世界中获得最真实的感受。它是高水平人机一体化能够实现的前提，是智能制造的关键技术之一。

（4）自组织超柔性：智能制造系统会基于给定的工作任务自主形成一种新的、最好的结构以完成特定的工作，由于其在结构形式和运行方式两个层面体现出柔性特性，因此被称为超柔性。这种超柔性具有生物特征，与由人类专家组成的群体相似。

（5）学习与维护：自主学习能使智能制造系统一边进行实际的操作，一边拓宽自身的知识库，诊断运行中的错误，查找故障并进行自我维护。这些功能使智能制造系统适应错综复杂、变化无常的外界环境，并不断完善自我。

4.2 智能制造的绿色转型

4.2.1 智能制造绿色转型的必要性

党的二十大报告提出“推动制造业高端化、智能化、绿色化发展”[①]，积极引导企业智能化、绿色化转型，探索形成新的产业生态体系，有助于提升我国工业整体发展质量。智能制造主要是通过对自动化技术、信息技术和智能化装备的综合运用，实现车间生产过程中高度自动化和智能化的制造方式。《“十四五”工业绿色发展规划》明确指出，到 2025 年，工业产业结构、生产方式绿色低碳转型取得显著成效，绿色低碳技术装备广泛应用，能源资源利用效率大幅提高，绿色制造水平全面提升，为 2030 年工业领域碳达峰奠定坚实基础。基于新一代 PLM（product lifecycle management，产品生命周期管理）的数智主线，应持续集成可持续相关的应用、工具和数据，推进中国制造业在 2023 年进入绿色智能制造双转型的加速发展期。

目前，智能制造、智能化助力企业突破技术难题与发展瓶颈，为企业可持续竞争优势赋能的作用越来越明显（戚聿东等，2021），很多企业纷纷开始探索数智

① 引自 2022 年 10 月 26 日《人民日报》第 1 版的文章：《高举中国特色社会主义伟大旗帜 为全面建设社会主义现代化国家而团结奋斗》。

化转型实践，将智能技术嵌入商业模式中，智能技术与各领域的深度融合已成为一股潮流，它为产品的制造和管理插上了腾飞的翅膀，它包括但不限于运营管理（戚聿东和肖旭，2020）、产品研发（刘意等，2020）、管理变革（刘淑春等，2021）、人力资源管理（谢小云等，2021）、金融创新（龚强等，2021）以及知识编排与动态能力演化等多方面，都无一不证实了企业数智化转型极大提升了企业运营效率，数智化转型已成为大势所趋。

同时，智能制造对绿色转型单维度或单阶段能力的影响开始引起部分学者的关注，比如王锋正等（2022）、Luo 等（2023）、Feng 等（2022），他们就数智化对绿色技术创新或绿色创新能力的影响进行了实证研究，并认为区域、政治关联、企业属性等也是影响因素。当然，绿色创新只是企业绿色转型中的一个关键能力或者中间环节（解学梅和朱琪玮，2021），并不意味着最终能帮助企业实现“和谐共生”的绿色发展。因此，从理论视角深挖智能制造推动企业绿色转型的特征、阶段划分以及内在机理成为学术界亟须研究的重要课题，从而为我国制造业的绿色转型提供理论支持。

4.2.2　智能制造绿色转型的可行性

优化智能制造生产流程和资源利用，可以帮助企业减少能源消耗和废弃物排放，降低对环境的影响，这使得以制造业智能化推动绿色化成为可能，主要可以从以下几个方面发力。

（1）资源利用效率提升。智能制造可以通过 MES（manufacturing execution system，制造执行系统）精确地计划和控制生产过程，优化资源使用，减少能源和原材料的浪费。例如，采用智能传感器和控制系统实现对生产设备的实时监测和调节，节约能源和原材料的消耗。

（2）环境监测和控制。智能制造可以通过应用先进的传感技术和数据分析方法，对车间工厂生产环境进行监测和控制。通过工厂管理端实时监测和分析环境指标，及时采取调整车间生产环境的措施，保证车间生产环境的安全和环保。

（3）循环经济理念。智能制造可以与循环经济理念相结合，通过设计可再生、可回收、可再利用的产品和生产系统，降低资源消耗和废弃物产生。同时，智能制造可以实现对废弃物的高效处理和回收利用，减少对环境的污染。

（4）绿色供应链管理。智能制造可以应用先进的物联网和大数据分析技术，优化供应链的管理，提高供应链系统的效率，减少能源消耗和碳排放。优化供应链管理可以避免过度库存、运输过程中的过多损耗等问题，降低对环境的负面影响。

（5）环保意识培养。智能制造需要智能化设备和技术的支持，同时也需要有环保意识的员工和管理者参与。通过加强对员工环保的培训和提高其环保意识，可以促使智能制造在实施过程中更加注重环保，积极采取环保措施，推动绿色制造的实现。

4.3 智能制造推动企业绿色转型的探索性案例研究

本节将着重探讨“智能制造如何推动企业绿色转型”，从资源编排理论视角考虑，从众多企业中选取三一集团作为单案例纵向研究对象，分析制造企业智能化的演进历程，以期发现企业智能化的发展规律，分析智能制造推动企业绿色化的内在逻辑和机理。

4.3.1 案例选择

案例选择需要与研究内容高度契合，首先选定的企业需是制造行业的典型企业，并是能够代表制造业的龙头企业。其次，该企业需要实现或者经历本节要研究的在工业互联网平台赋能下制造业所进行的智能化绿色转型。基于此，本研究小组先后对三一集团、中联重科、铁建重工、山河智能四家工程机械企业及其生态链合作的相关上下游企业进行了调研（表 4-1），在这四家中选定了三一集团作为案例研究对象。其依据在于：三一集团是中国工程机械制造业龙头企业（2022 年全球排名第四），它满足案例研究对象的几个原则，具有代表性与独特性、理论抽样的典型性与适配性、在案例调查上的可行性等。

表 4-1 四大制造企业智能制造推动绿色转型情况对比

<table>
<tr><th colspan="2">项目</th><th>三一集团</th><th>中联重科</th><th>铁建重工</th><th>山河智能</th></tr>
<tr><td rowspan="2">时间上</td><td>智能制造</td><td>2008 年至今</td><td>2014 年至今</td><td>2014 年至今</td><td>2016 年至今</td></tr>
<tr><td>绿色化</td><td>2010 年至今</td><td>2014 年至今</td><td>2016 年至今</td><td>2014 年至今</td></tr>
<tr><td rowspan="2">方式上</td><td>自身手段</td><td>全流程智能制造、绿色化</td><td>全流程智能制造、绿色化</td><td>全流程智能制造、绿色化</td><td>全流程智能制造、绿色化</td></tr>
<tr><td>辐射方式</td><td>“体外孵化”树根互联股份有限公司（简称树根互联）</td><td>“体内孵化”中科云谷科技有限公司</td><td>“体内孵化”中誉鼎力智能装备有限公司</td><td>“体内孵化”山河智能装备股份有限公司</td></tr>
<tr><td rowspan="2">成就上</td><td>代表成果</td><td>世界级“灯塔工厂”</td><td>智慧产业城</td><td>智能化工厂</td><td>工程机械智能工厂</td></tr>
<tr><td>排名（2022 年数据）</td><td>全球第四名</td><td>全球第六名</td><td>全球第三十名</td><td>全球第三十四名</td></tr>
</table>

三一集团是中国工程机械制造业龙头企业，产业智能化与绿色化一直占据集团的战略核心地位，经过多年的努力，成效显著。其打造的“绿色再制造”“绿色工厂”品牌获得国家认可，且向全国辐射具有示范效应，旗下多家子公司荣登工业和信息化部的绿色制造名单，且其发展模式得到多家权威媒体的报道。该企业的生产实践较为典型，其实践经验有助于启发地区其他制造企业的转型升级。因此，符合单案例纵向研究的需求，制造企业主体选取具备一定的典型性。同时，截至 2022 年底，由三一集团“体外孵化”的树根互联目前已为关联的钢铁冶金、装备制造、汽车整车以及零配件制作等数十个工业细分行业，以及经营的近千家企业提供了互联网支持，实现环保、纺织、铸造等多个产业链工业互联网互动，助力大批供应链上下游企业向低碳智能化转型，是重要的国家级跨行业、跨领域工业互联网平台企业，获得多个荣誉称号，因此本节选取此平台作为工业互联网平台具有代表性。

4.3.2　数据收集与分析

1. 数据收集

为高效率收集到更全面的数据，本节以实地调查研究为主，采用大数据爬虫技术对企业提供的二手数据进行分析。数据的收集具有多方面、多渠道的特点。多方面收集可提高案例的信度和效度（Yin，2014），并能够实现数据的实时性和回溯性，时间跨度为 2008～2022 年，呈现三一集团智能制造转型的全过程，再用多渠道来源的数据收集，可以交叉验证数据，符合数据收集的三角验证原则。收集到的主要有以下三类数据：①半结构化访谈。访谈调研重点确定为三一集团智能制造与绿色转型过程。根据此主旨，我们采用半结构化访谈的方式进行调查。针对企业内部不同群体，从高层管理者到基层进行了不同的与其工作性质吻合的问题设计，并在调研过程中收集受访者反馈的信息，对比调研团队各成员获得的材料，以及不同受访者提供的材料，再进行团队讨论，找出研究中存在的不足，后期优化更新调研方案，避免出现调研内容脱离企业实际以及数据内容过于结构化的情况。②企业内部资料。企业内部资料主要包括档案资料（企业的宣传视频、PPT 以及内部刊物等）、公司年报、公司公告、公司网站资料、社会责任报告、内部刊物和现场观察所获得的资料。③互联网渠道收集数据。三一集团属于国内制造业龙头企业，网上有大量相关的报告、新闻和学术论文以及行业年鉴，我们使用“八爪鱼”爬虫软件，以“三一”“数智”“绿色”等系列词汇为关键词进行了二手数据的收集与整理。数据来源如表 4-2 所示。

表 4-2　数据来源表

<table>
<tr><td rowspan="2">数据来源</td><td colspan="5">数据内容</td></tr>
<tr><td>访谈对象</td><td>访谈主题</td><td>访谈时长</td><td>资料字数</td><td>编码方案</td></tr>
<tr><td rowspan="8">一手访谈资料</td><td>三一集团副总裁</td><td>企业战略与历程</td><td>约 6 小时</td><td>3 万字</td><td>A1</td></tr>
<tr><td>树根互联企业负责人</td><td>树根互联发展史</td><td>约 8 小时</td><td>5.1 万字</td><td>A2</td></tr>
<tr><td>三一集团智能制造板块负责人</td><td>智能制造与绿色化</td><td>约 7 小时</td><td>4.5 万字</td><td>A3</td></tr>
<tr><td>三一集团北京桩机工厂技术负责人</td><td>“灯塔工厂”愿景</td><td>约 2 小时</td><td>1.4 万字</td><td>A4</td></tr>
<tr><td>三一集团北京桩机工厂管理人员（2 人）</td><td>“灯塔工厂”实操</td><td>约 2 小时</td><td>1.8 万字</td><td>A5</td></tr>
<tr><td>三一重工起重机事业部负责人</td><td>电动化举措</td><td>约 1 小时</td><td>1 万字</td><td>A6</td></tr>
<tr><td>三一重工研发人员（5 人）</td><td>绿色技术</td><td>约 5 小时</td><td>4.8 万字</td><td>A7</td></tr>
<tr><td>三一集团上下游企业（10 家）</td><td>绿色供应链</td><td>约 10 小时</td><td>11.3 万字</td><td>A8</td></tr>
<tr><td>参与式观察</td><td colspan="4">多次实地调研三一集团，包括多个事业部、智能制造试点示范“灯塔工厂”等，了解企业智能制造转型运营情况、数智技术、电动化、绿色发展情况</td><td>B</td></tr>
<tr><td rowspan="4">二手数据资料</td><td colspan="4">管理人员提供的内部资料</td><td>C1</td></tr>
<tr><td colspan="4">从三一集团及树根互联官方网站、中国知网等公开渠道获取的与研究主题相关的资料</td><td>C2</td></tr>
<tr><td colspan="4">三一集团子公司年报、社会责任报告/ESG（environmental, social and governance，环境、社会和公司治理）报告</td><td>C3</td></tr>
<tr><td colspan="4">从《人民日报》等权威媒体或组织网站中获取的报道、文件</td><td>C4</td></tr>
</table>

2. 数据分析

本节采用多级编码的方式（许晖和张海军，2016），并且由团队不同成员共同参与编码以减少单一主观认知带来的同源偏差，由团队内成员各自提出数据编码方案，并由其他成员共同商讨修改、整合，直到所有成员对方案达成一致，最后确立方案。在编码过程中，出现明显差异或者逻辑相悖的数据，会统一回归最初始数据进行确认或对相关部门负责人进行二次回访（毛基业，2020）。

首先，通过开放式编码形成一级概念。研究团队遍历全部原始资料，筛选出与智能制造、绿色化主题相关的内容，再通过 NVIVO 质性分析软件对其进行编码和识别构念，生成高频关键词，将高频词进行汇总分类与总结，并以此为基础开展手动编码，用自动编码检验编码有效性，进一步根据时间跨度识别出其中存在的关键时间点并匹配编码内容，将收集的数据根据三一集团智能制造的三次跃迁进行分类。其次，解读、聚合一级概念形成二级主题。将三次跃迁过程中具有智能制造和绿色化特征的一级概念聚合，形成抽象化、理论化的二级主题。为保证编码的客观性，团队以可证伪性原则为基础，在一级概念和二级主题编制过程中反复迭代，最终形成二级主题。最后，聚合二级主题形成聚合构念。该步骤在二级主题的基础上，结合资源编码理论，寻找并解析编码背后的逻辑关联。因此，本节将编码整合到“智能制造”“绿色化”“内在驱动逻辑”三大聚合构念。选择性编码释义如表 4-3 所示，数据结构如图 4-1 所示。

表 4-3　选择性编码示例

聚合构念	聚合构念释义	二级主题	二级主题释义
智能制造	通过互联网、通信技术、人工智能等相关数智技术的综合应用，塑造一个全感知、全连接、全场景、全智能的数智世界，触发企业颠覆性变革，对企业商业模式、业务模型、组织结构等进行全面重塑的过程	数智基础	在识别转型所需资源缺口的基础上，引入先进的数智信息系统，通过内部培育，开发所需的数智资源基础
		数智捆绑	利用数智工具实现传统资源与数智资源的有机耦合，从而激活资源效用，创新现有能力
		数智撬动	以企业内部数智资源与创新结果为基础，向生态链外部撬动辐射，形成更广阔范围的数智升级
绿色化	企业以绿色发展理念为指导，以资源集约利用和环境友好为导向，以绿色创新为核心，坚持生产全过程绿色化，兼顾经济绩效和环境绩效，最终实现生态环境改善和经济社会高质量发展的一种绿色发展模式	绿色结构化	企业获取外部资源，积累和剥离内部资源，形成基础性的绿色资源编排、提升资源利用效率的过程
		绿色能力化	企业前期通过学习和整合资源，将它们作用于绿色工艺与技术创新，从而提升企业绿色能力的过程
		绿色杠杆化	企业通过绿色资源组合和绿色能力相连接释放价值资源，从而实现绿色价值向企业外部传递的过程
内在驱动逻辑	以资源编排理论为基础，揭示智能制造推动绿色转型各演变过程中“特征—能力—行动”的内在驱动逻辑	数智特征激活	不同智能制造阶段下所激活的具有阶段性特色的数智特征
		关键能力形成	依赖阶段性数智特征的激活，不同阶段下企业的关键能力在智能制造的加持后有了具有突破性的新体现
		资源行动转化	企业以不同发展阶段下企业数智特征与关键能力为基础，为实现既定目标主动采取的资源编排行为

此外，为了提高分析结果的信度与效度，本节进一步采取信息回访法与专家挑战法进行验证。首先，在理论模型构建初期，研究团队数次前往三一集团进行交流，请企业实践者再次评估模型和构念的契合度；其次，研究团队邀请多位从事智能制造、绿色化领域研究的学者对模型及构念的合理性进行探讨。在案例分析部分，本节以三次跃升阶段为划分依据，分别呈现了由一阶构念组成的具体数据结构与来源，以揭示智能制造推动制造企业绿色转型的基础、过程机制和结果。

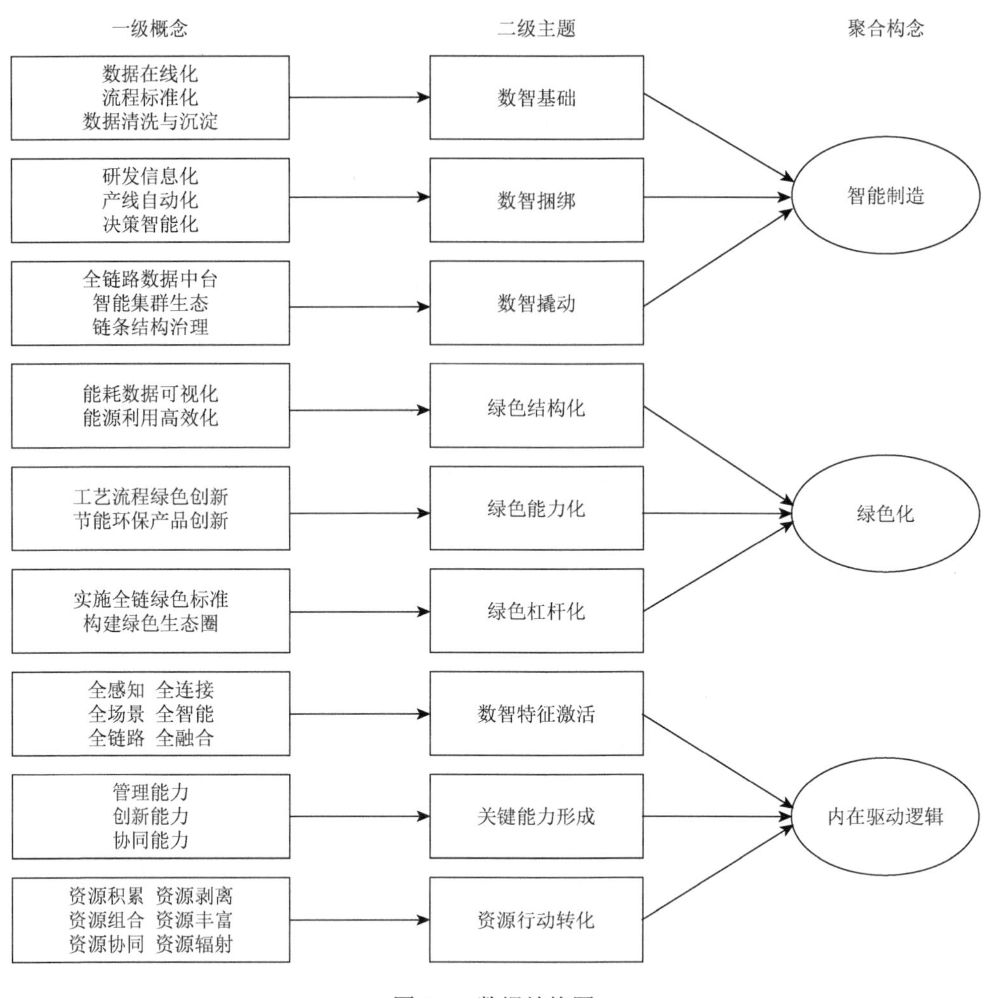

图 4-1　数据结构图

4.3.3　过程与机理分析

根据上述案例概况，本小节将基于资源编排理论，重点阐述智能制造驱动绿色转型的过程与机理，以回答“智能制造如何推动企业绿色转型”这一核心问题。

1. 数智基础驱动绿色结构化转型的过程与机理

在第一次跃升中，一方面，三一集团通过设备改造升级，实现了数据在线化、流程标准化，并对数据进行了清洗与沉淀，完成了数智基础的构建工作。另一方面，绿色转型并不存在绿色创新，只是从资源利用广度与深度两方面提高了绿色结构化程度，其中广度上表现为能耗数据可视化，深度上表现为能源利用高效化（表 4-4）。

表 4-4　工具化向在线化转型阶段的编码与证据展示

二级主题	一级概念	相关引文与证据
数智基础	数据在线化	布局“终端 + 云端”工业大数据平台，探索大数据在提升工业效率上的应用，提出建设设备远程管控智能制造工厂（C1）
	流程标准化	以临港产业园中型挖掘机装配线和昆山产业园小型挖掘机等工厂为试点，着手布局智能制造工厂建设，对生产车间进行科学化、标准化的流程改造，开展工艺规划、装配仿真、物流仿真、工厂仿真、机械加工仿真（C2）
	数据清洗与沉淀	“我们利用大数据算力对工厂各个运作环节接入的数据进行反复计算和分析，旨在为每一道工序、每一种机型，甚至每一个道具匹配最优参数，以达到优化生产能力的目的”（A3）
绿色结构化	能耗数据可视化	“我们对工厂的每个设备和生产线都安装了 MES、APS（advanced planning and scheduling，高级计划与排程）、GNSS（Global Navigation Satellite System，全球导航卫星系统）和传感器等系统，清晰记录每一台设备的用电量、用水量、用气量等，并且通过这些系统，工作人员能够及时准确地发现设备及工位异常信息”（A2）
	能源利用高效化	应用树根互联能源管理系统以后，如今三一集团“18 号工厂”实现便捷、高效的能源管理并实现智慧运维。通过单耗对比分析，反映生产过程中主机与辅机的能源消耗具体数值，可以对比班组之间的单耗，从而进一步优化并减少能耗（C3）

在工具化向在线化跃升的阶段，三一集团实现了数据在线化、流程标准化以及数据清洗与沉淀，建构了强有力的数智基础。该阶段的数智基础具有全感知与全连接的数智特征，其中，全感知是指能够感知企业内外部资源以查询自身独特的资源优势与资源缺陷（朱秀梅和林晓玥，2022）；全连接是指通过硬软件数据在线联通以打通资源壁垒和优化资源调配（黄丽华等，2021）。三一集团具有领先的智能制造发展意识，早在 2008 年就将智能化焊接机器人应用到实际生产中；2013 年，集团正式确立“互联网 +”战略规划；2016 年，部署树根互联工业互联网平台企业孵化项目，将集团内部传统智能制造操纵平台相互连接，以及“研产生销服”全流程信息在线化，实现了三一集团智能制造从工具化向在线化的转型。

全感知与全连接的数智基础能够有效提高企业管理能力（孙新波等，2019）。一方面表现为单项资源利用率提高，在线化阶段的全感知特征帮助企业开展同类生产线对比，有利于找准生产线管理做法的优缺点，逐步优化生产管理方法，提高单线资源利用率；另一方面表现为整体资源把握度提高，三一集团生产线装配“水-电-油-气”，实现了组织部门与生产部门数据的全面在线与联结，在精准把握生产线运行情况的同时，也有利于多部门互相监督，实现资源整体管控。

在资源建构阶段，有效推动三一集团资源积累与剥离的一个重要条件是其管理能力，进而在运营管理层面完成了最基础的绿色结构化转型。资源积累是指企业在发展过程中不断吸收外部智慧并逐渐积累的过程，从而使企业获得竞争优势（Sirmon et al.，2007）。最早，三一集团采用了建设智能制造的“18 号工厂”和搭建传统的工业大数据平台等方式，积累企业各环节的有形数据资源，并通过水、电、气表绑定生产加工设备实现了产品全生产周期的可视化，以提高整体资源利用效率的方式实现了绿色广度转型。资源剥离是指剥离无效资源并采用有效资源进行生产的过程，从而达到了提高企业资源利用率的目的（Sirmon et al.，2007）。三一集团在树根互联的帮助下搭建了废弃排放实时监测平台、基于可视化数据的能源管理系统、碳监测平台等，优化企业的业务流程，避免设备空转，有效提高了资源循环协同使用效率，帮助三一集团实现了绿色深度转型。通过以上的资源编排行动，三一集团在深度与广度上均实现了绿色转型，即绿色结构化发展（表 4-5）。

表 4-5　数智基础驱动绿色结构化转型的编码与证据展示

二级主题	一级概念	相关引文与证据
数智特征激活	全感知	“通过与业内企业对比发现，我们在技术研发、人才储备等资源上的优势还是很明显的，这也是三一能够最早实现全产线可视化、可感知智能制造的原因之一”（A1）
	全连接	智能制造监管产品——“铁甲卫士”，结合智慧工程监管平台和掌上监管 APP，实现对单车工作状态、轨迹、油耗及围栏触发等状态的实时监控，为每辆车构建车辆画像，横向、纵向分析车辆行为，有效防止磨洋工及偷漏油等现象发生（C4）
关键能力形成	管理能力	将企业目前分散的各信息资源，如原有系统数据、Excel 表格数据、文件资源、图片资源等，集成到企业级的应用平台之上，方便保存、检索、统计，提高信息资源的使用效率（B）
资源行动转化	资源积累	“公司经常安排我们向外部原生态智能制造企业不断学习，汲取各公司先进的发展理念、可靠成熟的技术应用等，对我们很有启发。通过学习能让我们重新识别自身企业拥有的优势资源，并持之以恒地开发利用，形成核心竞争力”（A5）
	资源剥离	“我们会通过实时监测平台定期处理那些存在浪费资源、废旧老化等问题的设备，提高资源的利用率”（A5）

2. 数智捆绑驱动绿色能力化转型的过程与机理

在第二次跃升阶段，一方面，三一集团从研发信息化、产线自动化和决策智能化三方面全面提高了数据资源的应用程度，实现了对数智资源的有效捆绑。另一方面，通过节能环保产品创新和工艺流程绿色创新，三一集团开辟出了两条实现绿色转型的主要路径（郭丕斌和张爱琴，2021）。三一集团通过数智捆绑赋能，有效改进了现有生产工艺和提高了产品的创新水平（表 4-6）。

表 4-6　在线化向智能化转型阶段的编码与证据展示

二级主题	一级概念	相关引文与证据
数智捆绑	研发信息化	三一集团构建技术中台（包含容器云、微服务治理、DevOps 三大平台）、研发云、仿真云，打造三一集团敏捷开发体系，支持未来云化解耦，实现核心技术资产的沉淀，提高软件交付能力和水平（B）
	产线自动化	“我们工厂一共有 8 个柔性工作中心、16 条智能化产线、375 台全联网生产设备。设备作业率从 2018 年的 35%提升到了 2020 年的 75%，在没有新购设备的情况下实现了产能翻番”（A4）
	决策智能化	三一集团建立和使用诸多智能制造平台进行数据的收集、整理、归类、分析、运用、智能决策，促进信息内部透明、数据资源共享，减少了数据的重复无效及供需的不对称、不匹配（A6）
绿色能力化	工艺流程绿色创新	2020 年，三一国际仅仅通过使用智能制造焊机一项举措，就实现了单位焊接用电量由 1.6 千瓦时降低至 1.2 千瓦时，减少了生产过程中电力的损耗（C3）
	节能环保产品创新	SY1250H 挖掘机采用三一集团自主研发的“DMOS”发动机-泵-阀集成动态寻优智能控制系统，设定输出扭矩值，达到实时最佳匹配状态，实现综合节油 10%以上（C3）

在线化向智能化跃升阶段，三一集团实现了研发信息化、产线自动化以及决策智能化，实现了捆绑最全面的数智要素的目的。在线化向智能化跃升阶段最显著的特征是全场景和全智能。其中，全场景指打破数智技术运用场景边界；全智能指生产、管理和研发等多套体系实现全面的智能化。2019 年，三一集团在行业内率先启动“灯塔工厂”建设。“灯塔工厂”智能化建成之后，三一集团需要的员工数量大幅下滑，2011 年到 2019 年间，成功地把员工数量从 5.18 万人减少到 1.85 万人，减少接近 2/3，而 2019 年的公司人均产值（410.11 万元）却是 2011 年的（97.97 万元）的 4 倍。2020 年的制造管理系统项目建立了统一生产数据模型，将排产进一步细化到人和设备，真正实现生产过程的全数智驱动，推动公司的生产制造迈入全面智能化阶段。

全场景与全智能的数智特征能够有效提高企业创新能力（陈剑和刘运辉，2021）。一方面是突破企业创新的边界，三一集团通过全场景的数智转型打通了技术和服务的边界，拓宽了企业创新的边界，在完善产品能耗监测系统的同时也通过精准把握产品折旧水平提高售后服务质量。另一方面表现为创新基础的积累，三一集团的全智能数智系统，具有智能化的数据信息集成式分析与决策能力，有利于企业分析创新需求和寻找突破口，有针对性地开展创新研发工作。

创新能力是资源捆绑并转化为实际能力的关键（韩炜等，2021），有效推动了三一集团的资源丰富与组合行动，使其从绿色创新层面实现了较高层次的绿色能力化转型。资源丰富是指企业通过提高智能制造和精益制造能力来丰富现有能力范畴。三一集团不断进行研发信息化和低碳工艺流程优化活动，成果显著。2020 年实现智能制造八项技术突破，包括无人下料、中小件自动开坡口、自动分拣、自动组对焊接、大件自动折弯、全自动机加、机器人喷涂和自动化物流，实现了制造工艺的低能耗，形成了巩固型绿色能力。资源组合是指企业对现有资源不断组合并持续加大研发能力。三一集团一直致力于在节能环保领域对技术进行潜心研究，系统构建工程机械技术创新平台，不断加大节能环保技术的研发投入，通过创新平台将已有的内部资源捆绑，实现固定资产与无形资产的利用最大化，开发了三桥 43 米泵车、SAP45C-10 电动摊铺机等多种节能环保产品，形成了增强型绿色能力。因此，借助于第一阶段的资源建构过程中企业积累的数据资源，在智能化转型阶段以创新能力为基础，捆绑数智资源要素，突破了智能化、自动化领域关键核心技术，使得案例企业在增强智能制造能力的同时也提高了企业的绿色能力（表 4-7）。

表 4-7　数智要素驱动绿色结构化转型的编码与证据展示

二级主题	一级概念	相关引文与证据
数智特征激活	全场景	“基于树根互联工业互联网平台，目前我们‘18 号工厂’的全部九大工艺、32 个典型场景都已实现‘聪明作业’，凡是计算机能做的事，决不允许人来做”（A1）
	全智能	运用 MOM（manufacturing operation management，制造运营管理）系统，通过打通生产、质量、物流、库存等生产环节，与产线自动化设备深度集成。MOM 上层连接产品生命周期管理系统、WMS（warehouse management system，仓库管理系统）等多套系统，下层连接物联网平台，是智能工厂生产制造的“指挥大脑”（C2）
关键能力形成	创新能力	2021 年三一集团 PCT（patent cooperation treaty，专利合作条约）国际专利申请新增 179 件，海外国家专利申请新增 20 件，累计推出国际化产品 128 款，同比提升 83%，其中欧美高端市场型谱覆盖率提升到 64%（C4）
资源行动转化	资源组合	“我们将现有的资源进行梳理整合，并继续加大研发投入，包括研发人员倍增计划、研发基础设施建设投入等。其中关于试验检测，2022 年规划投入逾 20 亿元”（A4）
	资源丰富	三一集团将精益制造、智能制造生产过程中的经验、流程、方法，运用到 PC 部品部件的生产过程中，让成本越来越低，速度越来越快（C1）

数智要素驱动绿色能力化转型的实现机理见图 4-2。

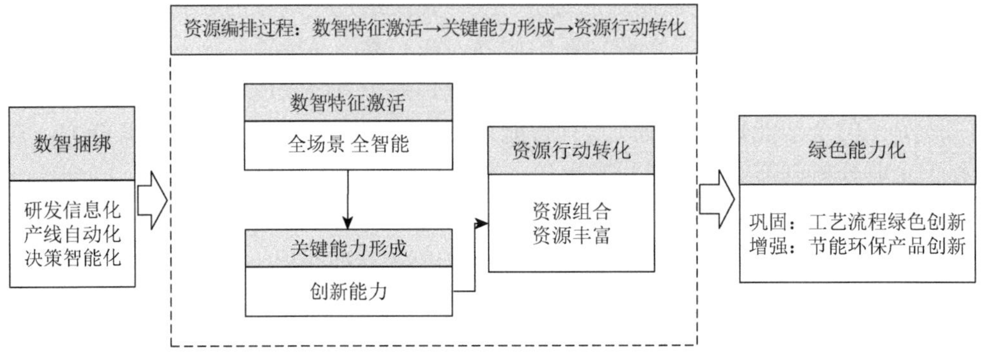

图 4-2　数智要素驱动绿色能力化转型的实现机理

3. 数智撬动驱动绿色杠杆化转型的过程与机理

在第三次跃升阶段，一方面，三一集团主要从搭建全链路数据中台、建立智能集群生态、链条结构治理三个方面发挥数智撬动作用。另一方面，三一集团致力于实施全链绿色标准、构建绿色生态圈，从而推动集中采购、供应、生产、零售标准一体化，实现提质增效、节能减排（表 4-8）。

表 4-8　智能化向生态化转型阶段的编码与证据展示

二级主题	一级概念	相关引文与证据
数智撬动	全链路数据中台	三一集团拥有目前制造业最全场景的数据中台，涵盖营销、研发、计划排产等各个业务环节。截至 2021 年 10 月，数据中台融合了 1.7 万亿条数据，拥有 245TB[1)] 原始数据量，每日保持 1.2TB 的数据增量（C2）
	智能集群生态	三一集团通过投资树根互联，打造根云平台，推动产业链智能集群生态（A1）
	链条结构治理	三一集团为解决链条长、数据多的问题，构建了一套适合集团实际发展情况的数据治理体系，打造企业数据中台的关键工程（C2）
绿色杠杆化	实施全链绿色标准	三一集团聚焦概念到产品、线索到回款、订单到交付、问题到解决四大主线，通过工业软件将标准流程固化，构建产业链绿色标准，实现流程活动和节点的在线化管控，大幅提升公司的核心业务流程标准化率和在线化率（B）
	构建绿色生态圈	“树根格致基于工业区块链的智慧碳排放管理平台帮助我们制订碳减排计划，同时支持绿电、绿证、碳汇服务，一站式实现了碳中和闭环管理”（A8）

1）TB 为太字节（terabyte），计算机存储容量单位，$1\text{TB} = 2^{40}$ 字节

智能化向生态化跃升阶段，三一集团实现了产业链智能集群生态、全链路数据中台并以数据治理优化链条结构，扩展了数智能力应用边界。智能化向生态化跃升阶段的显著特征表现为全链路和全融合，其中，全链路指在整个产业链供应链体系中运用数智技术（陈剑和刘运辉，2021）；全融合指将生态系统内部优势进行融合，并对优势进行管理与应用（杜勇等，2022）。截至 2022 年初，三一集团以自身转型数据为基础，在树根互联的帮助下，形成了“三一集团智能制造转型解决方案”，这为 81 个工业细分行业提供基于“连接、计算、应用、创新”的解决方案，覆盖 95%的主流工业控制器，支持 400 多种工业协议解析，已经接入各类工业设备超 70 余万台。而树根互联通过积累更多行业的数据，不断学习与优化自身的智能决策系统，并反哺三一集团的智能制造转型。

全链路与全融合的数智特征能够有效提高企业协同能力（杜勇等，2022）。一方面表现为资源协同，生态化阶段形成了以三一集团为核心的全链路平台生态系统，三一集团通过开放自身工业互联网平台，引导全链企业共享资源信息和数据，以实现生态系统内部的资源优化配置；另一方面表现为技术协同，平台生态系统内部企业的异质性技术优势和工业互联网下的全融合特点鼓励企业进行技术交流

与知识共享，通过技术协同实现生态利益最大化。

在智能化向生态化转型的阶段，三一集团以智慧数据为支点，开展资源整合与撬动行动，以达到企业绿色杠杆化转型的最优效果，实现生态价值的传递。资源协同是指通过协调其他相关利益者参与到转型过程中以实现生态价值的创造和传递（解学梅和韩宇航，2022）。三一集团联手阿里云搭建数据中台，服务于园区智能监控、仓储供应链、远程自动驾驶、物流自动化、后市场服务平台等领域，以数据为基础构建全生产周期、全产业链条统一绿色标准，推动数据中台的环境效能与经济效能并行，实现了绿色标准杠杆化。资源辐射是指将企业技术和数据资源拓展到其他产业和领域的应用，打造制造产业绿色生态圈（表 4-9）。三一集团积极对外构建低碳管理体系，同时以大数据、物联网、云计算等技术帮助绿色供应链与生态圈进行能源、碳排管理，实现了绿色应用杠杆化。经过前两个阶段资源编排过程的持续积累，生态化转型阶段的案例企业通过采用整合、撬动的方式连接多方资源实现了平台生态系统的绿色价值创造，助推企业绿色杠杆化转型。

表 4-9　数智撬动驱动绿色结构化转型的编码与证据展示

二级主题	一级概念	相关引文与证据
数智特征激活	全链路	2021 年三一集团依托根云平台，实现 200 多家供应商、1000 多台设备互联；推行系统 EDI（electronic data interchange，电子数据交换）互联，实现 287 家供应商系统互联、744 家供应商库存共享、51 家供应商排产共享，增强了供应链协同效率和响应能力（C1）
	全融合	三一集团以桌面云为切入点，通过超融合方案完美构建现代办公运营体系，具有成本节约、管理简单、扩展方便等优势（B）
关键能力形成	协同能力	三一集团通过组织工程机械行业技术展会、联合供应商研发打造样板机型、重点帮扶 100 家供应商实现体系能力升级等行动，加强了与供应商在技术创新、资源协调、智能制造协同等方面的引导与合作，提升了湖南省产业链发展水平（C4）
资源行动转化	资源协同	三一集团发挥主机厂的资源优势，帮助“专精特新”中小企业融入产业链。2021 年向供应商生态圈推出“卓越同行”改善项目，选取有改善意愿和潜力的供应商，帮助其进行体系、现场、设备、生产过程的全面改善，助力提高全产业链的业务能力和管理水平（A8）
	资源辐射	三一云都产业园作为三一集团的全球科创中心，投资 150 亿元围绕智能制造、智能建造、工业互联网、大数据、人工智能、新能源及新材料等打造一个数智经济生态圈（C1）

数智撬动驱动绿色杠杆化转型的内在机理见图 4-3。

4.3.4　结论启示

综合上述分析可知，可以将以智能制造推动企业绿色转型的过程概括为图 4-4。

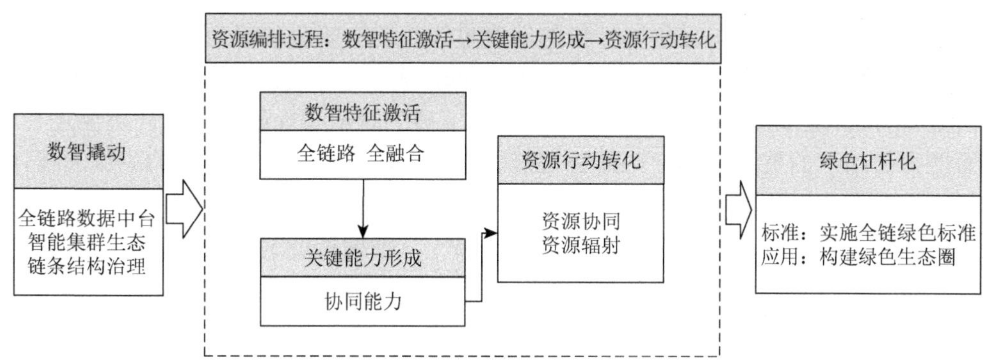

图 4-3　数智撬动驱动绿色杠杆化转型的内在机理

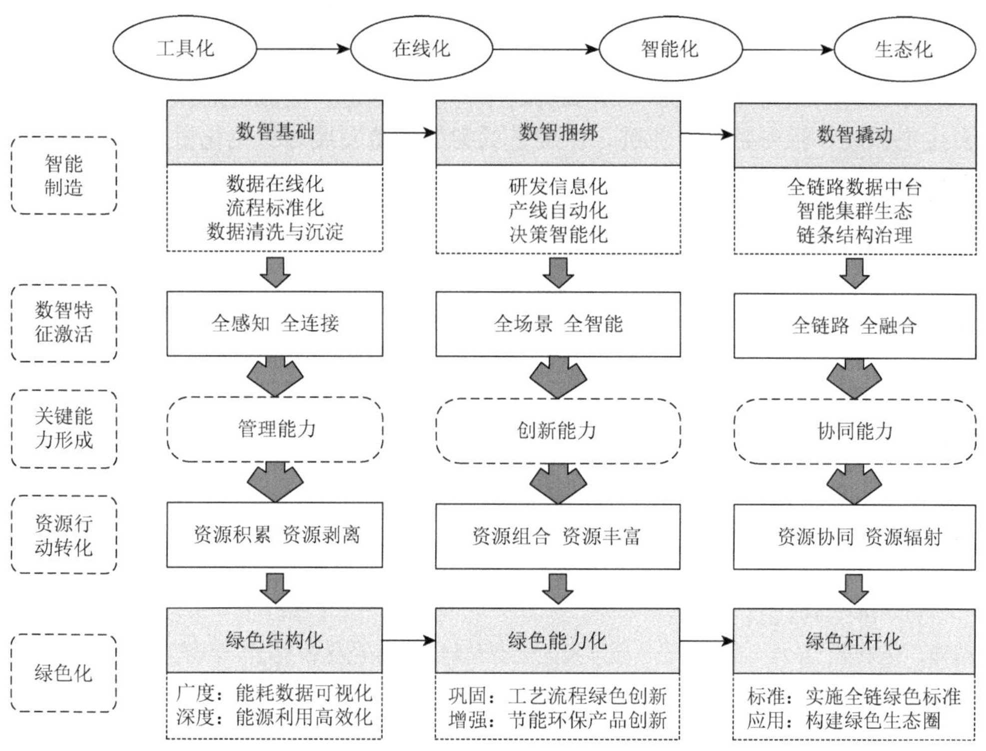

图 4-4　智能制造助力制造企业绿色转型过程机理的理论框架

从过程演化视角来看，制造企业智能制造经历了工具化向在线化、在线化向智能化、智能化向生态化演进的三次跃升，表现为建构数智基础、捆绑数智要素、撬动数智边界的智能制造演进过程，前一阶段数智发展水平决定企业能否转型到下一阶段，形成了层层递进的关系，实现了从企业内部向外部的数智蔓延。而在不同智能制造跃升阶段，智能制造有效推动了企业的绿色转型，依次表现为绿色结构化、绿色能力化与绿色杠杆化的演变过程，前一阶段的绿色发展程度也为下一阶段深化绿色转型奠定了基础。从内在机理视角来看，企业智能制造行为会激活数智特征，由此提升企业的不同关键能力，成为释放智能制造价值的重要途径，而能力带动下的资源编排行动是将智能制造优势转化为绿色化表现的关键流程，最终推动企业绿色转型。

基于上述分析，可以得到以下启示。第一，把握智能制造驱动绿色转型的阶段性特征，科学、适度发挥智能制造各阶段的关键能力，推动资源编排行动形成绿色化途径，以实现制造企业绿色化转型升级。因此，制造企业管理者应在精准把握自身智能制造阶段的同时，以数智特征激活下的关键能力为基础，合理调配资源编排方式，通过“建构资源基础以推动绿色结构化转型”“捆绑资源要素以推动绿色能力化转型”“撬动资源边界以推动绿色杠杆化转型”的方式，实现企业绿色转型从“浅绿色”过渡到“深绿色”。

第二，制造业龙头企业不仅要实现个体智能制造，更关键的作用在于搭建平台生态系统，辐射整个产业链、供应链的智能制造发展与绿色化协同。因此，龙头企业应充分调动自身资源与能力，以自身智能制造能力撬动整个生态的绿色转型，实现自身资源的绿色杠杆化，最终引领整个平台生态系统实现绿色价值提升。

参 考 文 献

陈寒松，田震. 2022. 公司创业情境下孵化企业服务生态系统构建：基于资源编排理论[J]. 科研管理，43（5）：11-22.

陈剑，刘运辉. 2021. 数智化使能运营管理变革：从供应链到供应链生态系统[J]. 管理世界，37（11）：227-240，14.

陈金亮，赵雅欣，林嵩. 2021. 智能制造能促进企业创新绩效吗？[J]. 外国经济与管理，43（9）：83-101.

陈威如，王节祥. 2021. 依附式升级：平台生态系统中参与者的数字化转型战略[J]. 管理世界，37（10）：195-214.

戴翔，杨双至. 2022. 数字赋能、数字投入来源与制造业绿色化转型[J]. 中国工业经济，（9）：83-101.

杜勇，曹磊，谭畅. 2022. 平台化如何助力制造企业跨越转型升级的数字鸿沟？——基于宗申集团的探索性案例研究[J]. 管理世界，38（6）：117-139.

龚强，班铭媛，张一林. 2021. 区块链、企业数字化与供应链金融创新[J]. 管理世界，37（2）：3，22-34.

郭丕斌，张爱琴. 2021. 负责任创新、动态能力与企业绿色转型升级[J]. 科研管理，42（7）：31-39.

韩炜，杨俊，胡新华，等. 2021. 商业模式创新如何塑造商业生态系统属性差异？——基于两家新创企业的跨案例纵向研究与理论模型构建[J]. 管理世界，37（1）：7，88-107.

胡海波，王怡琴，卢海涛，等. 2022. 企业数据赋能实现路径研究：一个资源编排案例[J]. 科技进步与对策，39（10）：91-101.
黄丽华，朱海林，刘伟华，等. 2021. 企业数字化转型和管理：研究框架与展望[J]. 管理科学学报，24（8）：26-35.
江小涓，黄颖轩. 2021. 数字时代的市场秩序、市场监管与平台治理[J]. 经济研究，56（12）：20-41.
赖晓烜，陈衍泰，范彦成. 2023. 制造企业数据驱动动态能力的形成与演化[J]. 科学学研究，41（1）：113-122.
李婧婧，李勇建，宋华，等. 2021. 资源和能力视角下可持续供应链治理路径研究：基于联想全球供应链的案例研究[J]. 管理评论，33（9）：326-339.
李维安，张耀伟，郑敏娜，等. 2019. 中国上市公司绿色治理及其评价研究[J]. 管理世界，35（5）：126-133，160.
刘淑春，闫津臣，张思雪，等. 2021. 企业管理数字化变革能提升投入产出效率吗[J]. 管理世界，37（5）：13，170-190.
刘洋，董久钰，魏江. 2020. 数字创新管理：理论框架与未来研究[J]. 管理世界，36（7）：198-217，219.
刘意，谢康，邓弘林. 2020. 数据驱动的产品研发转型：组织惯例适应性变革视角的案例研究[J]. 管理世界，36（3）：164-183.
毛基业. 2020. 运用结构化的数据分析方法做严谨的质性研究：中国企业管理案例与质性研究论坛（2019）综述[J]. 管理世界，36（3）：221-227.
戚聿东，杜博，温馨. 2021. 国有企业数字化战略变革：使命嵌入与模式选择：基于 3 家中央企业数字化典型实践的案例研究[J]. 管理世界，37（11）：10，137-158.
戚聿东，肖旭. 2020. 数字经济时代的企业管理变革[J]. 管理世界，36（6）：135-152，250.
戚聿东，徐凯歌. 2022. 智能制造的本质[J]. 北京师范大学学报（社会科学版），（3）：93-103.
苏敬勤，孙悦，高昕. 2022. 连续数字化转型背景下的数字化能力演化机理：基于资源编排视角[J]. 科学学研究，40（10）：1853-1863.
苏涛永，郁雨竹，潘俊汐. 2022. 低碳城市和创新型城市双试点的碳减排效应：基于绿色创新与产业升级的协同视角[J]. 科学学与科学技术管理，43（1）：21-37.
孙新波，钱雨，张明超，等. 2019. 大数据驱动企业供应链敏捷性的实现机理研究[J]. 管理世界，35（9）：133-151，200.
孙新波，张媛，王永霞，等. 2021. 数字价值创造：研究框架与展望[J]. 外国经济与管理，43（10）：35-49.
谭建荣，刘达新，刘振宇，等. 2017. 从数字制造到智能制造的关键技术途径研究[J]. 中国工程科学，19（3）：39-44.
万攀兵，杨冕，陈林. 2021. 环境技术标准何以影响中国制造业绿色转型：基于技术改造的视角[J]. 中国工业经济，（9）：118-136.
王锋正，刘向龙，张蕾，等. 2022. 数字化促进了资源型企业绿色技术创新吗？[J]. 科学学研究，40（2）：332-344.
王旭，褚旭. 2022. 制造业企业绿色技术创新的同群效应研究：基于多层次情境的参照作用[J].

南开管理评论，25（2）：68-81.
吴瑶，夏正豪，胡杨颂，等. 2022. 基于数字化技术共建“和而不同”动态能力：2011—2020年索菲亚与经销商的纵向案例研究[J]. 管理世界，38（1）：144-163，164，206.
肖静，曾萍. 2023. 数字化能否实现企业绿色创新的“提质增量”？——基于资源视角[J]. 科学学研究，41（5）：925-935，960.
肖静，曾萍，任鸽. 2022. 如何提升制造业绿色转型绩效？——基于TOE框架的组态研究[J]. 科学学研究，40（12）：2162-2172.
肖静华，吴瑶，刘意，等. 2018. 消费者数据化参与的研发创新：企业与消费者协同演化视角的双案例研究[J]. 管理世界，34（8）：154-173，192.
谢乔昕，张宇. 2021. 绿色信贷政策、扶持之手与企业创新转型[J]. 科研管理，42（1）：124-134.
谢小云，左玉涵，胡琼晶. 2021. 数字化时代的人力资源管理：基于人与技术交互的视角[J]. 管理世界，37（1）：13，200-216.
解学梅，韩宇航. 2022. 本土制造业企业如何在绿色创新中实现“华丽转型”？——基于注意力基础观的多案例研究[J]. 管理世界，38（3）：76-106.
解学梅，朱琪玮. 2021. 企业绿色创新实践如何破解“和谐共生”难题？[J]. 管理世界，37（1）：9，128-149.
许晖，张海军. 2016. 制造业企业服务创新能力构建机制与演化路径研究[J]. 科学学研究，34（2）：298-311.
姚洪心，吴伊婷. 2018. 绿色补贴、技术溢出与生态倾销[J]. 管理科学学报，21（10）：47-60.
张明超，孙新波，王永霞. 2021. 数据赋能驱动精益生产创新内在机理的案例研究[J]. 南开管理评论，24（3）：102-116.
张强，赵爽耀，蔡正阳. 2023. 高端装备智能制造价值链的生产自组织与协同管理：设计制造一体化协同研发实践[J]. 管理世界，39（3）：127-140.
张青，华志兵. 2020. 资源编排理论及其研究进展述评[J]. 经济管理，42（9）：193-208.
张媛，孙新波，钱雨. 2022. 传统制造企业数字化转型中的价值创造与演化：资源编排视角的纵向单案例研究[J]. 经济管理，44（4）：116-133.
中国社会科学院工业经济研究所课题组，李平. 2011. 中国工业绿色转型研究[J]. 中国工业经济，（4）：5-14.
周文辉，程宇. 2021. 数字平台如何通过边界跨越构建价值共创型组织？[J]. 研究与发展管理，33（6）：31-43.
周永圣，梁淑慧，刘淑芹，等. 2017. 绿色信贷视角下建立绿色供应链的博弈研究[J]. 管理科学学报，20（12）：87-98.
朱秀梅，林晓玥. 2022. 企业数字化转型：研究脉络梳理与整合框架构建[J]. 研究与发展管理，34（4）：141-155.
Adner R，Helfat C E. 2003. Corporate effects and dynamic managerial capabilities[J]. Strategic Management Journal，24（10）：1011-1025.
Carnes C M，Chirico F，Hitt M A，et al. 2017. Resource orchestration for innovation：structuring and bundling resources in growth-and maturity-stage firms[J]. Long Range Planning，50（4）：

472-486.

Chadwick C，Super J F，Kwon K. 2015. Resource orchestration in practice：CEO emphasis on SHRM，commitment-based HR systems，and firm performance[J]. Strategic Management Journal，36（3）：360-376.

D'Oria L，Crook T R，Ketchen D J,Jr，et al. 2021. The evolution of resource-based inquiry：a review and meta-analytic integration of the strategic resources-actions-performance pathway[J]. Journal of Management，47（6）：1383-1429.

Deligianni I，Voudouris I，Spanos Y，et al. 2019. Non-linear effects of technological competence on product innovation in new technology-based firms：resource orchestration and the role of the entrepreneur's political competence and prior start-up experience[J]. Technovation，88：102076.

Feng H，Wang F Y，Song G M，et al. 2022. Digital transformation on enterprise green innovation：effect and transmission mechanism[J]. International Journal of Environmental Research and Public Health，19（17）：10614.

Gioia D A，Corley K G，Hamilton A L. 2013. Seeking qualitative rigor in inductive research[J]. Organizational Research Methods，16（1）：15-31.

Luo S Y，Yimamu N，Li Y R，et al. 2023. Digitalization and sustainable development：how could digital economy development improve green innovation in China?[J]. Business Strategy and the Environment，32（4）：1847-1871.

Makadok R. 2001. Toward a synthesis of the resource-based and dynamic-capability views of rent creation[J]. Strategic Management Journal，22（5）：387-401.

Nambisan S，Wright M，Feldman M. 2019. The digital transformation of innovation and entrepreneurship：progress，challenges and key themes[J]. Research Policy，48（8）：103773.

Ouyang X L，Li Q，Du K R. 2020. How does environmental regulation promote technological innovations in the industrial sector? Evidence from Chinese provincial panel data[J]. Energy Policy，139：111310.

Saadatmand F，Lindgren R，Schultze U. 2019. Configurations of platform organizations：implications for complementor engagement[J]. Research Policy，48（8）：103770.

Sirmon D G，Hitt M A，Ireland R D. 2007. Managing firm resources in dynamic environments to create value：looking inside the black box[J]. Academy of Management Review，32（1）：273-292.

Sirmon D G，Hitt M A，Ireland R D，et al. 2011. Resource orchestration to create competitive advantage：breadth，depth，and life cycle effects[J]. Journal of Management，37（5）：1390-1412.

Wright P K，Bourne D A.1998. Manufacturing Intelligence[M]. Boston：Addison-Wesley Longman Publishing Co.，Inc.

Xie X L，Shen W，Zajac E J. 2020. When is a governmental mandate not a mandate? Predicting organizational compliance under semicoercive conditions[J]. Journal of Management，47（8）：2169-2197.

Yin R K. 2014. Case Study Research：Design and Methods[M]. 5th ed. Thousand Oaks：Sage Publications.

第二篇　绿色供应链运营管理

区别于绿色产品、绿色工厂等概念，绿色供应链是将环境保护和资源节约的理念贯穿于企业从产品设计到原材料采购、生产、运输、储存、销售、使用和报废处理的全过程，使企业的经济活动与环境保护相协调。在全球气候环境推动与国家政策引导下，越来越多的制造企业开始实施绿色供应链管理，并制定了自己的绿色供应链战略。2022 年，商务部等八单位共同印发《全国供应链创新与应用示范创建工作规范》，提出制定《全国供应链创新与应用示范城市（企业）评价指标体系》，每年认定一批城市和企业，分别授予"全国供应链创新与应用示范城市"和"全国供应链创新与应用示范企业"称号，这为我国制造业的绿色供应链发展与管理指明了方向。2021 年，国家市场监督管理总局标准技术管理司发布《绿色供应链管理系列国家标准解读》，为企业构建绿色供应链管理体系、促进制造业绿色化提供了评判标准，加快了我国供应链绿色转型的速度。

在绿色制造体系初步形成的背景下，供应链各环节的绿色管理和转型成了重点。虽然生产、储存和销售阶段已有优化，但与发达国家比较，我国绿色供应链在供应商选择上缺乏绿色意识；库存管理中过度包装导致碳排放增多；销售过程中由信息不对称导致的产品损耗等问题仍然突出。因此，优化绿色供应链的运营管理模式并深入研究其绿色发展机制，对制造业绿色转型有指导意义。本篇将重点关注绿色供应链运营过程中的供应商管理、库存管理与销售管理问题。

第 5 章　绿色供应商管理

5.1　绿色供应商管理概述

5.1.1　绿色供应商的内涵

绿色供应商是指在生产和提供产品或服务的过程中，具备良好的环境性能和可持续发展意识的供应商。绿色供应商致力于减少资源消耗、环境污染和碳排放，通过采用环保技术和创新的方式，为客户提供符合环境要求的产品和服务。

绿色供应商的范围非常广泛，涵盖了各个行业和领域。无论是制造业、服务业还是公共部门，都可以寻找和选择绿色供应商来满足其需求。鉴于不同行业的污染情况不同，其对绿色供应商的要求也不同。不同行业中常见的绿色供应商范围如下。

（1）制造业：制造业是一个重要的领域，绿色供应商可以包括原材料供应商、零部件供应商、设备供应商等。这些供应商应具备环境友好的生产工艺，采用低碳排放、节能减排的技术，提供符合环保要求的产品。

（2）能源和公用事业：能源和公用事业领域的绿色供应商主要是提供清洁能源和环保服务的公司，如太阳能和风能发电设备制造商、垃圾处理和废物回收服务商等。

（3）服务业：服务业也有绿色供应方面的需求，如酒店和餐饮业可以选择提供有机食材和环保餐具的供应商；物流和运输业可以选择采用低碳交通工具和节能设备的供应商。

（4）建筑和房地产：建筑和房地产行业需要考虑绿色建筑材料和节能环保设备的供应商，以及提供可持续设计和施工服务的公司。

（5）IT 和电子产品：IT 和电子产品的制造商可以选择符合环保要求的零部件供应商、绿色电子材料供应商以及回收和处理废弃产品的供应商。

（6）零售业：零售业可以选择提供绿色产品的供应商，推动消费结构向绿色转变。

一般而言，绿色供应商的主要环节分为四大部分：绿色供应商调查、绿色供应商评估和选择、绿色供应商运作管理以及绿色供应商的持续追踪与报告。其中，绿色供应商调查是为了全面了解供应商信息，判断供应商是否满足合作的条件，因此在进行调查之前首先要设定绿色供应商选择的标准，按照设定的标准选择满足条件的候选绿色供应商。然后收集它们的信息，尽可能地了解供应商是否有明确的环保管理规范、是否建立了有效的环境管理体系、生产过程中的资源利用情况、废物管理的情况、是否进行环境监测、是否开展环境培训和教育等相关信息。

在绿色供应商评估和选择环节中，针对通过初步筛选的供应商，进行详细的环境性能评估。采用问卷调查、现场访查、数据分析等方法可以评估供应商在资源利用效率、废物管理、化学品使用、环境监测等方面的表现。若需要综合考虑供应商在环境性能方面的表现，则可以采用量化的评估方法，如评分法、加权平均法等，对供应商的环境绩效进行打分和排名。同时还要对绿色供应商的环境风险情况进行评估，了解其可能面临的环境污染、合规性问题等。通过风险评估，可以判断供应商在环境领域的可靠性和稳定性。最后将环境性能评估和风险评估的结果进行综合分析，并结合组织的需求和战略，做出最终的绿色供应商选择决策。

选择确定的绿色供应商作为候选后，企业进入绿色供应商运作管理阶段，与绿色供应商建立稳定、持续的供应链绿色伙伴关系。此时企业可以通过合同的形式，确立明确的条款，包括环境要求和责任，确保供应商履行环保义务。最后要持续追踪与报告绿色供应商的环境绩效与风险情况，对绿色供应商定期进行监督与审查，以促进绿色供应商持续的改进，为绿色供应链伙伴之间长久的合作保驾护航。

需要注意的是，以上步骤仅为一般性指导，具体的绿色供应商管理内容应该根据组织所处的行业以及组织供应链的实际情况进行调整和完善。

5.1.2 绿色供应商管理模式

随着资源节约和环境保护意识的提高，企业纷纷把绿色供应商管理定为企业重要战略。绿色供应商管理要求企业不仅要重视企业整个生命周期内的绿色绩效，同时要求企业在选择供应商时注重其产品的环境效益，以提升企业的可持续发展。在绿色供应链管理中，供应商管理占据着至关重要的地位。作为绿色供应链管理的起点，供应商承担着重要的原材料供应职能。一般而言，一个产品有 3/5 的价值受到企业采购的影响，因此，从采购的角度来讲，实施绿色供应商管理可以显著提高产品的绿色程度。实践表明，假设企业能将进行产品质量管理 25%～30%的精力用于管理供应商，那么预估企业自身质量水平能够提高到 50%以上（龚国华等，2005）。

绿色供应商管理与一般供应商管理的区别可以体现在组织目标、供应链关系、供应商数量、信息共享程度、主要管理方法以及供应商选择标准方面，具体如表 5-1 所示。

表 5-1　三种供应商管理模式比较

项目	传统观点下的供应商管理（20 世纪 60 年代前）	供应链观念下的供应商管理（20 世纪 60～90 年代）	考虑绿色属性的供应商管理（20 世纪末至今）
组织目标	最小化采购成本，实现经济利润最大化	通过上下游之间的合作使长期的经济利润最大化	注重经济效益的同时考虑生态的优化，以实现经济绩效与环境绩效的协同
供应链关系	以采购价格为主，下游与供应商呈现短期的买卖关系，同时互相竞争	注重上下游的合作共赢	上下游协同合作创造经济价值的同时，共同实现环境目标
供应商数量	多供应商战略，通过供应商之间的价格竞争降低采购价格	供应商数量较少，注重长期合作关系	供应商数量较少，且共同关注环境目标，降低环境成本
信息共享程度	信息共享内容仅限于货物相关信息	共享采购、生产以及物流等多方面的信息	多方面信息共享，且环境方面信息共享
主要管理方法	通过采购量的分配进行控制	通过采购量分配、合作等多种方式	通过采购量分配，订单、信誉、信息共享等多种激励方式
供应商选择标准	以采购价格为主要评价指标，同时采购员职业判断所占比重较大	综合考虑价格、质量、服务以及信誉等因素，有完备的供应商选择体系	以总成本代替交易价格作为主要考量因素，并重视供应商的环境绩效

资料来源：刘明（2016）

具体而言，绿色供应商管理在以下五个方面对供应链管理产生了重要的影响。

在保障绿色供应链的可持续性方面，与供应商建立密切的合作伙伴关系，共同推动环保实践和措施，是确保绿色供应链可持续性的关键。我们可以选择符合环境标准的供应商，并合理评估它们的环境表现和认证情况，以确保整个供应链在环境方面的良好表现和能有效控制环境风险。

在确保供应链的环境认证和合规性方面，通过与供应商建立合作框架和协议来明确环境要求和标准，并对供应商的环境认证和合规性要求进行监督，以确保它们履行环境责任，并降低环境风险的发生。这样的管理措施有助于构建可持续的绿色供应链，促进环境可持续发展。

在资源利用方面，绿色供应商管理可以促进资源的共享和信息的交流，实现资源的有效利用。与供应商合作，共同优化物料和能源的使用，减少废弃物和碳排放，优化运输和物流方式，提高整个供应链的资源效率和环境绩效。

在创新合作和技术支持方面，供应商管理提供了进行创新合作和技术支持的机会。与供应商密切合作，共同开发环保产品和技术，推动绿色创新和环境友好的生产方式。通过分享最佳实践和技术知识，可以在供应链中推广和应用先进的环境管理方法和工具。

在品牌声誉和客户需求方面，绿色供应链关系管理对企业的品牌声誉和市场竞争力具有重要影响。与环境友好的供应商合作，确保供应链的绿色化，可以提升企业形象和声誉，使其在市场上获得竞争优势。此外，越来越多的消费者对环境友好的产品和供应链有需求，因此与环境友好的供应商合作可以满足客户的需求。

通过与供应商的合作、交流和资源共享，可以实现绿色供应链的可持续性、环境认证和合规性、资源有效利用、创新合作和技术支持，以及品牌声誉和客户需求的满足。这在助力提升供应链整体的环境绩效和竞争力的同时，也推动实现了可持续发展的目标。

5.2　绿色供应商选择

5.2.1　绿色供应商审核和认证

不同国家根据自身的经济发展情况有不同的绿色供应商认证。

（1）在美国，绿色供应商认证通常由一些独立的机构和组织进行。以下是一些常见的美国绿色供应商认证。

ENERGY STAR：由美国国家环境保护局管理的 ENERGY STAR 认证计划，旨在认证能源高效产品和建筑。供应商可以通过符合 ENERGY STAR 的严格标准，获得与能源效率相关产品或建筑相关的认证。

Green Seal（绿色徽章）：Green Seal 是一个非营利性组织，致力于认证和推广环保商品和服务。它们的认证涵盖多个领域，包括清洁产品、建筑材料、食品和饮料等。供应商可以通过符合 Green Seal 的标准，获得其认证并将其产品或服务标注为环保。

USDA 有机认证：由美国农业部（United States Department of Agriculture，USDA）管理的有机认证计划，旨在确认农产品和其他农业产品的有机标签。供应商可以通过符合 USDA 有机认证的标准，获得其产品的有机认证。

FSC：FSC（Forest Stewardship Council，森林管理委员会）是一个国际性的非营利性组织，专注于推动森林可持续管理。供应商可以通过符合 FSC 的标准，获得其木材和木制产品的认证，以确保其原材料符合可持续林业管理原则。

（2）在欧盟，绿色供应商可以通过以下一些机构和标准进行认证。

欧盟生态标志（EU Ecolabel）：这是一个由欧盟委员会管理的可持续产品认证计划。该计划对涉及多个领域的产品和服务进行认证，包括清洁产品、化妆品、纸张、电子设备等。供应商可以通过符合 EU Ecolabel 的严格标准，获得其产品或服务的认证，以表明其对环境的影响较小。

Blue Angel（蓝天使）：这是德国政府颁发的一个环保标志，也是欧洲范围内最古老的环保标志之一。该标志认证了许多不同类型的产品和服务，如建筑材料、家具、电子设备、卫生用品等。供应商可以通过符合 Blue Angel 的标准，获得其产品或服务的认证，并展示其在环保方面的优势。

ISO 14001：虽然 ISO 14001 是一个国际标准，但它在欧盟范围内得到了广泛应用和认可。ISO 14001 认证评估供应商的环境管理体系，包括其环境政策、目标、流程和控制措施等。该认证在欧盟内部和国际上都具有较高的声誉，可证明供应商对环境管理的承诺和实践。

Fairtrade（公平贸易）：虽然 Fairtrade 主要关注社会和经济方面，但其也对环境可持续性有一定要求。该认证确保供应商在生产过程中遵守环境标准，包括水资源管理、土壤健康和化学品使用等。供应商可以通过符合 Fairtrade 的标准，获得其产品的认证，并展示其对环境和社会的贡献。

（3）在中国，绿色供应商的认证具有不同的标准。以下是中国常见的绿色供应商认证。

中国环境标志认证：由环境保护部（现在的生态环境部）管理的环境标志认证计划，旨在评估和认证符合环境友好要求的产品。该认证覆盖了多个领域，包括清洁产品、建筑材料、电子设备等。供应商可以通过符合中国环境标志认证的标准，获得其产品的认证，并展示其对环境的承诺和贡献。

中国节能认证：是中国质量认证中心开展的产品认证业务，旨在评估和认证符合环境友好要求的产品。该认证涵盖了多个领域，如清洁产品、建筑材料、电子设备等，并要求产品具有较高的环境友好性能。获得中国节能认证的产品可以得到官方认可，并且展示供应商对环境保护的承诺和贡献，帮助企业增强品牌形象和市场竞争力。

绿色建筑三星认证：由中国建筑科学研究院与上海市建筑科学研究院管理的绿色建筑认证计划。该认证评估建筑物的设计、施工和使用阶段的环境友好性。供应商可以通过提供符合绿色建筑评估标准的建筑材料和技术，获得与绿色建筑相关的认证，并展示其在绿色建筑方面的能力。

以上只列出了部分国家的部分绿色供应商认证，供应商可以根据其所处行业和产品类型选择适合的认证方案，并确保符合相关的认证标准。实际上，不同行业和产品类型还存在一些不同的认证。比如中国还存在水资源管理、环境监测等行业特定的绿色供应商认证。供应商应该根据自身的产品和服务特点选择适合的认证方案，通过认证的供应商能够更有效地向市场和消费者展示其环保与可持续发展的努力和成果。

5.2.2 绿色供应商评价体系

1. 绿色供应商评价指标体系的建立原则

对绿色供应商进行评价选择是一个典型的多属性决策问题，其选择过程涉及企业管理、宏观经济、技术水平、生态需求等多方面因素。为了更准确地进行分析决策，需要构建一套科学合理且完善的评价指标体系和规范的选择流程。因此，为了建立的评价指标体系能够全面、科学、合理、完善、客观评价筛选绿色供应商，应遵循如下原则。

（1）可持续性原则：评价指标应基于供应商在环境保护、资源利用、碳排放、循环经济等方面的可持续性表现。这包括供应商的环保政策、绿色产品设计和生产、能源使用效率等。

（2）制度化原则：评价指标应建立在明确的制度和规范之上，确保评估的客观性和可比性。这包括认证和标准，如 ISO 14001 环境管理体系认证等。

（3）多维度原则：评价指标应涵盖多个维度，包括环境、社会和经济。除了环境性能外，还可以考虑供应商的劳工权益、社区责任、企业道德和经济可行性等。

（4）透明度原则：评价指标应公开透明，让供应商和其他利益相关者了解评估的标准和过程。这有助于建立信任关系，并推动整个供应链的绿色转型。

（5）灵活性与持续改进原则：一方面，市场的需求处于不断的变化之中，因此指标的选取应具有一定的灵活性和可操作性，能够根据组织所处环境与自身资源能力的变化而变化；另一方面，评价指标应鼓励供应商在绿色化方面不断改进，可以通过定期评估和监测来促使供应商采取措施提高其绿色表现，并提供相应的支持和激励机制。

2. 绿色供应商评价指标体系

绿色供应商选择是企业绿色供应链管理的核心步骤，建立一个科学合理的绿色供应商评价体系是企业对供应商进行评价筛选的基础。因此，学界对于该问题进行了广泛且深刻的研究。在指标构建方法层面，郭彬等（2015）根据绿色供应商评价中的非线性和复杂性特征，采用粗集-径向基函数神经网络建立了绿色供应商评价模型；张飞等（2020）在关注权重不确定问题下绿色供应商群评价的问题中使用了偏序集理论，分析了包含多个评价方案的折中排名方法，在少量信息下获得了较好的评价结果。此外，因子分析法（刘彬，2011）、TOPSIS（technique for order preference by similarity to an ideal solution，逼近理想解排序法）（郭钧等，

2020；郭彬等，2015）、AHP（analytic hierarchy process，层次分析法）（Weber et al.，1991；刘彬和朱庆华，2005）等也常被用于绿色供应商评价体系建立的研究中。在评价指标构建层面，Govindan 等（2015）提出以环境管理为首的一级指标体系，并将环境绩效、绿色形象、环保认证、绿色设计等二级指标应用于绿色供应商评价指标体系之中。在随后的研究中，学者或深入研究绿色目标、绿色过程、绿色约束等绿色评价（李树丞和胡芳，2006），或结合其他方面，综合考虑产品竞争力、业务能力、服务水平、绿色环保能力、发展前景（周卫标和段伟常，2019）等建立绿色供应商评级指标体系。结合已有文献，常见的绿色供应商评价的一级指标包括经济绩效以及环境绩效两大方面。

经济绩效通常包括成本、产品质量、物流可靠性、创新能力及技术水平、合作潜力等一般经营因素；环境绩效则包括资源利用效率、绿色产品和服务、社会责任、绿色创新能力以及透明度和合规性等环境相关方面。

对于绿色供应商评价指标体系而言，环境绩效更为重要。组织有必要选取恰当的指标了解供应商是否具有完善的环保管理体系，比如是否采用节能技术、是否采取循环利用和减废措施，以及是否履行劳工权益保护、员工福利、人权尊重、社区参与等社会责任，常见的环境绩效评价指标见表 5-2。

表 5-2　常见的环境绩效评价指标

一级指标	二级指标
污染控制及治理	环保投入资金率
	生态收益率
	污染成本率
	污染排放量
	污染治理情况和相关成本
资源利用效率	单位价值能耗及相关成本
	资源的投入产出比
	废弃物回收利用率
	再循环材料利用率
	产品可回收性和回收率
	逆向物流水平
绿色技术与创新能力	单位产品能耗
	清洁资源使用率
	绿色环保工艺水平
	绿色专利数量

续表

一级指标	二级指标
环境管理规范性水平	环境保护相关认证情况
	绿色环保政策
	绿色环保的长短期规划
绿色形象与绿色文化	员工环保意识
	绿色管理组织
	绿色文化的宣传
	绿色供应商公开的绿色承诺
	与权威绿色环保机构的合作情况
	公众绿色评价

具体评价指标可根据具体行业和企业需求进行调整与补充，以确保评价的全面性和准确性。同时，建议结合定量和定性评估方法，如评分卡、问卷调查、现场考察等，综合考虑供应商在各个指标上的表现。

5.3　碳交易机制下绿色供应商的选择与分配案例分析

5.3.1　问题描述

供应商选择为供应链中的重要环节，在组织实际的管理过程中需要考虑多种因素。其中，碳限额与交易机制、汇率波动、运输成本等因素已经成为供应商选择中需要综合考虑的重要内容。本节基于多买方站点供应商选择的现实背景，同时明确地考虑汇率波动的不确定性、价格折扣、运输和库存成本，建立随机混合整数规划模型，以期为全球采购背景下的组织提供最佳的供应商选择决策建议。

从整体而言，本节讨论的是具有多个采购点的国际组织，在不同环境和不同供应商采购同一产品时所面临的选择问题。在此问题中，组织的采购点和潜在供应商分别用 J 和 I 来表示。在规划周期内，组织需选择供应商并确定向其采购的数量。

（1）在汇率方面。为了计算总的采购成本，当向处于不同国家的供应商采购时，涉及不同的货币。因此，需要使用汇率将这些不同的货币转换为标准货币。在实践中，通常会以组织母公司的货币作为标准货币。然而，汇率是不确定的，并且通常会随着时间的变化而波动（Aissaoui et al.，2007）。本节根据可预测的汇率波动周期进行划分，将规划周期分为 k 个阶段（$k \in \{1,2,\cdots,K\}$），例如以一个季度作为一个阶段，那么 k 就表示一个季度。在阶段 k 内，货币转换率用 a_i^k 表示。在汇率波动下，标准货币的采购价格受到采购时间的影响，买方可能会根据汇率在某一阶段大量采购。q_{ij}^k 表示在阶段 k 内，第 j 采购点向供应商 i 的订购数量。虽然考虑汇率与折扣后大量采购的价格会降低，但库存成本也会相应升高，用 s_j^k 表示采购点 j 在阶段 k 开始时的库存水平。

（2）在折扣方面。在规划周期内，在供应商 i 处的采购总量 Q_i 受到供应商提供的价格折扣的影响。供应商 i 的折扣区间用 N_i 和一组阈值 A_i^n 表示，A_i^n 表示在规划周期内，单位产品价格处于第 n 个折扣区间时，从供应商 i 处采购总量的下限。当采购量在同一范围内 $A_i^n \leqslant Q_i \leqslant A_i^{n+1}$ 时，供应商会向所有采购点提供相同的价格折扣，单价为 U_i^n。显然，折扣随着采购量的增加而增大，价格则随之降低，U_i^n 表示为 n 的递减函数。对于所有供应商而言，数量 A_i^n 的第一个折扣都为 0。

组织的供应商选择决策应满足各项约束条件下使得采购总成本最小的目标。具体而言，采购总成本应包括供应商管理成本、采购成本、运输成本、库存成本以及碳交易成本。本节中的供应商管理成本主要指在供应商选择以及与供应商进行交易时产生的成本；采购成本的确定会受到数量折扣的影响；运输成本则取决于供应商与采购点间的距离；采购点的库存成本由每个时间段的平均库存水平确定；最后，碳交易价格以及碳排放量会影响碳交易成本。

5.3.2　模型建立

参数和符号说明见表 5-3。

表 5-3　参数和符号说明

参数	符号说明	参数	符号说明
i	第 i 个供应商，$i \in I$	Q_i	规划期内，向供应商 i 订购的数量
j	第 j 个采购点，$j \in J$	Y	所有采购点 j 在规划期内的可交易碳限额
k	第 k 个阶段，$1 \leqslant k \leqslant K$	U_i^n	第 n 个折扣区间内，供应商 i 提供的单位订购价格，用供应商 i 所在国家使用的货币表示
a_i^n	0-1 变量，$a_i^n = 1$ 说明向供应商 i 的订购数量落在第 n 个折扣区间内，0 代表其他	L	所有采购点 j 在规划期内的碳限额
q_{ij}^k	在阶段 k 内，第 j 采购点向第 i 供应商的订购数量	P_j	采购点 j 的碳交易价格
e_{ij}	采购点 j 从供应商 i 处采购时的可变排放因子	E_j	采购点 j 的单位库存排放数量

续表

参数	符号说明	参数	符号说明
s_j^k	采购点 j 在阶段 k 开始时的库存水平	E_{ij}	采购点 j 从供应商 i 处采购时的固定排放量
d_{ij}	采购点 j 与供应商 i 之间的距离	IC_j^k	阶段 k 内采购点 j 的单位库存持有成本
a_i^k	阶段 k 内将供应商 i 的货币转变为标准货币的汇率	TC_{ij}	采购点 j 从供应商 i 处采购的单位运输成本
Y_i	0-1 变量，$Y_i=1$ 表示选择供应商 i，0 表示其他	L_i^k	阶段 k 内供应商 i 的最大产量
A_i^n	供应商 i 在第 n 个折扣区域内提供给采购点的最低采购限额（$A_i^1=0$，$\forall i\in I$）	D_j^k	阶段 k 内网点 j 的需求
p_i	供应商 i 的单位产品价格，用供应商 i 的货币表示	MC_i	供应商 i 的年管理成本
p_i'	供应商 i 的单位产品价格，用采购点 i 的货币表示		

1. 目标函数

在碳限额与交易机制下，本节考虑企业的需求，考虑最小化企业管理成本、采购成本、运输成本、库存成本和碳交易成本。所有成本因素都直接用标准货币来表示（除了采购价格）。同时，在考虑价格风险时，忽略汇率风险以及这些成本对供应商选择决策的影响。

（1）管理成本。当供应商 i 被选中（$Y_i=1$），企业在供应商 i 进行管理时会产生一定的管理成本，则这种管理总成本为 $\sum_{i\in I}\mathrm{MC}_i\cdot Y_i$。

（2）采购成本。单位采购价格依赖于供应商 i 提供的折扣区间，即 $\sum_{n=1}^N a_i^n\cdot U_i^n$。此时，周期 k 内，采购点 j 向供应商 i 的订购价格用供应商 i 所在国家使用的货币表示为 $\left(\sum_{n=1}^N a_i^n\cdot U_i^n\right)q_{ij}^k$，用标准货币表示形式为 $a_i^k\left(\sum_{n=1}^N a_i^n\cdot U_i^n\right)q_{ij}^k$。因此，总预期购买价格为：$\sum_{j\in J}\sum_{i\in I}\sum_{k=1}^K a_i^k\left(\sum_{n=1}^N a_i^n\cdot U_i^n\right)q_{ij}^k$。

（3）运输成本。在阶段 k 内单位运输成本为 TC_{ij}（采购点为 j，供应商为 i），则产品运输成本为 $\mathrm{TC}_{ij}\cdot q_{ij}^k$（运输数量为 q_{ij}^k）。综上，预期运输总成本为：$\sum_{j\in J}\sum_{i\in I}\sum_{k=1}^K\mathrm{TC}_{ij}\cdot q_{ij}^k$。

（4）库存成本。在阶段 k 内平均库存水平为 $\dfrac{s_j^k+s_j^{(k+1)}}{2}$（采购点为 j），单位库存持有成本为 IC_j^k（阶段 k 内采购点 j 的持有成本），则预期库存持有成本为：

$\mathrm{IC}_j^k\dfrac{s_j^k+s_j^{(k+1)}}{2}$（阶段 k 内，采购点为 j）。对每个买家网点而言规划期内所有网点的总库存成本为：$\sum_{j\in J}\sum_{k=1}^{K}\mathrm{IC}_j^k\cdot s_j^k$（假设在规划期始末的网点库存皆为零）。

（5）碳交易成本。考虑碳排放的两种形式：一种碳排放是在运输过程中产生的（包括固定排放和可变运输排放），其中固定排放 E_{ij} 是每次空载行驶、刹车制动等排放产生的，可变排放与可变排放因子 e_{ij}、行驶里程 d_{ij} 和订购数量 q_{ij}^k 相关，因此，在阶段 k 内，采购点 j 的运输碳排放量为 $\sum_{j\in J}\sum_{i\in I}\sum_{k=1}^{K}(E_{ij}\cdot Y_i+e_{ij}\cdot d_{ij}\cdot q_{ij}^k)$；另一种碳排放是在仓储过程中产生的，其库存碳排放量为：$\sum_{j\in J}\sum_{k=1}^{K}E_j\cdot s_j^k$（阶段 k 内，采购点为 j）。综合采购、运输、库存等多项活动，企业产生的碳排放总量为 $\sum_{j\in J}\sum_{i\in I}\sum_{k=1}^{K}(E_{ij}\cdot Y_i+e_{ij}\cdot d_{ij}\cdot q_{ij}^k)+\sum_{j\in J}\sum_{k=1}^{K}E_j\cdot s_j^k$，与分配排放总量 L 相比，可得到可交易碳限额 Y 的数量，即 $L-\sum_{j\in J}\sum_{i\in I}\sum_{k=1}^{K}(E_{ij}\cdot Y_i+e_{ij}\cdot d_{ij}\cdot q_{ij}^k)-\sum_{j\in J}\sum_{k=1}^{K}E_j\cdot s_j^k$。其中，可交易碳限额 Y 存在大于零或小于零两种情况，对两者分别进行探讨可知：当企业排放总量与分配限额差值为正，即 $Y>0$ 时，厂商可以利用剩余的碳交易限额在碳市场中自由交易，使得其利润随之增加；反之，当 $Y<0$，即企业排放总量与分配限额差值为负时，厂商的限额不足以弥补其排放量时，这就必须要通过市场的方式购买限额以弥补差量，企业成本增加。

综上所述，目标函数可以表示为

$$
\begin{aligned}
\min Z=&\sum_{i\in I}\mathrm{MC}_i\cdot Y_i+\sum_{j\in J}\sum_{i\in I}\sum_{k=1}^{K}a_i^k\left(\sum_{n=1}^{N}a_i^n\cdot U_i^n\right)q_{ij}^k\\
&+\sum_{j\in J}\sum_{i\in I}\sum_{k=1}^{K}\mathrm{TC}_{ij}\cdot q_{ij}^k+\sum_{j\in J}\sum_{k=1}^{K}\mathrm{IC}_j^k\cdot s_j^k\\
&-P_j\left[L-\sum_{j\in J}\sum_{i\in I}\sum_{k=1}^{K}(E_{ij}\cdot Y_i+e_{ij}\cdot d_{ij}\cdot q_{ij}^k)-\sum_{j\in J}\sum_{k=1}^{K}E_j\cdot s_j^k\right]
\end{aligned}
\tag{5-1}
$$

同时，为了将该非线性函数线性化，引入非线性变量 x_{ij}^{kn}，令非线性的函数式（5-1）变为线性函数式（5-2）。同时，引入式（5-3）～式（5-5）3 个限制条件，使 $x_{ij}^{kn}=a_i^n q_{ij}^k$ 符合 i、j、k、n 的要求（参数 ψ 为足够大的一个数）。在式（5-4）的限制条件下，当 $a_i^n=0$ 时，$x_{ij}^{kn}=0$，$x_{ij}^{kn}=q_{ij}^k$。在式（5-3）和式（5-5）的限制条件下，当 $a_i^n=1$ 时，$x_{ij}^{kn}=q_{ij}^k$。因此，在所有情况下 $x_{ij}^{kn}=a_i^n\cdot q_{ij}^k$ 成立。

$$
\begin{aligned}
\min Z=&\sum_{i\in I}\mathrm{MC}_i\cdot Y_i+\sum_{j\in J}\sum_{i\in I}\sum_{k=1}^{K}a_i^k\left(\sum_{n=1}^{N}U_i^n\cdot x_{ij}^{kn}\right)\\
&+\sum_{j\in J}\sum_{i\in I}\sum_{k=1}^{K}\mathrm{TC}_{ij}\cdot q_{ij}^k+\sum_{j\in J}\sum_{k=1}^{K}\mathrm{IC}_j^k\cdot s_j^k\\
&-P_j\left[L-\sum_{j\in J}\sum_{i\in I}\sum_{k=1}^{K}(E_{ij}\cdot Y_i+e_{ij}\cdot d_{ij}\cdot q_{ij}^k)-\sum_{j\in J}\sum_{k=1}^{K}E_j\cdot s_j^k\right]
\end{aligned}
\tag{5-2}
$$

其中，

$$x_{ij}^{kn} \leqslant q_{ij}^{k}\text{，}\ i \in I\text{，}\ j \in J\text{，}\ 1 \leqslant k \leqslant K\text{，}\ 1 \leqslant n \leqslant N_i \tag{5-3}$$

$$x_{ij}^{kn} \leqslant \psi a_i^n\text{，}\ i \in I\text{，}\ j \in J\text{，}\ 1 \leqslant k \leqslant K\text{，}\ 1 \leqslant n \leqslant N_i \tag{5-4}$$

$$x_{ij}^{kn} \geqslant q_{ij}^{k} + \psi(a_i^n - 1)\text{，}\ i \in I\text{，}\ j \in J\text{，}\ 1 \leqslant k \leqslant K\text{，}\ 1 \leqslant n \leqslant N_i \tag{5-5}$$

2. 约束

规划期内，从供应商i购买的总订货数量（$\sum_{j \in J}\sum_{k=1}^{K} q_{ij}^{k}$）与向供应商$i$分配的总数量（$Q_i$）应该是相等的，即满足

$$\sum_{j \in J}\sum_{k=1}^{K} q_{ij}^{k} = Q_i\text{，}\ i \in I \tag{5-6}$$

若选择了供应商i（$Y_i = 1$），供应商i在期间k内向全部采购点j提供的产品总数$\sum_{j \in J} q_{ij}^{k}$（在期间$k$内）不会大于$k$阶段内供应商$i$所能实现的最大产量$L_i^k$；若没有选择供应商$i$（$Y_i = 0$），此时订购量为零。因此有式（5-7）：

$$\sum_{j \in J} q_{ij}^{k} \leqslant L_i^k \cdot Y_i\text{，}\ i \in I\text{，}\ 1 \leqslant k \leqslant K \tag{5-7}$$

供应商i提供价格折扣区间n的条件是企业总的订购数量必须满足：$A_i^n \leqslant Q_i \leqslant A_i^{n+1}$。第一折扣区间（$n = 1$），$A_i^1 = 0$，$\forall i \in I$（每个供应商$i$只能选择一个折扣区间$n$）。为了达成采购成本最小化的目标，我们的模型需要寻找利润最大化所需的折扣区间。因此，最大化的折扣区间应满足式（5-8）和式（5-9）：

$$A_i^n \cdot Y_i \leqslant Q_i \leqslant A_i^{n+1} \cdot Y_i\text{，}\ i \in I\text{，}\ 1 \leqslant n \leqslant N_i \tag{5-8}$$

$$\sum_{n=1}^{N_i} a_i^n = 1\text{，}\ i \in I \tag{5-9}$$

根据式（5-10）的限制条件，库存数量s_j^k（采购点为j，阶段为k）与在阶段k内的总订购量$\sum_{i \in I} q_{ij}^{k}$之和等于采购点$j$在阶段$(k+1)$下的库存数量（$s_j^{(k+1)}$）与阶段$k$内的数量（$D_j^k$）之和。在式（5-11）的限制条件下，规划期开始时库存数量为 0，在最后一期的结束库存也为零（$k = K$），在最后的阶段，满足库存约束式（5-12）。

$$s_j^k + \sum_{i \in I} q_{ij}^{k} = s_j^{(k+1)} + D_j^k\text{，}\ j \in J\text{，}\ 1 \leqslant k \leqslant K-1 \tag{5-10}$$

$$s_j^1 = 0\text{，}\ j \in J \tag{5-11}$$

$$s_j^K + \sum_{i \in I} q_{ij}^{K} = D_j^K\text{，}\ j \in J \tag{5-12}$$

最后，决策变量的域：

$$Y_i \in \{0,1\}\text{，}\ i \in I \tag{5-13}$$

$$a_i^n \in \{0,1\}\text{，}\ i \in I\text{，}\ 1 \leqslant n \leqslant N_i \tag{5-14}$$

$$Q_i \in \mathrm{IR}^{+}\text{，}\ i \in I \tag{5-15}$$

$$q_{ij}^{k} \in \mathrm{IR}^{+}, \quad i \in I, \quad j \in J, \quad 1 \leqslant k \leqslant K \tag{5-16}$$

$$s_{j}^{k} \in \mathrm{IR}^{+}, \quad j \in J, \quad 1 \leqslant k \leqslant K \tag{5-17}$$

$$x_{ij}^{kn} \in \mathrm{IR}^{+}, \quad i \in I, \quad j \in J, \quad 1 \leqslant k \leqslant K, \quad 1 \leqslant n \leqslant N_{i} \tag{5-18}$$

其中，IR^{+} 表示正实数。

5.3.3 数值分析

本节使用随机混合整数模型来模拟真实的绿色供应商选择问题，并通过 MATLAB 软件进行数值计算。该模型以成本最小化为目标，研究绿色供应商选择问题，以提供给管理者和研究者有关供应商选择的见解。

1. 案例描述

本节的所有数据均来自真实的中国机械制造商，研究该组织在不同地理位置的两个工厂面对不同供应商采购同一零件的供应商选择问题。两个工厂分别位于中国和巴西。中国工厂每年的需求量为 867 600 单位，而巴西工厂每年的需求量为 578 400 单位。假设规划期为 1 年，每个周期假设为一个季度，且产品需求量是均匀分布的。因此，中国工厂和巴西工厂的阶段需求分别为 216 900 单位和 144 600 单位。人民币为转换的标准货币。

可选的供应商有三家且位于不同地区，为了更加直观地展现供应商全球化的选择问题，直接采用相应地名表示各个供应商，各供应商的情况如表 5-4 所示。其中，管理成本表示供应商选择过程中产生的相关成本。从表 5-4 可知，哥德堡供应商提供的产品单价和产能是最低的，但为其付出的管理成本最高。

表 5-4　供应商数据

供应商	产品单价	换算后的单价/元	一年的管理成本/元	一个季度产量
斯图加特	10.84 欧元	88.4	189 000	198 080
东京	1 444.95 日元	84.0	189 000	198 080
哥德堡	65.66 瑞典克朗	59.0	756 000	111 360

一般跨国运输主要采用多联运输，即多种交通方式联合运输，其中包括卡车、铁路、船舶等运输工具。假设位于中国的工厂计划从瑞典哥德堡采购，其运输流程为：产品从哥德堡海运运至中国香港地区，然后通过铁道运输至内地。若从哥德堡供应商处运输至位于巴西的工厂，其运输流程为：产品通过海运进入欧洲，途经阿姆斯特丹，然后通过卡车将产品运至巴西工厂。根据表 5-5 中的数据，可

以得到运输成本为各工具的单位运输成本与运输距离的乘积。受到区域经济因素的影响，两工厂的库存持有成本不同，假设每单位中国工厂的持有成本为 16.13 元，巴西工厂的持有成本为 17.51 元。

表 5-5　单位产品的运输成本

供应商	中国		巴西	
	单位运输成本/元	距离/公里	单位运输成本/元	距离/公里
斯图加特	27.72	13 000	41.07	14 400
东京	20.34	6 400	46.54	23 200
哥德堡	28.06	18 400	43.94	17 100

表 5-6 为不同供应商的数量折扣区间。例如，当总的订货量处于 30 万～50 万单位时，东京供应商提供的单位产品价格是 83.16 元。

表 5-6　不同供应商的数量折扣

n	A_i^n	数量	折扣
1	0	0～300 000	0
2	300 000	300 001～500 000	1%
3	500 000	500 000 以上	3%

每季度的平均汇率将以中国人民银行于 2014 年公布的每日汇率的中间价作为转换汇率的标准，如表 5-7 所示。

表 5-7　2014 年各季度的平均汇率

汇率	季度 1（Q1）	季度 2（Q2）	季度 3（Q3）	季度 4（Q4）
人民币/欧元	0.1191	0.1184	0.1224	0.1303
人民币/日元	16.8354	16.5396	16.8505	18.5818
人民币/瑞典克朗	1.0588	1.0560	1.1255	1.2074

采购过程中的碳排放主要集中在运输过程以及库存两个环节，假设每次运输中的碳排放分为固定排放和相关可变排放两部分；中国工厂与巴西工厂的单位库存碳排放量分别为 0.5 千克和 0.4 千克，并假定企业的最高排放限额为 1 500 000 千克。具体如表 5-8 所示。

表 5-8　碳排放数据（单位：千克）

供应商	中国		巴西	
	运输固定排放	可变排放量	运输固定排放	可变排放量
斯图加特	180	0.000 12	190	0.000 14
东京	170	0.000 23	180	0.000 10
哥德堡	190	0.000 10	200	0.000 11

2. 确定性汇率模型对供应商选择决策的影响

本节对比分析确定性汇率与随机性汇率对供应商选择的影响。确定性汇率模型包括固定汇率确定性模型（deterministic model with constant exchange rates，DMC）以及浮动汇率确定性模型（deterministic model with fluctuations exchange rates，DMF），两者间的区别主要是前者汇率不随时间的变化而变化，后者汇率随着时间的变化而变化，但这种变化规律均为已知的；随机性汇率模型则进一步考虑了汇率波动的不确定性。

1）固定汇率的影响

在全球采购环境下，汇率变动对供应商选择决策具有重要的影响。在考虑 DMC 时不妨假设规划期内汇率为常数，排除其波动性与不确定性。结合表 5-7 中各季度的平均汇率，我们可以得出规划期内人民币与欧元的汇率为 $0.1226 = (0.1191 + 0.1184 + 0.1224 + 0.1303)/4$。

为了进一步探讨 DMC 对采购成本以及产品订货量的影响，以人民币与欧元的汇率为例，分别求出不同汇率下的采购成本以及向斯图加特采购的订购量，结果如图 5-1 与图 5-2 所示。由图 5-1 可知，采购成本与汇率之间具有显著负相关性。图 5-2 则表明订购量与汇率正相关。特别地，当固定汇率从 0.14 变动至 0.16 时，订购量将会增加 584 080 单位。

2）浮动汇率的影响

固定汇率是一个理想的情况，但在实际中汇率往往会随着时间的变化而变化。因此，本节将探讨 DMF 对供应商选择决策的影响。根据表 5-7 中的汇率，随机采用不同方法对规划期内的汇率进行预测。不妨假设汇率的波动速率为 5%，则人民币对欧元汇率的下限和上限各自为：$0.1226\times(1-5\%)$ 和 $0.1226\times(1+5\%)$。上下限中所提及的 0.1226 是平均值，其根据表 5-7 中汇率情况得出，在波动速率的约束下随机生成不同的汇率。与此同时，假设对每种预测而言，人民币对欧元在规划期内的平均汇率都为 0.1226。

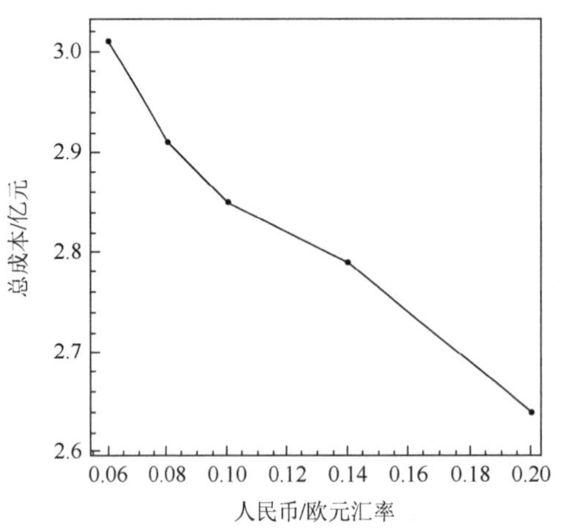

图 5-1　人民币/欧元的汇率与总成本

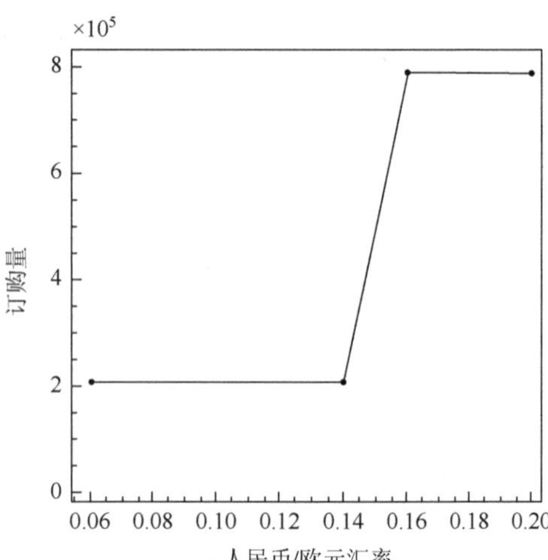

图 5-2　人民币/欧元的汇率与订购量

规划期间，选取在波动率约束下随机生成的人民币对欧元汇率的 20 种预测情况，分别计算得到各种预测下的总成本与订购量，进而探讨不同波动率与总成本以及订购量之间的关系。以斯图加特为例子，在不同波动率下的最优采购成本和订购量的预测结果如图 5-3、图 5-4 所示。结果表明，总成本与汇率波动率呈负相关（图 5-3），也就是说，在人民币对欧元的汇率发生变化的情况下，企业可以通过比较汇率波动成本与库存成本，获得额外的收益。订购量则随着汇率波动率的增大而增大（图 5-4），也就是说，在汇率上升时，由于此时总成本呈下降趋势，因此向供应商订购更多产品可以增加其收益。

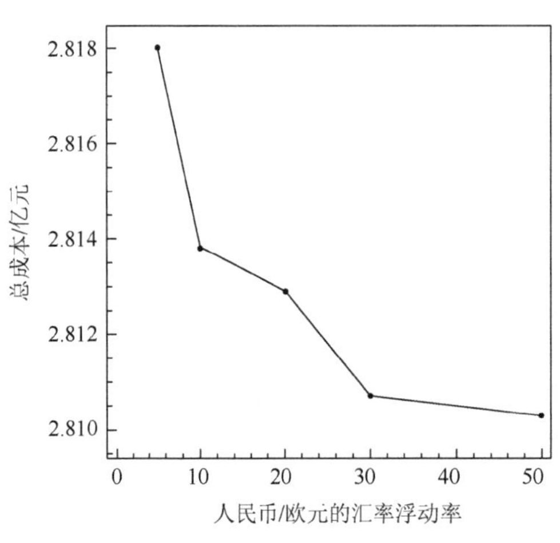

图 5-3　人民币/欧元的汇率浮动率与总成本

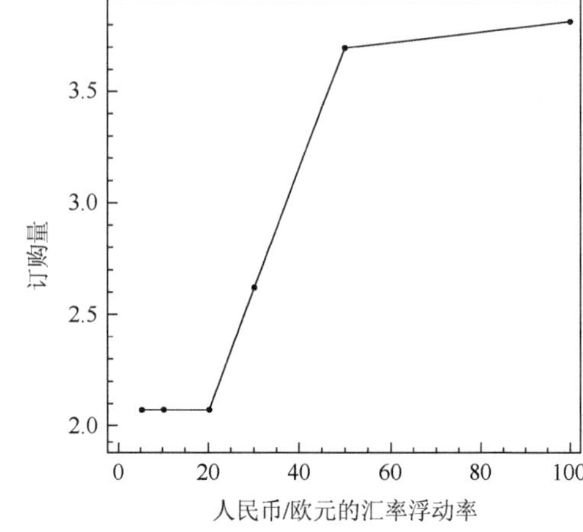

图 5-4　人民币/欧元的汇率浮动率与订购量

以上分析表明了汇率变化及其波动的确会对供应商的选择产生影响，但管理者面临的更为重要的问题是波动的不确定性，因此将进一步研究汇率不确定对供应商选择决策的影响。

3. 随机性汇率模型对供应商选择决策的影响

本节在以往研究的基础上，采用随机价值（value of stochastic solution，VSS）测量随机性模型的预期收益，以此来研究随机汇率对供应商选择决策的影响（Hammami et al.，2014）。设 VSS = Z（确定性汇率模型的最优解）$-Z_1$（随机性汇率模型的最优解）。在随机性汇率模型中，首先对规划期内的汇率进行预测，表 5-9 展示了 3 种预测结果，其中预测 1 的汇率为平均汇率，预测 2 和预测 3 均是在 20% 的浮动汇率下随机产生的汇率。其次，本节研究共涉及欧元、日元和瑞典克朗 3 种外国货币，因此共有 $3^3 = 27$ 种情况，不同的汇率预测结果可分为 27 个不同的随机性汇率模型，根据随机汇率分别计算模型的最优解。接着，为了体现随机性，假设各种汇率预测结果出现的概率是不同的，假设以 0.4-0.3-0.3 的概率出现，即预测 1 汇率出现的概率为 0.4，其他两种随机预测汇率出现的概率为 0.3。对 DMF 而言，每个季度的汇率是确定的，可根据不同预测汇率出现的概率进行计算，如以人民币对欧元的 DMF 模型为例，其在第一季度的汇率为 $(0.1191\times0.4)+(0.1321\times0.3)+(0.1213\times0.3)=0.1237$。对 DMC 而言，在规划期内汇率均是固定的，用 DMF 汇率的平均值表示，如在 DMC 中人民币对欧元的汇率均为 0.1223，即 $(0.1237+0.1184+0.1146+0.1327)/4=0.1223$。最后，根据不同汇率，求出 DMF 和 DMC 的最优解，并据此算出 VSS。

表 5-9　预测汇率

汇率		Q1	Q2	Q3	Q4	权重
人民币/欧元	预测 1	0.1191	0.1184	0.1224	0.1303	0.4
	预测 2	0.1321	0.1208	0.1195	0.1234	0.3
	预测 3	0.1213	0.1159	0.0994	0.1452	0.3
	DMF	0.1237	0.1184	0.1146	0.1327	—
	DMC	0.1223	0.1223	0.1223	0.1223	—
人民币/日元	预测 1	16.8354	16.5396	16.8505	18.5818	0.4
	预测 2	14.4653	16.7352	18.2306	17.5432	0.3
	预测 3	19.3459	20.5306	16.1346	18.7342	0.3
	DMF	16.8775	17.7956	17.0498	18.3159	—
	DMC	17.5097	17.5097	17.5097	17.5097	—

续表

汇率		Q1	Q2	Q3	Q4	权重
人民币/瑞典克朗	预测 1	1.0588	1.0560	1.1255	1.2074	0.4
	预测 2	0.9346	1.2433	1.3104	1.2359	0.3
	预测 3	1.3246	1.1045	1.2935	1.1435	0.3
	DMF	1.1013	1.1267	1.2314	1.1968	—
	DMC	1.1640	1.1640	1.1640	1.1640	—

注：本表数值经过了四舍五入修约，因此部分数据可能存在偏差

我们主要研究四种不同概率的情况以分析汇率波动的不确定性对供应商选择的影响。每种概率有 27 种随机性模型，由于篇幅的限制，每种概率情况仅列出其中的 3 种结果，如表 5-10 所示。结果表明采用随机性模型代替确定性模型会增加收益，并且无论是否存在波动，都能使收益增加。通过检验 81（27×3）个实例发现相对于 DMF 和 DMC，随机性模型分别都能平均获利 3 876 000 元和 2 465 430 元。由此可知，波动的不确定性对供应商选择决策具有重要影响，且相较于 DMC 和 DMF，随机性模型下组织能够获得更多的收益。

表 5-10　随机性模型与确定性模型的收益比较（单位：元）

概率	随机性模型	VSS（DMC）	VSS（DMF）
0.4-0.3-0.3	276 460 000	2 300 000	2 460 000
	275 290 000	3 470 000	3 630 000
	274 290 000	4 470 000	4 630 000
0.5-0.25-0.25	276 260 000	2 850 000	3 020 000
	275 090 000	4 020 000	4 190 000
	274 080 000	5 030 000	5 200 000
0.3-0.35-0.35	228 900 000	49 490 000	49 670 000
	227 730 000	50 660 000	50 840 000
	226 730 000	51 660 000	51 840 000
0.2-0.4-0.4	277 100 000	920 000	1 130 000
	275 930 000	2 090 000	2 300 000
	274 930 000	3 090 000	3 300 000

4. 碳限额与交易机制的影响

在绿色供应链管理的背景下，碳交易机制作为一种经济控制手段，其碳限

额以及交易机制对供应商的选择具有至关重要的影响。本节通过改变碳交易限额来研究相关绿色政策对供应商选择的影响。图 5-5 表明，随着碳限额的不断增加，供应商的采购成本随之降低。此外我们发现碳限额越低，组织越倾向于订购碳排量较低的供应商的产品（图 5-6）。当碳限额为 50 000 千克时，由于碳限额的约束较强，因此企业会选择碳排放因子最小的哥德堡供应商采购；随着碳限额的增大，组织对于从供应商采购的排放要求逐渐降低，考虑到运输成本问题，当碳限额上升到 200 000 千克时，从距离较近的东京供应商处采购成为组织的最优选择。

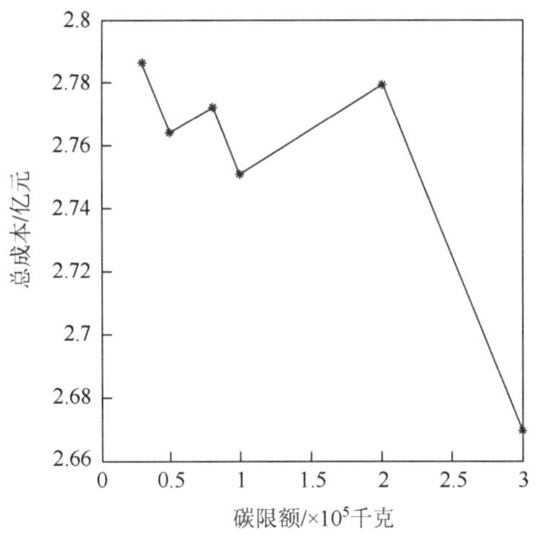

图 5-5　碳限额与总成本

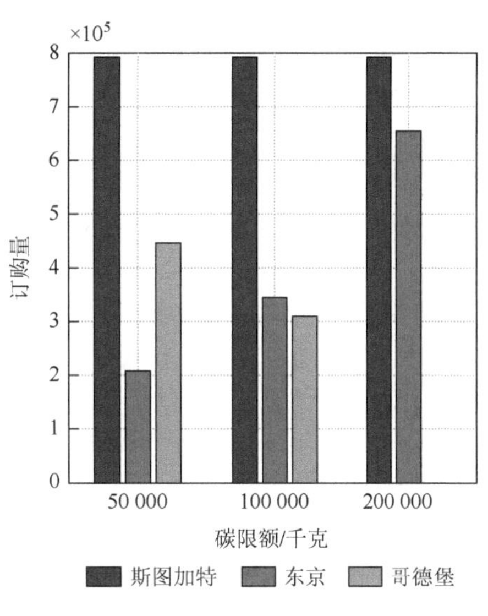

图 5-6　碳限额与订购量

5.3.4　结论启示

本节基于理论研究，并结合国外采购组织的真实数据，以总体成本最小化为目标，构建了基于混合整数的随机规划模型，研究了绿色全球采购环境中汇率波动对供应商选择的影响。首先，研究发现在确定性汇率模型下，组织的总购买成本与汇率浮动率呈负相关；在汇率较低时，企业可以通过规模化采购产品来降低采购成本，相应的库存成本随之增加，因此组织需要权衡汇率波动成本与库存成本间的利益关系，选择最优的供应商选择方案。其次，与固定汇率模型相比，确定性的浮动汇率模型下组织的获利能力更强；因为在浮动汇率下，组织能够通过预测的汇率变化灵活调整订货量，从而获得短期投机收益。再次，无论汇率是否存在波动，随机性汇率模型与确定性汇率模型相比一定会增加收益。最后，在绿色政策要求下，碳限额与交易机制的设计对组织的供应商的选择决策至关重要，越严格的碳限额政策越能够促进组织在供应商选择中侧重绿色性，随着碳限额的放宽，组织对成本因素的考量逐渐超过对绿色因素的考量。

参考文献

龚国华，吴嵋山，王国才. 2005. 采购与供应链[M]. 上海：复旦大学出版社.

郭彬，梁江萍，刘引萍. 2015. 绿色供应链环境下基于 ANP-TOPSIS 的供应商评价与选择研究[J]. 科技管理研究，35（11）：229-234.

郭钧，朱文豪，杜百岗，等. 2020. 考虑协同效应的复杂产品系统绿色供应商多阶段选择方法[J]. 计算机集成制造系统，26（9）：2573-2589.

李树丞，胡芳. 2006. 基于模糊粗糙集的供应商绿色评价体系研究[J]. 财经理论与实践，27（4）：97-100.

刘彬. 2011. 基于因子分析法的绿色供应商评价指标权重的确定[J]. 中国商贸，（25）：99-100.

刘彬，朱庆华. 2005. 基于绿色采购模式下的供应商选择[J]. 管理评论，17（4）：32-36.

刘明. 2016. 绿色供应链核心制造企业供应商选择与协调策略研究[M]. 北京：中国社会科学出版社.

刘晓，李海越，王成恩，等. 2004. 供应商选择模型与方法综述[J]. 中国管理科学，12（1）：139-148.

张飞，王国辉，蒋思. 2020. 权重不确定条件下的绿色供应商群评价[J]. 辽宁工程技术大学学报（自然科学版），39（4）：375-380.

周卫标，段伟常. 2019. 基于模糊程度层次分析法和直觉三角模糊 TOPSIS 的 B2R 绿色供应商评价研究[J]. 数学的实践与认识，49（6）：1-11.

Aissaoui N，Haouari M，Hassini E. 2007. Supplier selection and order lot sizing modeling：a review[J]. Computers & Operations Research，34（12）：3516-3540.

Ali H，Zhang J W. 2023. A fuzzy multi-objective decision-making model for global green supplier selection and order allocation under quantity discounts[J]. Expert Systems with Applications，225：120119.

Amid A，Ghodsypour S H，O'Brien C. 2009. A weighted additive fuzzy multiobjective model for the supplier selection problem under price breaks in a supply chain[J]. International Journal of Production Economics，121（2）：323-332.

Govindan K，Rajendran S，Sarkis J，et al. 2015. Multi criteria decision making approaches for green supplier evaluation and selection：a literature review[J]. Journal of Cleaner Production，98：66-83.

Hajiaghaei-Keshteli M，Cenk Z，Erdebilli B，et al. 2023. Pythagorean fuzzy TOPSIS method for green supplier selection in the food industry[J]. Expert Systems with Applications，224：120036.

Hammami R，Temponi C，Frein Y. 2014. A scenario-based stochastic model for supplier selection in global context with multiple buyers，currency fluctuation uncertainties，and price discounts[J]. European Journal of Operational Research，233（1）：159-170.

Kannan D，Khodaverdi R，Olfat L，et al. 2013. Integrated fuzzy multi criteria decision making method and multi-objective programming approach for supplier selection and order allocation in a green supply chain[J]. Journal of Cleaner Production，47：355-367.

Ng W L. 2008. An efficient and simple model for multiple criteria supplier selection problem[J]. European Journal of Operational Research，186（3）：1059-1067.

Sawik T. 2010. Single vs. multiple objective supplier selection in a make to order environment[J]. Omega，38（3/4）：203-212.

Shaw K，Shankar R，Yadav S S，et al. 2012. Supplier selection using fuzzy AHP and fuzzy multi-objective linear programming for developing low carbon supply chain[J]. Expert Systems with Applications，39（9）：8182-8192.

Weber C A，Current J R，Benton W C. 1991. Vendor selection criteria and methods[J]. European Journal of Operational Research，50（1）：2-18.

Xu N X，Nozick L. 2009. Modeling supplier selection and the use of option contracts for global supply chain design[J]. Computers & Operations Research，36（10）：2786-2800.

Yang L，Hu Y J，Huang L J. 2020. Collecting mode selection in a remanufacturing supply chain under cap-and-trade regulation[J]. European Journal of Operational Research，287（2）：480-496.

第 6 章　绿色供应链库存管理

6.1　绿色供应链库存管理概述

6.1.1　绿色供应链库存管理的内涵

在当今的全球化经济中，绿色供应链管理已经成为企业可持续发展的核心策略之一。其中，库存管理作为供应链的重要组成部分，会对企业的经济和环境绩效产生深远的影响。下面我们关注绿色供应链中库存管理的具体内涵。首先，绿色供应链库存管理将环境整合到库存管理，确保在库存管理整个生命周期中最小化对环境的负面影响。因此，绿色供应链库存管理不仅仅是为了满足生产和销售的需求，更是为了确保资源的高效利用和减少浪费。过多的库存意味着更多的资源被固定，可能导致过期、损坏或其他形式的浪费，从而对环境产生不良影响。其次，过去企业往往认为库存多一些更为安全，因为这可以应对市场的不确定性，确保生产和销售的连续性。但在绿色供应链的背景下，这种观念正在发生变化，因为库存过多不仅会使得资金被占用和管理成本增加，还可能导致资源浪费，与绿色供应链的原则相违背。再次，随着消费者和利益相关者对环境问题的关注度不断提高，企业面临着来自各方的压力，要求其采取更为环保的运营策略。在这种情况下，库存管理策略也需要进行相应的调整。例如，企业可能会考虑采用循环经济的原则，通过回收和再利用来减少库存浪费。最后，随着技术的进步，企业现在有了更多的工具和方法来优化库存管理。例如，通过数据分析和预测工具，企业可以更准确地预测市场需求，从而减少库存过多或过少的风险。同时，通过与供应商和其他合作伙伴的紧密合作，企业可以建成更为灵活且响应迅速的供应链，进一步优化库存管理。

绿色供应链下的库存管理不仅仅是一个经济问题，更是一个环境和社会责任问题。企业需要结合自己的实际情况，制定合适的库存策略，确保在满足生产和销售需求的同时，也能够实现资源的高效利用和环境保护。在绿色供应链管理的背景下，库存管理的重要性被进一步放大。企业的库存种类繁多，而库存的存在既带来了生产和销售的连续性，也可能导致资源浪费和环境压力。如何在确保生产流畅的同时，实现资源的高效利用和减少环境负担，是绿色供应链库存管理所要面对的核心问题。企业在选择库存管理方式时，除了考虑经济效益，还需要考虑环境和社会责任。绿色供应链下的库存模式不仅仅关注如何减少库存成本，更重要的是如何在满足顾客期望的服务水平的前提下，实现资源的循环利用、减少浪费和降低碳排放。这意味着，库存管理策略、存储策略和存货分类方式都需要与绿色供应链的原则相匹配。在此背景下，企业可能会更加倾向于循环经济的原则，通过回收和再利用来减少库存浪费。同时，通过与供应商和其他合作伙伴的紧密合作，企业可以构建更为环保的供应链，从而优化库存管理。此外，数据分析和预测工具在绿色供应链库存管理中也发挥着重要作用，帮助企业更准确地预测市场需求，减少库存过多或过少的风险，从而实现资源的高效利用和环境保护。

6.1.2 绿色供应链库存管理模式类别

随着环境保护意识的增强，企业越来越认识到绿色供应链管理的重要性。传统的供应链管理通常只关注成本和效率，而忽视了环境影响。然而，现代企业需要在经济效益和环境效益之间找到平衡。表 6-1 列了几种主要的绿色供应链管理模式及其对库存管理的影响。

表 6-1 绿色供应链库存管理类型

库存管理类型	对库存管理的影响
环境友好型采购	更注重环境友好的原材料和产品的库存，提高企业社会责任形象
循环供应链	管理新产品和回收产品的库存，减少新原材料需求和降低对环境的影响
精益绿色	精确需求预测以减少过度库存，减少浪费和降低对环境的影响
绿色物流	重新考虑产品储存和运输方式，降低运输成本和对环境的影响
绿色信息技术	使用大数据和云计算进行需求预测，实时库存追踪，减少浪费
绿色合规与认证	符合特定环境标准的产品库存，提高市场竞争力

1. 环境友好型采购模式

在环境友好型采购模式下，供应链库存管理不仅仅涉及数量和时间，还涉及供应商的环境绩效。企业会优先考虑那些具有良好环境记录和可持续生产实践的供应商进行合作。这意味着在库存管理中，企业会更加注重采购和储存那些环境影响较小的原材料和产品。例如，企业可能会减少对大量使用化学品或高能耗的产品的库存，转而增加可再生或可回收产品的库存。这样做不仅有助于减少整个供应链对环境的负面影响，还能提高企业的社会责任形象。

2. 循环供应链模式

循环供应链模式强调产品和材料的循环使用，这对库存管理提出了新的挑战并提供了新的机遇。在这一模式下，企业不仅需要管理新产品的库存，还需要管理回收产品和材料的库存。这意味着企业需要与供应商和分销商建立更为紧密的合作关系，以确保产品在生命周期结束后可以被有效回收或再利用。例如，企业可能需要建立专门的回收库存点，用于储存回收来的产品和材料，然后将这些产品和材料重新投入到生产中，从而减少新原材料的需求和对环境的影响。

3. 精益绿色模式

精益绿色模式是精益生产和绿色管理的结合，它要求企业在追求效率和减少浪费的同时，也要注重环境保护。在库存管理方面，这意味着企业需要更加精确地预测需求，以减少过度生产和库存积压，从而减少浪费和对环境的影响。通过使用先进的需求预测工具，如人工智能和机器学习，企业可以更准确地预测各种产品的需求，从而更精确地管理库存。这不仅可以减少库存成本，还可以减少过期和浪费的产品，进一步减小对环境的影响。

4. 绿色物流模式

绿色物流模式关注的是如何通过优化物流和分销环节来减少供应链的环境影响。在库存管理中，这可能意味着企业需要重新考虑产品的储存和运输方式。例如，企业可能会选择使用电动卡车或者使用生物燃料的运输载具，以减少运输过程中的碳排放。此外，企业可以通过优化运输路线减少运输的次数，进而缩减库存的时间和成本。这样不仅有助于减小对环境的影响，还可以提高库存管理的效率。

5. 绿色信息技术模式

绿色信息技术模式使用先进的信息和通信技术来提高供应链管理的环境绩效。在库存管理方面，这可能包括使用云计算和大数据分析来更准确地预测需求，从而减少过度生产和库存积压。通过实时追踪库存水平和需求变化，企业可以更快地做出调整，减少浪费和降低对环境的影响。例如，通过使用物联网技术，企业可以实时监控库存状态，包括产品的温度、湿度等环境因素，从而更有效地管理易腐或敏感产品的库存，减少浪费。

6. 绿色合规与认证模式

在绿色合规与认证模式下，企业遵循或超越环境法规和标准，通常会获得某种形式的环境认证。这对库存管理有直接影响，因为某些认证可能要求企业在库存管理中采取特定的环境保护措施。例如，某些认证可能要求企业只能储存符合特定环境标准的产品，或者要求企业在库存管理中使用某种特定的环境友好型技术。遵循这些认证不仅可以帮助企业减小对环境的影响，还可提高其在市场上的竞争力。

6.2 绿色库存管理的技术

随着全球环保意识的不断提升，绿色库存技术逐渐得到了广泛推广。这些技术旨在最大化经济效益，同时最小化对环境的负面影响。本节将介绍关于绿色库存管理的主要技术和方法。

6.2.1 环境足迹评估

环境足迹评估是衡量一个产品、活动、组织或者过程在其整个生命周期中对环境的总体影响的方法。它主要关注的是资源的使用和产生的污染排放。环境足迹可以是特定的，如碳足迹（只计算温室气体排放）或水足迹（只计算水的使用），也可以是综合的，包括多种资源和排放。

1. 环境足迹评估在绿色供应链库存中的作用

确定环境热点：环境足迹评估可以帮助企业确定供应链中可能对环境造成重大影响的区域，这些区域通常称为环境热点。通过评估碳足迹，我们可以详细区分各个产品在哪些库存环节过程中导致了资源浪费或碳排放过量。例如，跨国食品公司雀巢使用环境足迹评估发现，其咖啡产品在农场生产阶段的碳排放是整个供应链中的主要环境热点。因此，雀巢加大了对可持续农业实践的投资，同时优化了库存管理，减少了在供应链中的浪费。

优化产品设计：通过环境足迹评估，了解产品或服务的环境影响，帮助企业重新设计以减少其负面效果，帮助减少材料浪费。华为采用全生命周期评估方法对其产品进行系统评估，重点减少网络设备使用阶段的碳排放，这一阶段约占整个生命周期碳排放的 80%至 90%。通过绿色 ICT（information and communication technology，信息与通信技术）技术创新，华为在降低 ICT 产品能耗方面取得显著成果，助力多个行业节能减排。

可持续采购决策：通过对供应商和原材料的评估可以帮助企业做出更加可持续的采购决策。Unilever（联合利华公司）在进行环境足迹评估后，发现某些原材料供应商的生产过程中碳排放较高。因此，它调整了采购策略，优先购买那些碳足迹较小的原材料，同时也相应地调整了库存存储和管理。

2. 在库存运营管理中的策略应用

需求预测：使用环境足迹数据可以更准确地预测哪些更为可持续的产品可能会在市场上受到欢迎。特斯拉电动车在全球范围内部署其市场，并利用低碳排放和可持续交通解决方案带来的消费者需求增长，改进其供给量。具体而言，特斯拉通过对市场反馈的碳足迹评估分析，在环保意识较强的地区如欧洲、北美和部分亚洲市场增加供给量。

库存策略优化：企业可以优先购买和存储那些具有较小环境影响的产品或材料。宜家（IKEA）的库存环保策略是一个典型的例子，其原材料通常是森林管理委员会（Forest Stewardship Council，FSC）认证的木材和有机棉花等可持续性原材料，以保护森林资源和减少对环境的影响。此外宜家利用先进的库存管理系统来减少库存浪费和过剩。通过精确的库存控制，减少由库存过剩导致的碳排放增加。

物流与分发：选择运输方式和物流合作伙伴时，可以考虑其环境足迹，优化路线以减少碳排放。沃尔玛在环境足迹评估中发现，通过优化物流策略，如合并货物和选择更环保的运输方式，可以显著减少运输过程中的碳排放。因此，沃尔玛调整了其库存分发策略，以减少碳足迹。

环境足迹评估在当今的供应链管理中扮演着至关重要的角色。该评估不仅提供了对产品或服务在其整个生命周期中对环境影响的量化视角，还为企业指明了在供应链和库存管理中可能存在的环境热点。

6.2.2 能源管理技术

能源管理技术是指用于优化能源使用、监控能源消耗、减少能源浪费，并增加能效的工具、系统和策略。它们经常与智能传感器、计量设备、数据分析工具以及具体的节能策略相结合，以实现能源使用的经济性和可持续性。

1. 能源管理技术在库存管理中的作用

减少能源消耗：通过监测和控制仓库与分销中心的能源使用，例如，通过调整照明、加热或冷却系统，可以减少不必要的能源浪费。在实际案例中，亚马逊的某些分销中心已经采用了智能照明系统，它们利用动作感应器确保当没有人员在特定区域工作时，灯光会自动关闭，大大减少了电能消耗。

优化运输：通过分析运输数据和使用先进的能源管理系统，可以选择最节能和最具成本效益的运输方式，例如，选择最优路线、合适的运输工具或采用低碳技术。沃尔玛很早就开创出其独立的先进运输管理系统，它能够分析数百种可能的路线，并选择对环境影响最小的路线，从而降低它们的碳足迹。

提高设备效率：库存管理涉及大量的设备，如叉车、自动化存储检索系统等。通过维护、升级或替换这些设备，可以确保它们在最佳状态下运行，从而节约能源。家具行业的巨头宜家的多个仓库已经将其传统的叉车更换为电池驱动的叉车，不仅提高了能效，还大大减少了碳排放。

2. 能源管理技术在库存管理中的策略应用

实时能源监控：使用先进的传感器和计量工具，实时监测和报告库存设施的能源使用情况。这不仅有助于识别和减少能源浪费，还可以预测未来的能源需求。沃尔玛高度自动化的仓库使用了先进的能源管理系统，利用传感器和计量工具实时监测仓库中每个设备的能源使用情况，包括冷藏设备、自动化传送带和灯具。当系统检测到某个设备的能源使用效率低于标准时，它会自动发出警告，提示维护团队进行检查和修复。此外，此系统还可以预测基于历史数据和季节性趋势的未来能源需求，帮助沃尔玛制定更为精确的能源采购策略。

能源采购策略：根据能源市场的波动和趋势，制订策略性的能源采购计划。例如，考虑在价格较低时购买能源或与绿色能源供应商签订长期合同。瑞士快速消费品巨头雀巢对其全球供应链进行了全面的能源审计，发现某些地区的电力成本远高于其他地区。为了缓解这种情况，雀巢与多家绿色能源供应商签订了长期合同，确保在价格上涨时锁定较低的电价。此外，雀巢还在某些仓库安装了太阳能电池板，利用可再生能源进一步降低其能源成本。

6.2.3　智能储运系统

智能储运系统依托物联网、人工智能、大数据分析和自动化技术等智能化技术手段以优化和自动化存储、检索和运输货物的过程。这个系统旨在提高效率、减少错误、降低成本，同时增强库存的可见性和追踪性。

1. 智能储运系统在库存中的作用

资源优化：智能储运系统可以根据实际需求自动调整能源使用，从而减少浪费。例如，只有当货物需要移动时，自动化仓库的灯光和设备才会运作。

空间最大化：智能算法可以为货物找到最合适的位置，从而最大化仓库的存储空间，减少资源浪费和不必要的扩建。

减少碳排放：通过优化路线和自动化物流，智能储运系统可以减少不必要的运输，从而降低碳足迹。

提高能源效率：仓库和物流中的各种设备都在迅速地进行技术更新，以提高能源效率。

2. 智能储运系统在库存中的策略应用

实时库存追踪：通过 RFID 和物联网传感器技术，企业可以得到库存的实时快照。这意味着库存的任何变化，无论是进货、销售、退货还是其他活动，都可以立即被记录和更新，从而提供准确的库存数据。并且企业可通过智能储运系统及时了解当前的库存水平和即将到来的货物，从而做出更明智的采购决策。通过引入 RFID、NFC（near field communication，近场通信）和各类传感器，零售商可以在每个阶段跟踪它们的货品，有助于提高库存管理的准确性、成本节约和减少产品损失。根据研究，RFID 可将库存管理的准确性从 63%提高到 95%～99%，库存节约高达 80%。麦肯锡估计，仅减少库存一项就可节省 10%的成本。

自动化拣货和配送：使用机器人和自动化技术，可以快速、准确地拣选和运输商品，减少人为错误并提高效率。亚马逊在其配送中心广泛使用了 Kiva 机器人（现为亚马逊机器人）。这些机器人可以自动将货架移动到拣货工作站，从而减少人员走动的时间。它们使用传感器和先进的算法进行导航，确保高效、准确地完成拣货任务。这种自动化技术使亚马逊能够在繁忙的购物季节（如“黑色星期五”和“网络星期一”）更快地处理订单。

数据驱动的决策：通过收集和分析大量的数据，企业可以更好地预测需求、调整库存策略，并优化供应链。沃尔玛作为全球最大的零售商，长期以来都在大数据和分析技术上投入巨资。它使用大规模的销售数据来预测哪些产品在哪些地区会受到欢迎。这些数据还被用于优化其供应链，确保每个商店都有合适的库存量。

6.3　碳税政策下的随机库存与供应链优化

6.3.1　问题描述

本节以由制造商和零售商组成的双渠道供应链为研究对象，制造商通过传统的实体渠道和自己的网络直销渠道销售同一产品，研究了批发价格合约和双向收入共享合约这两种不同合约下，传统实体渠道和网络直销渠道之间在库存方面的竞争问题，并在双向收入共享合约的基础上，引入转移支付机制，使得在实现协调的同时，双渠道供应链的各主体能实现共赢。在该供应链中，制造商通过传统实体渠道和网络直销渠道两种渠道销售同一产品，其中在传统实体渠道中，制造商将单位生产成本为 c 的产品以批发价格 w 销售给零售商，随后，零售商再以零售价格 p_r 将产品销售给消费者；而在网络直销渠道中，制造商直接以销售价格 p_m 通过网络渠道向消费者销售产品。本节考虑到传统实体渠道和网络直销渠道中的需求均为随机需求，因此如果两个渠道的库存水平过高，可能会造成季末仍有剩余未售出的产品。对于季末未售出的产品，假设在传统实体渠道下每个产品的残值为 s_r，而在网络直销渠道下每个产品的残值为 s_m。在完全竞争的市场环境下，两种销售渠道的市场出清价格均为外生变量。基于 Corsten 和 Gruen（2004）的观点，当一个渠道出现缺货时，由于不同渠道间产品的可替代性，消费者可能会选择另一个渠道进行购买。另外，考虑到不同销售渠道之间在碳排放量上的差异，碳税政策可能会影响双渠道供应链中企业的库存决策。因此，本节分析碳税政策下两种销售渠道的缺货转换行为如何影响制造商的库存决策及供应链协调策略。在模型中，假设制造商生产每单位产品的碳排放量为 e，以及传统实体渠道和网络直销渠道生产每单位产品的碳排放量分别为 e_r 和 e_m。假设 $e_m < e_r$，即传统实体渠道的碳排放量高于网络直销渠道，相应地，两个渠道之间的碳排放差异可以表示为 $\Delta e = e_r - e_m$。根据相关研究，传统实体渠道的主要碳排放源是消费者的往返交通。在执行碳税政策时，政府通常会对燃料征税，这部分费用由消费者在旅程中承担。根据微观经济学中的税收归宿理论，当需求的价格弹性较高时，消费者在税收策略中会承担较小的税额占比。因此，假设产品需求具有较高的价格弹性，零售商承担主要税收。在此假设单位产品碳排放的税率为 c_e。以下使用下标 r 和 m 分别表示传统实体渠道和网络直销渠道，而集中决策、分散的批发价格合约和分散的双向收入共享合约决策则分别用上标 c、d 和 TR 表示。

考虑到产品在两个渠道中的可替代性，当某一个渠道中出现缺货情况时，则这个渠道的消费者就可能会选择在另一个渠道进行购买消费。基于此观点，结合现有研究，如 Boyaci（2005）、Geng 和 Mallik（2007）及但斌和徐广业（2013）的研究，构建以下需求函数：

传统实体渠道需求：

$$D_r = \tilde{D}_r + \alpha_{mr}(\tilde{D}_m - Q_m)^+$$

网络直销渠道需求：

$$D_m = \tilde{D}_m + \alpha_{rm}(\tilde{D}_r - Q_r)^+$$

其中，$\tilde{D}_r$ 和 $\tilde{D}_m$ 分别表示传统实体渠道和网络直销渠道的潜在市场需求规模，两者为相互独立的连续随机变量，概率密度函数分别为 $f(x)$ 和 $g(y)$，分布函数分别为 $F(x)$ 和 $G(y)$；α_{rm}（$0 < \alpha_{rm} < 1$）表示当传统实体渠道出现缺货时，消费者转向网络直销渠道购买的比例；α_{mr}（$0 < \alpha_{mr} < 1$）表示当网络直销渠道缺货时，消费

者转向传统实体渠道购买的比例。为确保交易顺利进行，假设 $s_r < c < w < p_r$ 且 $s_m < c < p_m$（Boyaci，2005；Geng and Mallik，2007），同时，假设 $(p_r - s_r) > \alpha_{rm}(p_m - s_m)$ 和 $(p_m - s_m) > \alpha_{mr}(p_r - s_r)$（Boyaci，2005；Geng and Mallik，2007）。

6.3.2 模型构建

1. 集中式决策模型

在集中式决策模型中，制造商与零售商被视为一个统一整体，两者旨在最大化供应链的整体利润。基于上述的相关假设，集中式供应链的期望总收益 Π^c 为

$$\begin{aligned}\Pi^c = {} & p_r E\min(Q_r, D_r) + s_r E(Q_r - D_r)^+ + p_m E\min(Q_m, D_m) \\ & + s_m E(Q_m - D_m)^+ - c(Q_r + Q_m) - c_e(e_1 Q_m + e_2 Q_r)\end{aligned}$$

定理 6-1 （1）在集中式决策模型中，供应链的期望利润是传统实体渠道与网络直销渠道最优库存水平的严格凹函数。

（2）在集中式决策模型中传统实体渠道与网络直销渠道的最优库存水平满足以下条件：

$$\begin{cases}(p_r - s_r)(M_1 + M_3) + \alpha_{rm}(p_m - s_m)M_2 = p_r - c - c_e e_2 & (6\text{-}1)\\ \alpha_{mr}(p_r - s_r)M_1 + (p_m - s_m)(M_2 + M_3) = p_m - c - c_e e_1 & (6\text{-}2)\end{cases}$$

其中，$M_1 = \int_{Q_m}^{Q_m + \frac{Q_r}{\alpha_{mr}}} \int_0^{Q_r - \alpha_{mr}(y - Q_m)} f(x)g(y)\mathrm{d}x\mathrm{d}y$，$M_2 = \int_{Q_r}^{Q_r + \frac{Q_m}{\alpha_{rm}}} \int_0^{Q_m - \alpha_{rm}(x - Q_r)} f(x)g(y)\mathrm{d}y\mathrm{d}x$，$M_3 = \int_0^{Q_r} \int_0^{Q_m} f(x)g(y)\mathrm{d}y\mathrm{d}x$。

定理 6-1 证实，在集中式决策下两个渠道的库存水平存在唯一的最优情况，并且给出了两个渠道下最优库存水平的限制条件。

引理 6-1 对于给定的 e_m 有 $\mathrm{d}Q_r^c / \mathrm{d}\Delta e < 0$，$\mathrm{d}Q_m^c / \mathrm{d}\Delta e > 0$。

引理 6-1 证明，在集中决策模式下，双渠道供应链最优库存水平应当基于传统实体渠道和网络直销渠道之间的碳排放差异来制定。在网络直销渠道单位产品碳排放量给定的情况下，传统实体渠道相较网络直销渠道的单位产品碳排放差异越大，传统实体渠道销售单位产品的碳税成本就越高，因此零售商会降低传统实体渠道的库存水平。相对地，由于网络直销渠道中，制造商承担的单位产品碳税成本低于传统实体渠道中零售商承担的碳税成本，加上传统实体渠道库存减少可能导致消费者的需求无法得到满足，从而更多消费者会选择网络直销渠道购买产品，因此网络直销渠道的库存水平应该设置得更高。简言之，在集中式决策模型下，以整体供应链效益为目标的决策者，会根据传统实体渠道和网络直销渠道的碳排放差异来调整各渠道的库存水平。

引理 6-2　①当$\Delta e \leqslant e_1(K_2-K_1)/K_1$时，$\mathrm{d}Q_r^c/\mathrm{d}c_e \geqslant 0$；当$\Delta e > e_1(K_2-K_1)/K_1$时，$\mathrm{d}Q_r^c/\mathrm{d}c_e<0$。②当$\Delta e<e_1(K_1-K_3)/K_3$时，$\mathrm{d}Q_m^c/\mathrm{d}c_e<0$；当$\Delta e \geqslant e_1(K_1-K_3)/K_3$时，$\mathrm{d}Q_m^c/\mathrm{d}c_e \geqslant 0$。其中$K_1 = A_1\alpha_{rm}(p_m-s_m)+B_1\alpha_{mr}(p_r-s_r)$，$K_2 = (p_m-s_m)A_1+\alpha_{mr}^2(p_r-s_r)B_1+((p_m-s_m)-\alpha_{mr}(p_r-s_r))A_2$，$K_3 = \alpha_{rm}^2(p_m-s_m)A_1+(p_r-s_r)B_1-((p_m-s_m)\alpha_{rm}-(p_r-s_r))B_2$，$A_1=\int_{Q_r}^{Q_r+\frac{Q_m}{\alpha_{rm}}} f(x)g(Q_m-\alpha_{rm}(x-Q_r))\mathrm{d}x$，$A_2=\int_0^{Q_r} f(x)g(Q_m)\mathrm{d}x$，$B_1=\int_{Q_m}^{Q_m+\frac{Q_r}{\alpha_{mr}}} f(Q_r-\alpha_{mr}(y-Q_m))g(y)\mathrm{d}y$，$B_2=\int_0^{Q_m} f(Q_r)g(y)\mathrm{d}y$。

引理 6-2 证明，集中式决策模型下，不同渠道的最优库存决策受碳税税率和传统实体渠道与网络直销渠道之间的碳排放差异的影响。尽管常规观点认为，提高碳税税率可能导致两种渠道的单位产品销售成本上升，进而使最优库存策略更为保守，但我们的分析并未完全支持这一预期。具体而言，当不同渠道间的碳排放差异较小时，零售商应增加传统实体渠道的最优库存水平，而制造商应降低网络直销渠道的库存水平。这是因为在碳排放差异较小的情况下，网络直销渠道的碳排放优势较低，因此制造商将设定较低的网络直销渠道库存水平。同时，网络直销渠道库存水平的降低会增加该渠道的缺货风险，从而驱使更多的网络直销渠道的消费者在面临缺货时选择传统实体渠道购买产品，进而传统实体渠道的库存水平应设置得更高。然而，当碳排放差异显著时，零售商应考虑降低传统实体渠道的库存水平，而制造商应提高网络直销渠道的库存水平。

2. 分散式决策模型

1）批发价格合约模型

本节，我们深入研究在制造商与零售商达成批发价格合约的背景下，如何通过批发定价、碳税税率、碳排放及缺货转换比例调整传统实体渠道与网络直销渠道的库存水平。借鉴 Boyaci（2005）及 Geng 和 Mallik（2007）的相关研究，首先将批发价格视为固定的参数。在销售周期开始之前，零售商基于这一确定的批发价格，设定传统实体渠道的库存水平。同时，制造商设定网络直销渠道的最优库存水平。其次，本章将考虑批发价格内生的情形。

批发价格合约下零售商期望收益Π_r^d为

$$\Pi_r^d = p_r E\min(Q_r, D_r) + s_r E(Q_r - D_r)^+ - wQ_r - c_e Q_r e_r$$

批发价格合约下制造商期望收益Π_m^d为

$$\Pi_m^d = wQ_r + p_m E\min(Q_m, D_m) + s_m E(Q_m - D_m)^+ - c(Q_r + Q_m) - c_e(eQ_r + e_1 Q_m)$$

则批发价格合约下供应链期望收益为$\Pi^d = \Pi_r^d + \Pi_m^d$。

定理 6-2　批发价格合约下，不同渠道的最优库存水平满足以下条件：

$$\begin{cases}(p_r - s_r)(M_1 + M_3) = p_r - w - c_e e_r & (6\text{-}3)\\(p_m - s_m)(M_2 + M_3) = p_m - c - c_e e_m & (6\text{-}4)\end{cases}$$

其中，M_1、M_2、M_3 见定理 6-1。

定理 6-2 证实了批发价格合约下传统实体渠道与网络直销渠道间的库存竞争存在唯一纯纳什均衡解，并给定了不同渠道库存水平需满足的条件。接下来将探讨传统实体渠道与网络直销渠道库存水平如何受各种参数的影响。

引理 6-3　$\mathrm{d}Q_r^d / \mathrm{d}w < 0$，$\mathrm{d}Q_m^d / \mathrm{d}w > 0$。

引理 6-3 表明，批发价格对传统实体渠道和网络直销渠道库存水平均有影响。具体而言，随着批发价格的提高，零售商的采购成本增加，传统实体渠道中将设置更低的库存水平。这一变动会使得更多的消费者在传统实体渠道中遭遇缺货的情况，进而更多的消费者将转向网络销售渠道，因此，制造商会相应地提高网络直销渠道的库存水平。反之，当批发价格下降时，零售商会提高传统实体渠道的库存水平，而制造商则应适当降低网络直销渠道的库存水平。综上所述，制造商能够通过调整批发价格来引导消费者在网络直销渠道中购买产品，以此控制传统实体渠道和网络直销渠道的库存水平。其中，更高的批发价格会驱使零售商减少传统实体渠道库存水平，而这使得传统实体渠道的消费者将面临更高的缺货风险，进而使得部分传统实体渠道的消费者转移到网络直销渠道购买产品；较低的批发价格会促使零售商提高传统实体渠道的库存水平，而制造商则设置更低的网络直销渠道的库存水平。

引理 6-4　$\mathrm{d}Q_r^d / \mathrm{d}\alpha_{rm} < 0$，$\mathrm{d}Q_m^d / \mathrm{d}\alpha_{rm} > 0$，$\mathrm{d}Q_r^d / \mathrm{d}\alpha_{mr} > 0$，$\mathrm{d}Q_m^d / \mathrm{d}\alpha_{mr} < 0$。

由引理 6-4 可知，批发价格合约情形下传统实体渠道和网络直销渠道的库存决策受缺货转换比例的影响。一方面，当传统实体渠道出现缺货情况时，面临缺货的消费者的缺货转换比例较高，更多的消费者将转换到网络直销渠道购买产品，因此这会导致网络直销渠道需求显著增长。对此，制造商应该提高自身的网络直销渠道库存水平，同时零售商应减少传统实体渠道的库存水平。另一方面，若网络直销渠道出现缺货时，消费者面对缺货时的缺货转换比例较高，零售商应增加传统实体渠道库存水平以应对该需求，而制造商则需设定更低的网络直销渠道库存水平。

引理 6-5　对给定的网络直销渠道的单位产品碳排放量 e_m 有 $\mathrm{d}Q_r^d / \mathrm{d}\Delta e < 0$，$\mathrm{d}Q_m^d / \mathrm{d}\Delta e > 0$。

由引理 6-5 可知，在批发价格合约情形下，不同渠道间的碳排放差异如何影响传统实体渠道以及网络直销渠道的库存水平。当传统实体渠道的单位碳排放与网络直销渠道的单位碳排放差异增大时，由于碳税成本的上升，零售商的库存水平将设置得更低，这种调整将增加传统实体渠道的消费者面临缺货的风险。因此，更多面临缺货的消费者将选择网络直销渠道购买产品。此时，制造商应提高网络直销渠道的库存水平。

引理 6-6　①当 $\Delta e \leqslant \frac{\alpha_{mr}e_1(p_r - s_r)B_1}{(p_m - s_m)(A_1 + A_2)} - e_m$ 时，$\frac{dQ_r(w)}{dc_e} \geqslant 0$；当 $\frac{\alpha_{mr}e_1(p_r - s_r)B_1}{(p_m - s_m)(A_1 + A_2)} - e_m < \Delta e$ 时，$\frac{dQ_r(w)}{dc_e} < 0$。②当 $\Delta e < \frac{e_1(p_r - s_r)(B_1 + B_2)}{\alpha_{rm}(p_m - s_m)A_1} - e_m$ 时，$\frac{dQ_m(w)}{dc_e} < 0$；当 $\Delta e \geqslant \frac{e_1(p_r - s_r)(B_1 + B_2)}{\alpha_{rm}(p_m - s_m)A_1} - e_m$ 时，$\frac{dQ_m(w)}{dc_e} \geqslant 0$。其中 A_1、A_2、B_1 和 B_2 见引理 6-2。

由引理 6-6 可知，批发价格合约下碳税税率对两种渠道的最优库存水平的影响受到渠道间的碳排放差异的调节。具体来说，碳排放差异相对较小时，由于网络直销渠道相比传统实体渠道在碳排放上的优势不大，零售商应提高传统实体渠道中的库存水平，而制造商则会相应减少其网络直销渠道的库存水平。在渠道间碳排放差异显著时，网络直销渠道与传统实体渠道相比具有碳排放优势，故而制造商更倾向于通过网络直销渠道销售产品，从而将增加其网络直销渠道的库存水平。同时，因碳排放成本压力，零售商将降低传统实体渠道的库存水平。

前述部分，已经考虑了批发价格为外生的情形。接下来，我们将进一步探讨批发价格为内生时，如何确定最佳的批发价格。

定理 6-3　制造商的批发价格 w^d 需满足下列条件

$$w^d = c + c_e e + \alpha_r(p_m - s_m)M_2 + \frac{Q_r H}{(p_m - s_m)(A_1 + A_2)} \tag{6-5}$$

其中，A_1 和 A_2 见引理 6-2，M_2 见定理 6-1，Q_r 和 Q_m 满足式（6-3）和式（6-4）。

将式（6-5）代入式（6-3）和式（6-4），我们可以计算出当批发价格内生时最佳库存策略 Q_r^d 和 Q_m^d，再将 Q_r^d 和 Q_m^d 代入式（6-5）可以确定最优批发价格、各决策主体以及整体供应链的期望收益。

2）双向收入共享合约模型

Boyaci（2005）指出，价格合约、回购合约及收入共享合约无法实现双渠道供应链的协调。为了优化供应链效益，本节基于但斌和徐广业（2013）以及 Xu 等（2014）的研究，提出了一种双向收入共享合约与转移支付机制，以实现双渠道供应链的协调，确保制造商和零售商之间的互利合作。在这一机制中，制造商将产品以较低的批发价 w^{TR} 销售给零售商。当零售商完成销售后，其将分享比例为 λ_{rm} 的期望收入给制造商；同时，制造商也会分享其在网络直销渠道中比例为 λ_{mr} 的期望收入给零售商。随后，我们将探讨在双向收入共享合约中，实现双渠道供应链协同下各参数的限定条件。基于这些条件，我们将进一步考虑引入转移支付机制，以确保在双向收入共享合约中，供应链中各个决策主体的期望收益均优于批发价格合约下的期望收益。

双向收入共享合约下零售商期望收益 Π_r^{TR} 为

$$\Pi_r^{\mathrm{TR}} = \lambda_{mr}(p_m E\min(Q_m, D_m) + s_m E(Q_m - D_m)^+) + (1-\lambda_{rm})(p_r E\min(Q_r, D_r) + s_r E(Q_r - D_r)^+) \\ - w^{\mathrm{TR}} Q_r - c_e Q_r e_r$$

双向收入共享合约下制造商期望收益 Π_m^{TR} 为

$$\Pi_m^{\mathrm{TR}} = \lambda_{rm}(p_r E\min(Q_r, D_r) + s_r E(Q_r - D_r)^+) + (1-\lambda_{mr})(p_m E\min(Q_m, D_m) + s_m E(Q_m - D_m)^+) \\ + w^{\mathrm{TR}} Q_r - c(Q_r + Q_m) - c_e(eQ_r + e_1 Q_m)$$

定理 6-4 若参数 $(w^{\mathrm{TR}}, \lambda_{rm}, \lambda_{mr})$ 满足下列条件：

$$\lambda_{mr} = (1-\lambda_{rm})\left(1 - \frac{c + c_e e_1}{p_m - (p_m - s_m)(M_2 + M_3)}\right) \tag{6-6}$$

$$w^{\mathrm{TR}} = (1-\lambda_{rm})(c + c_e e_2) - c_e e_r \\ + (1-\lambda_{rm})\frac{(c + c_e e_1)(p_r - c - c_e e_2 - (p_r - s_r)(M_1 + M_3))}{p_m - (p_m - s_m)(M_2 + M_3)} \tag{6-7}$$

双向收入共享合约可以实现双渠道供应链的协调，其中 M_1、M_2、M_3 见定理 6-1。

由定理 6-4 可知，在一定条件下双向收入共享合约可以实现与集中式决策模型下相等的供应链期望收益。

引理 6-7 $\mathrm{d}\lambda_{rm} / \mathrm{d}w^{\mathrm{TR}} < 0$，$\mathrm{d}\lambda_{mr} / \mathrm{d}w^{\mathrm{TR}} > 0$。

由引理 6-7 可知，双向收入共享合约中，各参数是相互关联与制约的。具体而言，随着批发价格上升，制造商从传统实体渠道获得的利润将会增加。此时，制造商需要提高与网络直销渠道的收益分享比例，而零售商则需相应地调整其与制造商在传统实体渠道的收益分享比例。反之，当批发价格下降时，制造商应降低与网络直销渠道的收益分享比例，而零售商应提高其与制造商在传统实体渠道的收益分享比例。因此，为了确保在双向收入分享合约下的分散式供应链总收益与集中式决策下的供应链总收益相匹配，仅依赖批发价格合约无法协调制造商双渠道供应链。此种情况下，必须同时考虑批发价格和收益分享比例这两个因素。

当协调参数满足定理 6-4 的条件时，基于双向收入分享合约的传统实体渠道和网络直销渠道的最优库存策略与集中式策略决策下的库存策略相匹配。因此我们可以得到引理 6-8。

引理 6-8 对给定的 e_m 有 $\mathrm{d}Q_r^{\mathrm{TR}} / \mathrm{d}\Delta e < 0$，$\mathrm{d}Q_m^{\mathrm{TR}} / \mathrm{d}\Delta e > 0$。

由引理 6-8 可知，双向收入共享合约下，传统实体渠道与网络直销渠道的最优库存水平决策会受到不同渠道间的碳排放差异的影响。由于传统实体渠道的碳税与渠道间的碳排量差异成正比，进而促使其采纳更加审慎的库存管理策略，此时零售商将降低传统实体渠道的库存水平。但是，这种策略调整可能导致消费者在传统实体渠道遇到更高的缺货风险，进一步导致更多面临缺货的消费者转移到网络直销渠道购买产品。因此，双向收入共享合约下制造商应该在网络直销渠道中设置更高的库存水平。

基于定理 6-4，当参数满足特定条件时，双向收入共享合约下的传统实体渠道和网络直销渠道的最优库存策略与集中式策略相一致，即该合同可以实现供应链的协同。因此，无须再深入探讨碳税对各渠道最优库存策略的影响。

在满足定理 6-4 所述参数条件时，双向收入共享合约虽然能实现双渠道供应链的协调，但仅在各个决策主体在该合约下期望利润高于批发价格时才有效，即 $\Pi_r^{\mathrm{TR}} > \Pi_r^d$ 且 $\Pi_m^{\mathrm{TR}} > \Pi_m^d$ 。若双向收入共享合约无法使供应链各决策主体实现共赢，则可以引入转移支付机制以确保供应链中的各方能实现共赢。

为简化，不妨假设 $\Delta\Pi_r = E(\Pi_r^{\mathrm{TR}}) - E(\Pi_r^d)$ ， $\Delta\Pi_m = E(\Pi_m^{\mathrm{TR}}) - E(\Pi_m^d)$ 。

定理 6-5　当协调参数满足定理 6-4 时：

（1）若 $E(\Pi_r^d)<E(\Pi_r^{\mathrm{TR}})$ 且 $E(\Pi_m^d) < E(\Pi_m^{\mathrm{TR}})$ 时，双向收入共享合约可以实现供应链协调且供应链各主体能实现共赢。

（2）若 $E(\Pi_r^{\mathrm{TR}}) < E(\Pi_r^d)$ 且 $E(\Pi_m^{\mathrm{TR}}) > E(\Pi_m^d)$ 时，制造商需支付给零售商额外的费用 F （ $F > 0$ ），且满足 $\min\{-\Delta\Pi_r, \Delta\Pi_m\} \leqslant |F| \leqslant \max\{-\Delta\Pi_r, \Delta\Pi_m\}$ ，在这种情形下，结合双向收入共享合约和转移支付机制可使供应链实现协调的同时使制造商和零售商实现双赢。

（3）若 $E(\Pi_r^d)<E(\Pi_r^{\mathrm{TR}})$ 且 $E(\Pi_m^{\mathrm{TR}}) < E(\Pi_m^d)$ 时，制造商需支付给零售商额外的费用 F （ $F < 0$ ），且满足 $\min\{\Delta\Pi_r, -\Delta\Pi_m\} \leqslant |F| \leqslant \max\{\Delta\Pi_r, -\Delta\Pi_m\}$ ，在这种情形下，结合双向收入共享合约和转移支付机制可使供应链实现协调的同时使制造商和零售商实现双赢。

定理 6-5 给出了供应链各主体实现共赢的条件。在供应链各主体未能实现共赢的情境下，制造商可进一步引入转移支付机制来实现供应链的协调并确保双方实现共赢，其中具体转移支付的费用高低将与双方的谈判能力密切相关。

考虑到模型的解析分析难度较高，下面将利用数值模拟的方法来探讨制造商与零售商如何在双向收入共享合约下实现双赢。进一步，分析不同渠道的库存水平、决策主体的期望收益以及整体的最优利润与合约参数间的关系。在双向收入共享合约未能实现制造商和零售商共赢的情形下，则将进一步研究制造商应如何设计转移支付机制以使得供应链各主体实现双赢。

6.3.3　数值模拟

本小节首先验证双向收入共享合约在协调双渠道供应链时的有效性，确保该合约下的供应链期望收益与集中式决策一致，在此基础上明确双向收入共享合约实现制造商与零售商达到共赢时所需满足的条件，并通过设计转移支付机制确保双方均可受益。进一步分析各决策主体间的碳排放差异在批发价格合约与双向收入共享合约下如何影响批发价格决策、不同渠道的库存水平决策以及供应链各主体的期望收益，并探讨碳税税率及缺货转换比例如何调控这些影响。本小节以电子闪存驱动器为研究对象，参照 Yang 等（2017）的研究，基本参数设置如下，假设 $\tilde{D}_r \sim U(0,800)$、$\tilde{D}_m \sim U(0,800)$。双渠道缺货转换比例初设为 $\alpha_{rm}=\alpha_{mr}=\alpha=0.5$。参考亚马逊闪存 16GB①的 Kingston 售价 6.35 美元，设 $p_r=p_m=6.35$ 美元，$c=3.00$ 美元，$s_r=s_m=2$ 美元。

参照 Weber 等（2009）的研究，假设电子闪存驱动器在线销售渠道与传统销售渠道的碳排放量估计值分别为 2.20 千克二氧化碳/交付量、2.80 千克二氧化碳/交付量。因此，假定 $e_m=2.20$ 千克，$e_r=2.80$ 千克。由于 Weber 等（2009）未详细说明电子闪存驱动器生产过程的碳排放量，因此根据 iPhone 8 的生产碳排放量进行粗略估计。具体而言，按其与 16GB 的 Kingston 电子闪存驱动器的重量比例来进行估计。根据 iPhone 8 的环境报告，可知 iPhone 8 生产过程中的单位碳排放约为 45.6 千克。考虑到每台 iPhone 8 重 148 克，而每个 16GB 的 Kingston 重 16 克，因此设 $e=45.6\times16/148=4.93$ 千克。关于碳税税率的设定则参照加拿大的碳税政策，数据显示，加拿大碳税在 2020 年提高至 0.05 美元/千克，因此假定 $c_e=0.05$ 美元/千克。

1. 双向收入共享合约的影响

本小节将探讨传统实体渠道收入共享比例与供应链各主体期望收益之间的关系。所有其他参数均维持其初始预设值。由表达式（6-3）～式（6-5）可解得 $w^d=5.274$ 美元、$Q_r^d=177.350$、$Q_m^d=671.315$，从而可得 $\Pi_r^d=84.910$ 美元、$\Pi_m^d=1516.064$ 美元，批发价格合约下供应链期望收益 $\Pi^d=1600.974$ 美元。又由表达式（6-1）和式（6-2）可解得 $Q_r^c=489.599$，$Q_m^c=503.217$，从而得 $\Pi^{\mathrm{TR}}=\Pi^c=1754.945$ 美元，令 $\Delta\Pi_r=E(\Pi_r^{\mathrm{TR}})-E(\Pi_r^d)$、$\Delta\Pi_m=E(\Pi_m^{\mathrm{TR}})-E(\Pi_m^d)$、$\lambda_{rm}^1=0.7498$、$\lambda_{rm}^2=0.9111$。

图 6-1 表明，双向收入共享合约情形下制造商与零售商的期望总收益与集中式决策模型下的供应链期望收益一致，进一步验证了此合约协调的有效性。随着传统实体渠道的收入共享比例 λ_{rm} 逐渐上升，制造商的期望收益将显著增加，而零售商的期望收益则呈下降的趋势。

① GB 为吉字节（gigabyte），计算机存储容量单位，1GB=2^{30} 字节。

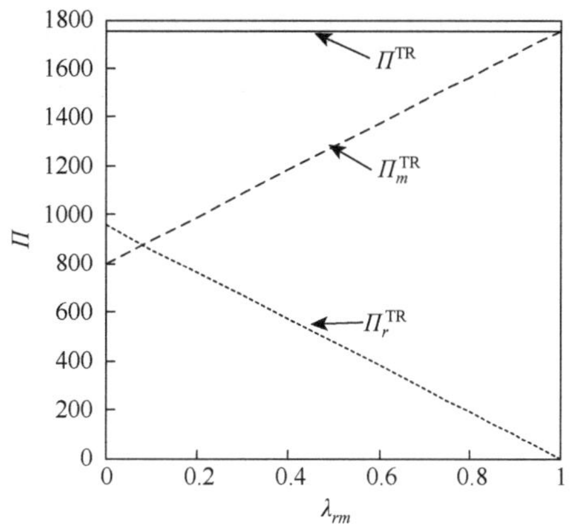

图 6-1　λ_{rm} 对期望收益的影响

图 6-2 分析了在双向收入共享合约与批发价格合约下传统实体渠道收入共享比例 λ_{rm} 的变化对供应链各决策主体的期望收益差异 $\Delta\Pi_r$ 、$\Delta\Pi_m$ 的影响。图 6-2 表明，当 $\lambda_{rm}\in[0,\lambda_{rm}^2]$ 时，$\Delta\Pi_r$ 始终大于零，这表明零售商的期望收益在双向收入共享合约下高于批发价格合约。对于供应商而言，当 $\lambda_{rm}\in[\lambda_{rm}^1,1]$ 时，$\Delta\Pi_m$ 始终大于零，这表明制造商的期望收益在双向收入共享合约下高于批发价格合约，此时制造商更倾向于选择双向收入共享合约。综上所述，当 $\lambda_{rm}\in[\lambda_{rm}^1,\lambda_{rm}^2]$ 时，双方在双向收入共享合约下的期望收益均高于其在批发价格合约下的收益，即供应链各主体实现了共赢，此时它们会选择双向收入共享合约。当 $\lambda_{rm}\in[\lambda_{rm}^1,\lambda_{rm}^2]$ 时，制造商的期望收益与 λ_{rm} 成正比，而零售商的期望收益与 λ_{rm} 成反比。这表明更高的 λ_{rm} 将更有利于制造商，但是对零售商却不利。当 $\lambda_{rm}\in[\lambda_{rm}^1,1]$ 和 $\lambda_{rm}\in[0,\lambda_{rm}^2]$ 时，为确保双方共赢，制造商需要考虑结合转移支付机制来平衡利益。

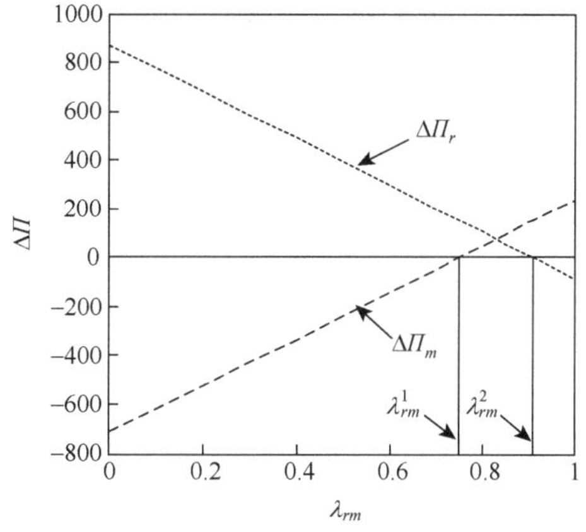

图 6-2　λ_{rm} 对双向收入共享合约前后利润差的影响

由表 6-2 可知，随着 λ_{rm} 的提高，制造商从传统实体渠道获得的期望收益会随之上升。为保证供应链的协调性，制造商需要降低其批发价格并调整其在网络直销渠道的期望收益分享比例。当 $\lambda_{rm}\in[0,\lambda_{rm}^1)$ 和 $\lambda_{rm}\in(\lambda_{rm}^2,1]$ 时，仅靠双向收入共享合约难以使供应链各主体实现共赢。此时，为了确保在双向收入共享合约中制造商和零售商都参与进来，可以引入转移支付机制。结合图 6-2 和表 6-2 可以发现，当 $\lambda_{rm}\in(0,\lambda_{rm}^1)$ 时，相比于批发价格合约，此时零售商在双向收入共享合约下的期望收益更优，制造商在批发价格合约下的期望收益更低。此时，制造商需向零售商支付额外的费用 F（$F<0$），以保证契约的正常运行。且随着 λ_{rm} 的增加，制造商从传统实体渠道获得的期望收益也随之增加。为了达到供应链协调，随着传统实体渠道收入共享因子 λ_{rm} 的上升，制造商支付给零售商的额外费用 F 的上下限都呈现下降趋势。具体来说，当 $\lambda_{rm}=0$ 时，零售商至少需要向制造商支付期望收益 716.055 美元，最高可支付 870.027 美元。当 $\lambda_{rm}\in[\lambda_{rm}^2,1]$ 时，双向收入共享合约下制造商的期望收益超过批发价格合约下的期望收益，而零售商的期望收益低于批发价格合约下的期望收益，为了均衡这种收益差距，制造商应向零售商支付一个正值的补偿费用 F。因此，通过结合双向收入共享合约和转移支付机制，可以有效地促进供应链的整体协同，并确保制造商与零售商均获得利润。

表 6-2　λ_{rm} 对双向收入共享合约各参数和协调前后期望收益差的影响

λ_{rm}	λ_{mr}	w^{TR}	$\Delta\Pi_r$	$\Delta\Pi_m$	λ_{rm}	λ_{mr}	w^{TR}	$\Delta\Pi_r$	$\Delta\Pi_m$
0	0.111	3.648	870.027	−716.055	λ_{rm}^1	0.028	0.808	153.972	0.000
0.1	0.100	3.269	774.533	−620.562	0.75	0.028	0.807	153.825	0.147
0.2	0.089	2.890	679.040	−525.068	0.8	0.022	0.618	106.078	47.894
0.3	0.078	2.511	583.546	−429.575	0.85	0.017	0.428	58.331	95.641
0.4	0.067	2.133	488.052	−334.081	0.9	0.011	0.239	10.584	143.387
0.5	0.055	1.754	392.559	−238.587	λ_{rm}^2	0.010	0.197	0.000	153.972
0.6	0.044	1.375	297.065	−143.094	0.95	0.006	0.049	−37.163	191.134
0.7	0.033	0.996	201.571	−47.6000	1	0.000	−0.140	−84.910	238.881

2. 批发价格合约下碳排放差异的影响

由表 6-3 可知，随着缺货转换比例的变化及不同渠道间碳排放的差异变化，批发价格决策、供应链各决策主体的库存水平以及期望收益都会受到影响。通过对比分析我们得出以下内容。

表 6-3　批发价格合约下渠道间缺货转换比例和单位碳排放差异的影响

α	Δe	w^d	Q_r^d	Q_m^d	Π_r^d	Π_m^d	Π^d
0.2	0	4.956	241.518	589.149	158.163	1348.399	1506.562
	1.2	4.929	235.548	589.987	150.424	1334.087	1484.511
	2.4	4.901	229.575	590.834	142.877	1320.134	1463.010
0.5	0	5.285	180.901	669.937	88.349	1521.438	1609.787
	1.2	5.263	173.796	672.702	81.536	1510.797	1592.333
	2.4	5.240	166.680	675.503	74.986	1500.584	1575.569
0.8	0	5.741	91.716	800.994	22.870	1715.348	1738.217
	1.2	5.731	82.666	807.445	18.579	1710.116	1728.695
	2.4	5.720	73.619	813.976	14.737	1705.428	1720.164

（1）给定缺货转换比例α，随着碳排放差异Δe的上升，制造商的批发价格下降，同时网络直销渠道的库存水平上升。这一行为可以从以下两个方面来解释：首先，由于传统实体渠道中零售商销售单位产品的碳税成本上升，零售商的订货量会相应地减少。为抵消此效应，制造商会设置更低的批发价格。但是传统实体渠道中单位产品的碳税成本往往高于网络直销渠道，导致传统实体渠道销售需要付出更多的成本，从而压缩了制造商能够从该渠道获取的单位利润。因此，制造商会通过调节批发价格来降低传统实体渠道的库存水平。其次，当传统实体渠道的库存水平降低时，原本在传统实体渠道购买产品的消费者将面临更高的缺货风险，而这使得该部分更多面临缺货的消费者转换到网络直销渠道，因此，制造商需提高其网络直销渠道的库存水平。

同时，可以发现在批发价格合约下，网络直销渠道的库存水平总是更高。对给定的α，随着Δe的增大，传统实体渠道的库存水平下降，使得零售商的期望收益随之降低；而网络直销渠道下的库存水平则随Δe的增大而增大，但有趣的是此时制造商的期望收益也随之降低。这是因为制造商可以通过调控双渠道供应链的库存水平从而使其自身获得更多的利润。一方面制造商是网络直销渠道上的“零售商”，另一方面制造商还为传统实体渠道供货，故而随着碳税成本的增加，其在传统实体渠道通过零售销售产品的成本也相应增加。因此，制造商做出库存决策时须考虑碳税成本增加带来的额外成本，这会对制造商的利润预期产生负面效应。

进一步分析制造商的期望收益Π_m^d发现，随着传统实体渠道单位碳排放量的上升，制造商的期望收益呈现下降的趋势。然而，这一下降趋势会在缺货转换比例增加时减缓。这是因为当缺货转换比例α较高时，制造商可通过减少传统实体渠道库存水平使得更多传统实体渠道的消费者面临缺货，消费者将转移自身购买渠道，以减轻传统实体渠道碳税成本增加对其收益的负面冲击。

（2）批发价格合约模式中，随着缺货转换比例的上升，双渠道供应链的库存策略也会相应调整。由表 6-3 可知，在双渠道单位碳排放差异保持不变的情况下，缺货转换比例越高，批发价格也应设置得越高。这主要是因为制造商在更高的缺货转换比例情形下将选择提升传统实体渠道的批发价格，进而使得面临缺货的顾客转向网络直销渠道购买产品。为此，制造商在此情况下应提升其网络直销渠道的库存水平。显然，更高的缺货转换比例为制造商提供了优势，使其能够通过调整零售渠道批发价格的策略，吸引更多顾客至网络直销渠道，进一步增强单位产品的盈利空间。

表 6-4 分析了批发价格合约下碳税税率及双渠道单位产品碳排放差异对批发价格、库存决策和供应链各主体利润的影响。在给定 c_e 的情况下，我们发现不同渠道间 Δe 和 w^d 对供应链的影响与表 6-3 类似。当 c_e 变化时，若 c_e 较高，随着传统实体渠道中碳排放量增加，零售商的最优库存水平下降幅度更大，而网络直销渠道的最优库存水平提升幅度则更大。这种差异是高碳税带来的，较高的碳税加剧了渠道间的碳排放成本差异，驱使制造商将更多的库存安排在网络直销渠道中。然而，碳税税率的增长无疑会提高整个系统的成本，导致双渠道中的库存水平都将下降，并使得制造商与零售商的期望利润减少。

表 6-4 批发价格合约下碳税税率和单位碳排放差异的影响

c_e	Δe	w^d	Q_r^d	Q_m^d	Π_r^d	Π_m^d	Π^d
0.03	0	5.274	189.344	693.065	97.124	1643.746	1740.869
	1.2	5.261	185.075	694.700	92.794	1637.006	1729.799
	2.4	5.247	180.802	696.348	88.559	1630.420	1718.978
0.06	0	5.291	176.801	658.342	84.180	1462.085	1546.264
	1.2	5.263	168.281	661.684	76.241	1449.662	1525.903
	2.4	5.236	159.742	665.078	68.680	1437.853	1506.533
0.09	0	5.308	164.980	623.432	72.441	1291.130	1363.571
	1.2	5.266	152.217	628.548	61.566	1274.001	1335.567
	2.4	5.225	139.410	633.785	51.539	1258.252	1309.791

3. 双向收入共享合约下碳排放差异的影响

表 6-5 分析了双向收入共享合约下，契约参数与不同渠道的库存水平以及各决策主体的期望收益如何受缺货转换比例和碳排放差异的影响。当收入共享比例 λ_{mr} 与批发价格 w^{TR} 满足定理 6-4 中的式（6-6）与式（6-7）时，供应链实现协同。

不失一般性，令 $\lambda_{rm}=0.7$ 。因而表 6-5 中仅展示了基于式（6-6）与式（6-7）在不同缺货转换比例情形下对应的收入共享比例 λ_{mr} 和批发价格 w^{TR} 。

表 6-5　双向收入共享合约下渠道间缺货转换比例和单位碳排放差异的影响

α	Δe	λ_{mr}	w^{TR}	Q_r^{TR}	Q_m^{TR}	Π_r^{TR}	Π_m^{TR}	Π^{TR}
0.2	0	0.016	0.950	525.403	525.403	267.497	1426.955	1694.452
	1.2	0.015	0.911	512.583	527.414	255.514	1407.798	1663.312
	2.4	0.015	0.872	499.753	529.458	243.787	1389.155	1632.942
0.5	0	0.034	1.013	498.789	498.789	295.814	1473.957	1769.771
	1.2	0.032	0.980	480.381	507.668	277.228	1463.167	1740.395
	2.4	0.030	0.947	461.864	516.641	258.970	1453.158	1712.127
0.8	0	0.046	1.054	486.211	486.211	318.584	1520.500	1839.084
	1.2	0.039	1.049	441.713	522.593	272.891	1538.352	1811.243
	2.4	0.031	1.048	396.518	559.291	227.244	1558.848	1786.092

由表 6-5 可知，在给定缺货转换比例后，随着不同渠道间的单位产品碳排放差异增加（即传统实体渠道碳税成本增加），制造商在双向收入共享合约下会设置更低的批发价格，并降低收益分享比例，提升网络直销渠道的库存水平。这主要出于以下原因：首先，传统实体渠道相对于网络直销渠道的单位产品碳排放差异越大，零售商销售单位产品的碳税成本越高，此时零售商将因单位产品碳税成本的上升而降低传统实体渠道的库存水平；其次，制造商通过调整批发价格和收益分享比例以刺激零售商设置更高的传统实体渠道的库存水平。这两个力量的综合作用，导致传统实体渠道的库存水平随着传统实体渠道相对于网络直销渠道的单位产品碳排放差异的增大而减少。

从整体或制造商视角看，碳税成本的上升使得制造商在传统实体渠道中的利润下降，因此制造商更倾向于提高网络直销渠道库存水平。随着零售商传统实体渠道库存水平的降低，消费者线下面临的缺货风险加大，使得更多消费者转向网络直销渠道，这进一步推动制造商设置更高的网络直销渠道的库存水平。特别地，在两个渠道碳排放相同时，两渠道的最优库存水平也相同。这一结果得益于双向收入共享策略的调节，由于不同渠道下需求随机且价格相同，加之碳排放差异为零，因此系统将其视为两个相同的渠道，并配置相同的库存水平。但随着不同渠道之间的碳排放差异逐渐扩大，网络直销渠道与传统实体渠道之间的最优库存水平差距也将增加。

（1）在双向收入共享合约中，渠道间的碳排放差异 Δe 对合约参数和 Q_r^{TR} 、Q_m^{TR} 的影响受到缺货转换比例的调控。随着 α 的升高，渠道间的聚集效应加强，使得因缺货而转向另一渠道的消费者比例增大。为此，制造商能以较低的安全库存应对需求波动。因此，随着缺货转换比例的增大，传统实体渠道和网络直销渠道的库存水平都呈现下降的趋势。同时，制造商会随缺货转换比例的提高而逐步上调批发价格，而这会导致零售商设置更低的传统实体渠道库存水平，进而增大传统实体渠道中消费者面临缺货的风险。因此，更多原本在线下零售商处购买的消费者转向线上网络直销渠道，从而增加了制造商在网络直销渠道的利润收入。

进一步观察制造商的利润，结果表明当α较小时，制造商的利润随着渠道间碳排放差异的增大而降低；而当α上升至 0.8 时，制造商的利润反而随着Δe的增加而增加。这一结果出乎预期。其原因可能是缺货转换比例较高时，制造商会因为零售渠道高碳税成本而将消费者诱导至网络直销渠道，而网络直销渠道下制造商具有更高的单位产品利润，从而使得制造商利润随着Δe的增加而增加。

（2）通过比较表 6-3 与表 6-5 可知，与批发价格合约相比，传统实体渠道的库存水平在双向收入共享合约下显著上升，并且此时渠道间库存水平差异较小。这归因于双向收入共享合约下收入共享的自由，当制造商能够共享零售商收入时，制造商愿意显著降低批发价格，因此使得零售商的库存水平（传统实体渠道库存水平）显著增加。

表 6-6 分析了双向收入共享合约情形下的最优合约参数、不同销售渠道库存决策、供应链各主体利润与碳税税率及渠道间单位产品碳排放差异间的关系。在给定的碳税税率下，单位产品碳排放差异的影响与表 6-5 相符，因此不再展开讨论。然而，值得关注的是，随着碳税税率的增加，传统实体渠道的库存水平呈现更为明显的减少趋势，而网络直销渠道库存水平增幅显著增大。这是因为碳税税率的增大扩大了渠道间不同碳排放带来的成本差异，使得低碳的网络直销渠道更具优势，故而制造商会提高网络直销渠道的库存。但总的来说，碳税税率的提高加剧了供应链的成本负担，导致渠道整体的库存水平下降，并最终导致制造商和零售商的收益下降。

表 6-6　双向收入共享合约下碳税税率和单位碳排放差异的影响

c_e	Δe	λ_{mr}	w^{TR}	Q_r^{TR}	Q_m^{TR}	Π_r^{TR}	Π_m^{TR}	Π^{TR}
0.03	0	0.035	1.012	522.057	522.057	321.151	1594.984	1916.135
	1.2	0.034	0.992	511.038	527.099	309.414	1588.125	1897.539
	2.4	0.033	0.973	499.982	532.178	297.793	1581.548	1879.341
0.06	0	0.034	1.012	487.531	487.531	283.527	1415.528	1699.055
	1.2	0.031	0.973	465.403	498.456	261.790	1402.957	1664.748
	2.4	0.029	0.934	443.114	509.512	240.531	1391.510	1632.041

续表

c_e	Δe	λ_{mr}	w^{TR}	Q_r^{TR}	Q_m^{TR}	Π_r^{TR}	Π_m^{TR}	Π^{TR}
0.09	0	0.032	1.012	455.079	455.079	248.254	1248.113	1496.367
	1.2	0.028	0.952	421.656	472.619	218.101	1230.919	1449.020
	2.4	0.025	0.894	387.848	490.433	189.060	1216.243	1405.303

6.3.4 结论启示

本章构建了由单个制造商与单个零售商组成的双渠道供应链，研究了批发价格合约和双向收入共享合约情形下缺货转换比例与渠道间的碳排放差异对批发价决策、库存决策和各主体的利润的影响，以及碳税税率与缺货转换比例在其中的作用。主要结论如下。

（1）双向收入共享合约在碳税政策下能协调由制造商和零售商组成的双渠道供应链。然而，这种合约并不总能确保双方均获益。为解决这一问题，我们通过引入转移支付机制，来达成供应链的协调。通过分析双向收入共享合约中各参数之间的关系，发现当制造商提高批发价格时，要实现供应链的整体协调，相应地应增加零售商共享网络直销渠道收益的比例，同时减少制造商共享零售商收益的比例。

（2）分析批发价格合约下缺货转换比例与渠道间碳排放差异的影响时发现，在既定的缺货转换比例下，批发价格随着渠道间碳排放差异的增加而降低；同时，网络直销渠道的库存水平提高，而传统实体渠道的库存水平下降。并且随着单位产品碳排放差异的增加，供应链主体的收益均会降低。此外，研究发现缺货转换比例在渠道碳排放差异对批发价格和库存水平的影响中起到了调节作用。

（3）分析碳税税率与碳排放差异的影响时发现，碳税税率与碳排放差异之间存在明显的相互作用。具体来说，碳排放差异对批发价、库存水平以及利润的影响都受到碳税税率大小的限制。

参 考 文 献

曹斌斌，肖忠东，祝春阳. 2018. 考虑政府低碳政策的双销售模式供应链决策研究[J]. 中国管理科学，26（4）：30-40.

曹裕，易超群，万光羽. 2019. 基于“搭便车”行为的双渠道供应链库存竞争和促销策略[J]. 中国管理科学，27（7）：106-115.

但斌，徐广业. 2013. 随机需求下双渠道供应链协调的收益共享契约[J]. 系统工程学报，28（4）：514-521.

侯琳琳，邱菀华. 2009. 混合渠道的易逝品分销系统的库存竞争[J]. 系统工程理论与实践，29（2）：44-52.

Bazan E，Jaber M Y，Zanoni S. 2017. Carbon emissions and energy effects on a two-level manufacturer-retailer closed-loop supply chain model with remanufacturing subject to different coordination mechanisms[J]. International Journal of Production Economics，183：394-408.

Boyaci T. 2005. Competitive stocking and coordination in a multiple-channel distribution system[J]. IIE Transactions，37（5）：407-427.

Cachon G P，Netessine S. 2004. Game Theory in Supply Chain Analysis[C]//Simchi-Levi D，Wu S D，Shen Z J. Handbook of Quantitative Supply Chain Analysis. International Series in Operations Research & Management Science. Boston：Springer：13-65.

Carling K，Han M J，Håkansson J，et al. 2015. Measuring transport related CO_2 emissions induced by online and brick-and-mortar retailing[J]. Transportation Research Part D：Transport and Environment，40：28-42.

Corsten D，Gruen T. 2004. Stock-outs cause walkouts[J]. Harvard Business Review，82（5）：26-27.

Drake D F，Kleindorfer P R，van Wassenhove L N. 2016. Technology choice and capacity portfolios under emissions regulation[J]. Production and Operations Management，25（6）：1006-1025.

Edwards J B，McKinnon A C，Cullinane S L. 2010. Comparative analysis of the carbon footprints of conventional and online retailing：a “last mile” perspective[J]. International Journal of Physical Distribution & Logistics Management，40（1/2）：103-123.

Elgie S，McClay J. 2013. BC’s carbon tax shift after five years：results[R]. Ottawa：Sustainable Prosperity.

Feng L P，Li Y J，Xu F C，et al. 2019. Optimal pricing and trade-in policies in a dual-channel supply chain when considering market segmentation[J]. International Journal of Production Research，57（9）：2828-2846.

Fitzsimons G J. 2000. Consumer response to stockouts[J]. Journal of Consumer Research，27（2）：249-266.

Geng Q，Mallik S. 2007. Inventory competition and allocation in a multi-channel distribution system[J]. European Journal of Operational Research，182（2）：704-729.

Guo J S，Cao B，Xie W，et al. 2020. Impacts of pre-sales service and delivery lead time on dual-channel supply chain design[J]. Computers & Industrial Engineering，147：106579.

Lamba K，Singh S P，Mishra N. 2019. Integrated decisions for supplier selection and lot-sizing considering different carbon emission regulations in big data environment[J]. Computers & Industrial Engineering，128：1052-1062.

Ma X，Ho W，Ji P，et al. 2018. Coordinated pricing analysis with the carbon tax scheme in a supply chain[J]. Decision Sciences，49（5）：863-900.

Nabot A，Omar F. 2016. Comparative study of the impacts of conventional and online retailing on the environment：a last mile perspective[J]. International Journal of Computer Applications，138（3）：6-12.

Weber C L，Hendrickson C T，Matthews H S，et al. 2009. Life cycle comparison of traditional retail and e-commerce logistics for electronic products：a case study of buy.com[R]. Tempe：2009

IEEE International Symposium on Sustainable Systems and Technology.

Weideli D. 2013. Environmental analysis of US online shopping MIT center for transportation & logistics[EB/OL]. http://pdfs.semanticscholar.org/e11b/f9a425568379d02156fe964f47b624695b8a.pdf [2013-12-31].

Xu C Y，Wang C X，Huang R B. 2020. Impacts of horizontal integration on social welfare under the interaction of carbon tax and green subsidies[J]. International Journal of Production Economics，222：107506.

Xu G Y，Dan B，Zhang X M，et al. 2014. Coordinating a dual-channel supply chain with risk-averse under a two-way revenue sharing contract[J]. International Journal of Production Economics，147：171-179.

Xu J T，Qi Q，Bai Q G. 2018. Coordinating a dual-channel supply chain with price discount contracts under carbon emission capacity regulation[J]. Applied Mathematical Modelling，56：449-468.

Xu L，Wang C X，Zhao J J. 2018. Decision and coordination in the dual-channel supply chain considering cap-and-trade regulation[J]. Journal of Cleaner Production，197：551-561.

Yang J Q，Zhang X M，Fu H Y，et al. 2017. Inventory competition in a dual-channel supply chain with delivery lead time consideration[J]. Applied Mathematical Modelling，42：675-692.

Yang L，Ji J N，Wang M Z，et al. 2018. The manufacturer's joint decisions of channel selections and carbon emission reductions under the cap-and-trade regulation[J]. Journal of Cleaner Production，193：506-523.

Yang W J，Zhang J T，Yan H. 2021. Impacts of online consumer reviews on a dual-channel supply chain[J]. Omega，101：102266.

Yu W，Shang H T，Han R Z. 2020. The impact of carbon emissions tax on vertical centralized supply chain channel structure[J]. Computers & Industrial Engineering，141：106303.

Zhou X Y，Wei X Y，Lin J，et al. 2021. Supply chain management under carbon taxes：a review and bibliometric analysis[J]. Omega，98：102295.

第 7 章　绿色供应链销售管理

7.1　绿色供应链销售管理概述

7.1.1　绿色销售的内涵

绿色销售（green selling），也称为面向环境的销售（selling for environment）、生态销售（ecological selling）等。绿色销售的基本思想是企业管理者将可持续发展理念融入长期的生产经营目标，在产品销售的全过程中秉承环境保护和生态友好的原则，满足消费者使用功能和环保功能的需要，注重人与环境的相互平衡，兼顾经济利益和环境利益。绿色销售的方式包括绿色推广、绿色广告和绿色售后。绿色推广是指企业销售人员在销售现场实地推销，可以采取的方式有免费给消费者试用、给予消费者一定的折扣力度或优惠、在消费者购买后赠送礼品等，直接向消费者推广绿色产品，激发其购买意愿。绿色广告指通过电视、网站等电子媒介，间接向消费者宣传企业绿色销售理念，在消费者心中树立企业注重环境保护的品牌形象，进而促进消费者绿色消费。绿色售后指企业向消费者提供的延保、维修和回收等诸多售后服务，旨在节约成本、减少资源浪费，最大限度地提高产品的重复利用率。

7.1.2　绿色产品销售模式

1. 双渠道销售

20 世纪 90 年代后期，双渠道销售的问题引起众多学者的关注，并逐渐成为供应链管理研究的热点问题之一。双渠道销售可理解为传统销售渠道和网络销售渠道共存。随着电子商务的迅速发展和消费者环保意识的逐渐增强，消费者对绿色产品的接受度不断提高，许多制造商或零售商在维持原有线下销售渠道的同时，正在积极开设网络渠道销售绿色产品，即双渠道销售。

1）双渠道销售的类型

根据渠道结构可将双渠道销售分为制造商主导的双渠道销售、零售商主导的双渠道销售和混合双渠道销售。

制造商主导的双渠道销售指制造商在传统销售渠道和网络销售渠道中，均采取直销的方式将绿色产品直接销售给消费者，而不经过任何零售商。通过开设和拓展网络渠道，制造商能够获取更多的市场信息，这有助于它们在市场需求或形势发生变化时迅速调整产品开发和销售策略，因此，在制造商主导的模式中，制造商往往可以占据更多优势。

零售商主导的双渠道销售指零售商将从制造商采购的产品通过传统渠道和网络渠道销售给消费者，此时零售商可自主决定绿色产品的零售价格。零售商主导的双渠道供应链是指在供应链中由零售商同时开通线上、线下渠道进行销售。处于供应链下游的零售商与消费者的联系更加密切，它们可以更加及时地掌握消费者的需求，并且由于它们拥有线下渠道的传统零售实体店，消费者可以通过商品陈列近距离感受绿色产品的质量，有利于促进消费者购买。另外，零售商作为线上销售的前置仓，当消费者在网络渠道下单时，零售商会及时在众多门店中选择距离最近的配送点，从而缩短绿色产品的运输时间，降低交易成本，提升顾客满意度，因此，在零售商主导的模式中，零售商往往可以占据更多优势。

混合双渠道销售则指制造商在传统渠道和网络渠道中采取直销和分销相结合的销售模式，其中在传统渠道中制造商通过零售商将产品分销给消费者。具体而言，一方面制造商通过零售商将产品销售给消费者，制造商先将产品销售给零售商，而零售商再将产品销售给消费者；另一方面制造商通过自建网络渠道直接将产品销售给消费者。

2）双渠道销售的冲突

网络销售渠道的引入给传统销售渠道带来了巨大的挑战，加剧了制造商与传统零售商之间的竞争。相关研究表明，增加新的渠道带来的市场份额的扩大，可能是以蚕食现有渠道的市场份额为代价，并不一定能够增加销售总额（Abdelsalam and El-Tagy，2012；Choi et al.，2019；梁喜等，2018），即产生了渠道冲突。在双渠道销售模式下，渠道冲突是不可避免的。常见的渠道冲突有三种类型：横向渠道冲突，即供应链同一层级成员之间的冲突；纵向渠道冲突，即上游制造商与二级经销商之间的冲突，或二级经销商与下游零售商之间的冲突；多渠道冲突，即制造商拥有两种及以上销售渠道时产生的冲突。

2. 全渠道销售

互联网和信息技术的不断发展，给众多行业带来了巨大变化，零售业也不例外。与此同时，消费者的行为和期望也在发生变化，他们期望交付商品的速度比以前更快，并且他们对缺货的承受能力大幅下降。此外，越来越多的消费者希望能够灵活使用多种渠道与零售商进行互动，如在传统实体店、线上网站、第三方购物平台等，以便能够快捷且方便地搜索、下单、取货、体验所购买的商品，并且希望售后能够通过多种渠道进行退货。这些变化对零售商的生产经营方式产生了深远影响，驱动着零售商进行范式转变。传统渠道零售商和网络渠道零售商作为现有市场的参与者，正努力在渠道整合方面保持协调，向消费者提供无缝衔接的购物体验（Momen and Torabi，2021），由此便诞生了全渠道销售。例如，网络渠道的改善促使百思买和沃尔玛等电子零售商巨头建立或扩展其网络渠道（Jin et al.，2020）。反之亦然，如亚马逊和京东开设了实体门店以拓展其传统渠道。事实证明，渠道整合不仅增强了客户的信任和满意度，还提高了零售商的竞争优势和利润（Herhausen et al.，2015；Wang and Ng，2020）。

全渠道销售（omni-channel selling）指企业将传统销售渠道与网络销售渠道紧密结合起来，通过创造多元且无缝融合的消费者购物体验，为消费者提供便捷、高品质的购物服务，从而满足消费者多样化的购物需求（Melacini et al.，2018）。需注意的是，全渠道销售并不等同于多渠道销售或跨渠道销售。目前学术界根据渠道交互的主体和范围，来划分多渠道销售、跨渠道销售和全渠道销售（Beck and Rygl，2015），如表 7-1 所示。“主体”指渠道交互是由顾客触发还是零售商控制；“范围”指渠道交互是否适用于所有渠道。多渠道销售是企业通过多个销售渠道为消费者提供产品或服务，并不提供对众多渠道的协同管理。多渠道销售下，尽管零售商提供多个渠道，渠道彼此共存，但消费者无法促使这些渠道之间相互交互，同时零售商也难以主动掌控渠道的协同整合。与多渠道销售相反，消费者可通过跨渠道销售触发部分渠道交互，零售商可控制至少两个但并非全部的渠道整合。相比于多渠道销售和跨渠道销售，全渠道销售下，消费者能够触发全部渠道的交互。从零售商的角度来看，全渠道销售下这些渠道是完全集成的。

表 7-1　多渠道销售、跨渠道销售、全渠道销售对比

<table>
<tr><th>销售模式</th><th>渠道交互主体</th><th>渠道交互范围</th><th>举例</th></tr>
<tr><td rowspan="2">多渠道销售</td><td>顾客不能触发渠道交互</td><td rowspan="2">所有渠道均如此</td><td>优惠券仅支持单一渠道兑换</td></tr>
<tr><td>零售商不能控制渠道整合</td><td>各渠道的商品或服务不一致</td></tr>
<tr><td rowspan="2">跨渠道销售</td><td>顾客能触发渠道交互</td><td rowspan="2">仅限于部分渠道</td><td>除移动商店，优惠券可以在其他任意渠道兑换</td></tr>
<tr><td>零售商能控制渠道整合</td><td>除实体门店，其余渠道的商品或服务保持一致</td></tr>
<tr><td rowspan="2">全渠道销售</td><td>顾客能触发渠道交互</td><td rowspan="2">所有渠道均如此</td><td>优惠券可以在所有渠道兑换</td></tr>
<tr><td>零售商能控制渠道整合</td><td>各渠道的商品或服务保持一致</td></tr>
</table>

1）全渠道销售的特点

（1）跨越边界。在过去，传统实体门店的独特之处在于允许消费者触摸和感知商品并提供实时的满足感；网络渠道则试图用广泛的商品选择、低廉的价格及消费者商品评价等内容来吸引消费者。随着全渠道销售的发展，传统实体门店和网络店铺之间的界限将消失殆尽，这将使零售业变成一个没有墙的“陈列室”（Brynjolfsson et al.，2013）。全渠道销售下，传统渠道与网络渠道充分融合，传统实体店开设线上渠道，而网络店铺开设线下实体店，旨在满足消费者任何时间、任何地点、任何方式的购买需求。同时，当消费者对从线上渠道购买的绿色产品不满意时，可以随时选择到传统实体店退货，真正实现各渠道的一体化。

（2）多元途径。全渠道销售能够向消费者提供多元化途径，具体体现在以下几个方面。第一，搜索信息的方式多元化。在传统的销售模式下，消费者要想获取产品的详细信息，只能通过线下实地访问实体门店这种方式。但在信息技术快速发展的今天，消费者拥有更多选择，可以通过网络渠道、移动设备以及实体门店等多种途径来获取相关的产品信息。他们可以综合各个渠道的信息，以帮助他们做出更明智的购物决策，这种多渠道信息获取方式为消费者提供了更大的便利和选择权。第二，购买方式多元化。在传统的销售模式下，由于受时间、地点的限制，消费者只能在有限的范围内选择购买产品。如今，消费者可以选择在线搜索离线购买、在线购买离线取货、离线体验在线购买等多样化途径充分满足其购物需求，支付过程也可以选择现金结算或电子结算。第三，退货方式多元化。在传统销售模式下，若消费者在实体门店（网络店铺）购买到了不满意的产品，则只能通过同样的渠道进行退回。现如今，全渠道销售使传统渠道与网络渠道共享库存，灵活高效地响应消费者的订单和退货需求，使其可以任意选择将实体门店（网络店铺）购买的产品退回至网络店铺（实体门店）。

（3）溢出效应。全渠道销售下，网络渠道能够给传统渠道的实体门店带来更多的流量，进而增加传统渠道产品的额外销售机会。此外，当消费者在线购买到店取货时，其往往会购买其他产品，从而产生需求溢出效应，增加零售商的利润（Bell et al.，2014；Gao and Su，2017）。

2）全渠道销售的类型

全渠道销售向消费者提供了多元化的消费体验，允许消费者在不同的分销渠道中选择他们最喜欢的购物方式。常见的全渠道销售类型包括：在线购买-离线取货、在线预定-离线购买、离线体验-在线购买和在线购买-离线退货。

在线购买-离线取货（buy online and pick up in store，BOPS），即买家在网络渠道发出购买订单，卖家收到订单后在仓库进行统一配货，买家需前往传统实体门店自行取货。BOPS 被认为是最为重要的全渠道销售方式（Momen and Torabi，2021）。近一半的大型电子零售商实施了 BOPS 并从中受益，包括天猫、京东和苏宁等，均允许消费者在线购买并到店提货。BOPS 为零售商和消费者带来了诸多好处。首先，零售商可以利用网络渠道的订单信息及时更新销售旺季的需求预测，有助于降低库存风险。其次，消费者和零售商双方均可以节省运输费用和交付成本（Shi et al.，2018）。此外，消费者在产品上市后无须等待发货即可快速拿到所购买的产品。尽管 BOPS 受到广泛欢迎，但仍面临一些挑战。当某个实体门店发生缺货时，零售商不得不从其他实体门店调货，由此产生额外的运输费用。

在线预定-离线购买（reserve online purchase in store，ROPS）。与 BOPS 不同，ROPS 允许消费者在网络渠道下单而无须立即付款，可在实体门店体验产品后选择性购买。若产品未达到预期，消费者可选择在实体门店取消订单而不会造成额外损失（Jin et al.，2018）。BOPS 和 ROPS 的对比见表 7-2。

表 7-2　BOPS 和 ROPS 的对比

全渠道销售类型	消费者		零售商	
	付款时点	退货政策	订单流失风险	处理退货时间
BOPS	在线订购时	全额退货 部分退货 无退货	低	6～9 个工作日
ROPS	离线取货时	没有约束	高	无延迟

Forrester 的一项调查研究表明，51%的网络消费者表达了他们对产品退货的担忧，因为等待退款金额会产生机会成本（Ofek et al.，2011）。此外，一些零售商还会收取固定的退货费用，从而阻碍在线消费者的购买（Abdulla et al.，2019）。消费者退货一直以来都被视为零售业的一个关键问题，迫使零售商不得不寻求解决措施。在全渠道销售环境中，零售商为消费者提供更多的退货选择，以改善他们的购物体验（He et al.，2020）。一种常见的方法是离线体验-在线购买（experience in store and buy online，ESBO）允许消费者在实体门店充分体验商品，收集足够的商品信息，然后选择在网络店铺完成购物，这可能会导致商品退货显著减少。

另一种流行的方式是在线购买-离线退货（buy online and return in store，BORS），允许消费者在网络渠道购买商品，如果消费者不喜欢或不满意所购买的产品，他们可以轻松地将其退回附近的实体门店以获得全额退款（Mandal et al.，2021）。对于零售商而言，选择实体门店退货的消费者顾客可以帮助他们收集有关不满意的具体反馈，这有助于产品的整体改进。此外，通过提供实体门店退货选项，在线消费者将不满意的产品退回到实体店，这可能会补充实体门店的库存。因此，BORS 的实施可能会减少零售商对实体店的订货量。对于在线消费者而言，他们首先拥有一个额外的退货选项。其次，对于居住在实体门店附近的消费者来说非常方便。更具体地说，当他们发现尺寸或颜色不合适时，BORS 是一个明智的选择。最后，与传统销售相比，消费者可以更快地获得退款金额。然而，这种方法的有效性取决于多种因素，例如传统实体门店的地理位置、店内退货流程的便利性以及客户等待获得退款的时间。毫无疑问，ESBO 和 BORS 这两种全渠道销售方式均可以抵销产品退货的不利影响，并促进消费者二次购买。

3. 新零售

1）新零售的内涵

2016 年 10 月 “新零售”的概念首次被提出，意味着纯电子商务时代即将结束，未来的零售业务将包括线上、线下和现代物流，下一个十年是新零售的时代。同年 11 月，国务院办公厅印发的《关于推动实体零售创新转型的意见》明确指出，推动实体零售由销售商品向引导生产和创新生活方式转变，由粗放式发展向注重质量效益转变，由分散独立的竞争主体向融合协同新生态转变[①]。在 2016 年的阿里年货节上，阿里巴巴集团首席执行官张勇进一步阐释了新零售的概念，将其解释为一种通过互联网和大数据对传统商业元素如人员、商品和场景进行重新构建的过程。这包括重新设计生产流程、改变商家与消费者的互动方式，以及改善整体消费体验等方面的改革。次年 3 月，阿里研究院专门发布了一份关于新零售商业模式的研究报告，首次详细解释了新零售模式的概念和特点。这份报告指出该模式是以数据为主要驱动力、以消费者体验为核心的一种泛零售模式。其中，泛零售包括零售与各行各业的结合，如文化娱乐业等，任何企业和个人都可以扮演零售商的角色，以往零售交易过程中对于对象和地点的传统限制也不复存在，任何物品、任何地方都可以成为零售过程中的要素。

自此，新零售迅速成为行业发展关注的重点，并吸引了众多学者深入探讨新零售的相关概念。王宝义（2017）认为，新零售是企业在信息驱动和消费升级时代，为了满足消费者在购物、娱乐、社交等多个维度上的需求，而采用的全渠道、泛零售的新零售方式。赵树梅和徐晓红（2017）指出，新零售要同时关注满足不断变化的消费者需求以及维护企业内部员工和下游业务伙伴关系的平衡。这意味着在新零售领域，成功不仅取决于产品和服务的营销，还要注重有效的人际关系管理。根据胡祥培等（2020）的观点，新零售是指以人工智能、大数据等尖端信息技术为基础，对零售系统的资金流、物流和信息流进行改进和提升。李秋香等（2021）阐述了新零售模式的特点，它是以体验店为核心，以互联网为支撑，对产品的制造、分销和销售流程进行全面升级，强调改善顾客的购物体验，以及满足他们的个性化需求。总的来说，新零售已经成为重塑零售行业不可阻挡的趋势，也是行业发展演变的必然方向。在零售业改革中，互联网技术扮演了至关重要的角色，它也决定了新零售未来的发展趋势必将是规模化、无界化和智能化的统一。

---

① 《国务院办公厅关于推动实体零售创新转型的意见》，http://www.gov.cn/zhengce/content/2016-11/11/content_5131161.htm，2016 年 11 月 11 日。

2）新零售特征

（1）强调数据化构建消费者画像。新零售以互联网为支持，以大数据、人工智能等为工具，以消费者体验为中心，深入了解每个消费者不同的需求，通过数据与商业逻辑的深度融合，实现从“货场—人”到“人—货场”的转变，达到消费者反向拉动生产变化的效果。例如，新零售会根据老客户的浏览记录等信息，通过互联网技术归纳消费偏好，发放广告并进行针对性的推送，诱导消费者进行消费。与此同时，不断地利用互联网技术实时跟进消费者的喜好，从而在每次刷新后都更加精准地进行投送，引导和帮助消费者更高效地选择适合自己的产品，减少客户挑选和比较的时间、精力等沉没成本，提高客户满意度。可以说，新零售是一个以用户为中心、实时在线的全渠道模式，为消费者提供基于数据赋能的升级体验，具有消费者赋能、供给侧结构性改革、升级体验、数字革命四大内涵。

（2）强调本质回归和效率提升。“新零售的核心在于回归零售业最初的关注点和本质，即注重效率，与效率革命紧密相关。”小米科技的董事长雷军指出。同样，刘强东在《财经》杂志发表文章《第四次零售革命》，并指出零售的本质包括三个要素：成本、效率和消费体验，同时其对零售革命的性质做了明确的定义，其认为零售基础设施的不断升级以继续改变零售的价值创造和获取方式就是零售改革。此外，刘强东预测了新零售的蜕变特征。鄢章华和刘蕾（2017）认为新零售被视为一种以消费者体验为核心的零售模式，通过线上、线下的融合，实现数据整合，从而提升零售效率。尽管涵盖了多个方面，但新零售并不意味着零售服务本质的改变。相反，它甚至是零售行业服务回归本真的表现，服务行业最关键的效率元素在新零售中得到了更好的提升。

（3）强调多要素协同和价值链重构。杜睿云和蒋侃（2017）强调，新零售是那些依赖于互联网，并通过大数据、人工智能等前沿技术对商品的生产、分销和销售进行全面升级的企业。与此同时，它是通过重构商业结构和生态系统，实现线上、线下与物流的深度融合，而形成的新的零售模式。中国流通三十人论坛秘书处等（2017）将新零售概括为一种紧密融合线上、线下和物流的商业模式。其核心是以消费者为中心的全面数据开放，目标是为整个客户群提供渠道、品类、时间和体验等方面的全方位、多维度的服务，满足消费者多层面的需求。因此，新零售强调以消费者为中心，重新配置要素、整合和重构资源，这也反映出新零售不仅不是服务性质的改变，相反是服务性质的强化和升级。数据和技术驱动是新零售的关键特征，同时伴随着业务创新、场景多样化、渠道碎片化、体验导向的总体趋势，体现了人们对效率和对资源的整合、对供应链（价值链）转型的深度追求。

3）新零售与全渠道零售的区别

在国外，新零售常被称为全渠道零售，尽管也有很多人认为它们之间并没有太大差异，但事实并非如此。全渠道零售和新零售在定义、技术支持、目标和运营模式等方面均存在明显的差异（表 7-3）。

表 7-3　全渠道零售和新零售的区别

不同点	全渠道零售	新零售
定义不同	全渠道零售是指企业通过多种渠道（如实体店、电商平台、社交媒体等）来销售产品	新零售是指以数据驱动、以用户为中心的全新零售模式
技术支持不同	全渠道零售主要依靠传统的销售渠道和销售方式	新零售更加注重技术支持，如大数据分析、人工智能、无人店等
目标不同	全渠道零售的目标是扩大销售渠道、提高销售额	新零售的目标是提高用户体验、提高客户忠诚度
运营模式不同	全渠道零售的运营模式相对固定	新零售更加灵活，可以根据不同的用户需求和市场变化进行调整

全渠道零售和新零售虽然有一些区别，但都是为了更好地满足消费者的需求，提高零售企业的竞争力。

7.2　绿色供应链的绿色标签概述

7.2.1　绿色标签的内涵

绿色标签最早源于 20 世纪 60 年代，在随后的几十年里学术界逐渐掀起了对绿色标签的研究热潮。1978 年，德国联邦内务部和环境部联合施行“Blue Angel 计划”，建立了第一个绿色标签，法国、加拿大和日本等国家紧随其后纷纷开展了绿色标签活动。1989 年，北欧绿色标志由芬兰、瑞典、冰岛、丹麦和挪威建立。1991 年，欧盟实施了绿色标签计划。20 世纪 90 年代，我国开始建立绿色食品、环保产品等的认证制度，标志着绿色标签活动的开始。1993 年 3 月，我国国家环保局正式印发《关于在我国开展环境标志工作的通知》。1994 年 5 月，由国家技术监督局（现更名为国家市场监督管理总局）授权成立授予产品绿色标签的唯一机构“中国环境标志产品认证委员会”对我国绿色产品进行权威认证。

绿色标签（green labeling），也称为生态标签（eco-labels）或环境标签（environmental labels），通常指符合权威机构特定环境标准的产品认证活动。与传统的质量属性不同，消费者很难直接观察到产品的绿色性（Baksi and Bose，2007）。

消费者几乎不可能自我评估产品对环境的影响，无法判断哪些产品对环境更加友好。随着消费者环保意识的不断提高，绿色消费者的比例也不断增加。许多公司和消费者组织都认为有必要引入产品的环境性能声明，使潜在消费者能够获得更多关于某一产品环境影响的信息。与此同时，随着消费者绿色产品喜爱度的上升，制造商不仅需要生产绿色产品，还需要通过相关工具帮助买家做出环保选择，向消费者展示他们的环保努力（Guo et al.，2020）。由于绿色标签的目的是帮助消费者识别环保产品及其规格，绿色标签被认为是绿色营销和宣传的主要有效手段（Rex and Baumann，2007）。绿色标签为消费者提供了两个可能：第一，告知他们无形的产品特征，如质量、性能等；第二，提供价值功能，如产品的环保形象。公司之所以想要环保标签，是因为它们想要营造一种有利于绿色营销的氛围。这些绿色标签通过使公司与竞争对手区别开来，改善公司的品牌形象和利润（Font，2001）。一些研究表明，使用绿色标签是向消费者传达产品绿色信息的有效策略（Murali et al.，2019）。

绿色标签本质上是一个由消费者、公司和政府机构组成的生态创新的动态循环过程。从生态创新的整个周期来看，其影响并不局限于组织边界或价值链。它超越了组织边界，通过各个环节影响消费者的意识，形成对政策法规的反馈。绿色标签受到供给、需求和政策制度三个因素的影响。首先，从供给的角度来看，绿色标签可以通过向消费者提供产品或服务的环境信息，进而影响消费者的购买决策。因此，绿色标签可以创造基于市场的激励和管理工具以改善环境资源。其次，从需求的角度来看，消费者的购买行为受到了产品环境属性的影响，而绿色标签则提供了一种非常简单的方式来描述这些产品或服务的环境属性。最后，在政策制度的方面，ISO 等一些独立的团体或机构在企业和消费者之间建立起了密切的关系并向消费者传达某些产品可能对环境产生积极影响的信息。

供给、需求和政策制度三个决定因素产生了社会环境意识、市场动态（供需关系）、组织战略、科技发展、环境监管和政策五个分析的维度。其中由于市场对绿色标签产品的需求受到消费者对环境关注程度的影响，因此社会环境意识和市场动态是绿色标签不可或缺的两个因素。企业则需要制定环境管理策略以符合产品绿色标签认证的要求。科技发展则要求企业不断地进行技术创新以生产更清洁的产品。政策制度主要是对环境监管和政策产生影响，并会整体影响社会环境意识、市场动态（供需关系）、组织战略、科技发展这四个分析维度。一般而言，环境监管和政策可支持可持续发展项目，刺激绿色标签产品的消费，影响绿色标签产品的生产，进而影响市场供求关系，从而对社会环境意识产生深远影响，并促进可持续发展（图 7-1）。

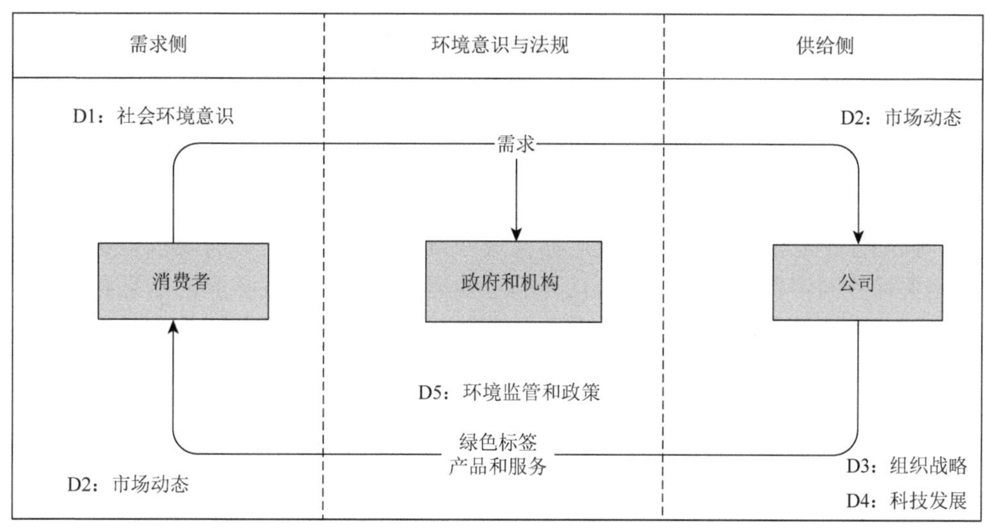

图 7-1　环境标签与可持续发展

7.2.2　绿色标签的特点、类型及作用

1. 绿色标签的特点

绿色标签一般具有以下特点：①证明性，绿色标签能证明获准标贴的产品符合相应的环保技术要求；②权威性，第三方申请注册绿色标签必须由政府授权和批准，故绿色标签对商品具有较高的鉴证作用；③时效性和动态性，由于技术能力的提高和产品生产者动态管理的需要，产品的绿色标签通常需要在每 3 年至 5 年重新认证；④限制性，拥有绿色标签的产品比例较低，仅允许一定比例的产品被授予绿色标签；⑤非强制性，绿色标签是一种由企业自愿进行的技术认证。

2. 绿色标签的类型

绿色标签制度可分为强制性和自愿性，基于对现有的强制性标签制度内容的考察，又可分为强制性负面信息标签和强制性中立信息标签。自愿性绿色标签又可分为自贴标签和认证标签。

强制性负面信息标签绝大部分指政府强制要求的，是关于产品物理化学性质、原料成分、性能和危险性的描述。根据政府要求和指令，针对使用有害物质的产品、含有对环境有害物质的产品、生产加工过程中对环境造成不利影响的产品，企业应在这几类产品进入市场销售之前先向有关机构申请绿色标签。此类标签的主要目的是警示消费者该产品不利于绿色与环境生态保护，其将与产品有关的和可能对消费者造成不利影响的内容明示，警示消费者，以减少对该产品的使用，进而迫使企业减少生产或生产更为安全的产品。此类标签对于贴标签的产品而言无异于是一种负面的宣传，因此这类标签的目的就是变相劝导企业选用更为绿色的成分或更温和的生产方式。但是，与这类标签同时存在的是更为严厉的贸易打击手段，即数量限制，因此这类标签的使用并不普遍，同时其针对的对象也有严格的限制。

强制性中立信息标签指特定产品在进入市场销售之前，政府要求企业必须使用相关标签向消费者披露政府所认为的重要信息。此类标签披露的信息并不一定是消极负面的信息，其可能既非负面信息，也非正面信息，仅仅是为了使消费者能对产品的潜在性质的信息更为了解，比如产品的生产方式、主要成分、能源消耗等。实行强制性中立信息标签是为了向消费者提供可靠、全面的产品信息，但是如果政府不要求强制披露这类信息，生产商及零售商则很有可能为了刺激消费而选择隐瞒这类信息。同时，强制性中立信息标签使用的另一目的就是鼓励企业提高产品设计，使得其标签显示的各项数据优于同类产品。从环保角度而言，消费者理论上会偏向于环境更为友好的产品，而消费者的这种偏好也会在很大程度上影响产品的市场供应。

自贴标签和认证标签通常是由于企业认为其产品的某类特征能够吸引热爱环保的消费者，而由企业主动添加的标签，从而可以在市场竞争中帮助其获得竞争优势。随着消费者环境偏好的增加，企业不仅开始改善其环境绩效，还开始利用自愿工具向消费者宣传他们在环境保护方面所付出的努力。特别是绿色标签作为一种自愿工具越来越受到企业的欢迎，企业可以通过绿色标签向消费者传达其产品的环境影响信息。企业一方面可选择贴上自己的绿色标签（自贴标签），另一方面可采用外部认证机构的绿色标签。这类标签可以对消费者产生一定程度的引导作用，也会给市场上其他竞争对手造成一定的压力，从而起到间接的环境保护效果。

3. 绿色标签的作用

从商业角度来看，绿色标签是一种重要的环境管理工具。当企业通过绿色标签产品获得消费者认可时，可以激励企业创新，提高生产技术，生产出环保性能更高的产品。因此，在一定程度上，绿色标签可以被视为一个生态创新过程（Dangelico and Pujari，2010；Wagner，2008）。政府及相关机构鼓励和引导消费者购买贴有绿色标签的产品。这创造了一个涵盖三个层面的周期性动态过程：消费者、公司和政府。绿色标签具有以下三个积极作用。

第一，倡导可持续消费，引领绿色潮流。全球气候日益变暖和极端灾害事件频发，节能减排形势越发严苛（杜之利等，2021；Niu et al.，2021）。环保属性逐渐成为消费者购买产品的首要考虑因素（Du et al.，2018）。越来越多的消费者使用更为绿色或低碳的产品（Wang H and Wang L，2022），并愿意为绿色或低碳产品支付溢价（Olsen et al.，2014；Wang et al.，2017）。消费者的态度和行为不仅意味着其消费方式的转变，还对企业的生产决策产生了引导作用（林伯强，2022）。消费者环境意识的提高潜移默化影响着企业管理者的生产经营理念，推动市场和产品朝着可持续的方向发展。绿色标签是保护生态环境的有效途径，其有助于减少生产过程中有害物质的排放。绿色标签现已成为世界许多地区决策者用来鼓励更可持续的生产和消费的关键工具（Rubik and Frankl，2017）。

第二，跨越贸易壁垒，促进了国际贸易发展。发达国家较早形成了环保意识，并凭借自身在环保方面的优势，将环境保护作为贸易进出口的考核指标，进而塑造起贸易壁垒。这一举措使发展中国家的商品进入国际市场越发艰难。我国加入 WTO 后，服装行业受惠较大，但发达国家环境贸易壁垒始终存在，使得我国的纺织行业受到不同程度的冲击。因此，我国企业若想出口服装到欧洲国家，生产的服装就必须满足相关要求，否则将会被限制进出口。绿色标签有利于帮助跨越贸易壁垒，促进国际贸易发展。

第三，绿色标签可以为企业创造额外的战略和创新价值。企业采用绿色标签或其他环境管理策略时，可以通过改进产品使其更加绿色环保，以此来缓解价格竞争，从而将其产品与市场上的其他产品区分开来。绿色消费已成为现代社会的新潮流，企业应及时抓住发展机遇，开发出具有环境属性的产品，促进企业的长远发展。现有结果表明，绿色标签信息对消费者的购买意愿有显著的正向影响，可以增强消费者购买绿色产品的意识（Loureiro and Lotade，2005；Murali et al.，2019）。根据 Morrison（2011）进行的碳信托调查，相比没有标签的相同质量的产品，47%的受访消费者愿意为有标签的产品支付更多的费用。此外，绿色标签体现了企业满足市场预期、承担更多社会责任的长远发展理念，而这将有助于公司在市场上的持续发展及其财务价值的增长。总而言之，绿色标签可以为企业创造额外的战略和创新价值，有利于促进企业的发展。

7.3　绿色供应链的绿色标签策略选择

7.3.1　问题描述

本节中绿色供应链的研究对象是由制造商和零售商组成的，其中制造商致力于组织绿色产品的生产，决定其生产产品的绿色生产努力水平 g 和销售给零售商产品的批发价格 w，而零售商从制造商处采购绿色产品，同时将会付出绿色市场努力 t 以宣传绿色产品，并决定销售给消费者的产品销售价格 p。制造商在生产过程中付出单位生产成本 c 和绿色生产努力成本 kg^2，其中 k 为绿色投入系数，而零售商的绿色市场努力水平为 t，其中绿色市场努力成本为 t^2。与传统的质量属性不同，消费者很难直接观察到产品的实际绿色程度（Baksi and Bose，2007）。因此，许多制造商通过绿色标签向消费者宣传它们在环保方面所做出的努力。在实践中，制造商通常采用自贴标签策略和认证标签策略这两种策略，来展示其产品的绿色属性。在一般情形下，相比于自贴标签产品消费者会更加认可认证标签产品，因此不妨假设消费者对自贴标签策略下绿色水平为 g 的产品质量感知为 μg，其中 μ 为消费者对制造商自贴标签产品的信任度，其中 $\mu \in (0,1)$，μ 越大则表示消费者对自贴标签产品的感知越高。制造商所生产的产品的绿色水平 g 在认证标签策略下不能低于绿色水平认证标准 G，即 $G \leqslant g$。此时消费者对获得认证产品的绿色质量感知为 G，不妨假设消费者对认证标签绿色产品的信任度 $\mu = 1$。企业通过第三方认证可以获得更高的消费者信任，但是这意味着企业将支付相应的认证成本（Chen and Lee，2017；Brach et al.，2018）。根据中国绿色食品发展中心的收费标准，我国绿色食品的认证审核费用约为 6400 元，而有机食品的认证审核费用约为 10 000 元。也就是说，产品认证的等级越高，则企业将会支付越高的认证成本。类似 Murali 等（2019）的研究，假设企业的第三方认证成本为认证水平的二次函数，即 aG^2。

下面首先考虑自贴标签的情形，假设消费者效用为 $u = V - p + k\mu g_S + t$，其中 V 代表消费者对绿色产品功能属性的效用，k 代表消费者对产品绿色水平的敏感度，μ 代表消费者对自贴标签绿色产品的信任度，g_S 则表示自贴标签下制造商的绿色生产努力水平。由于不同的消费者对绿色产品功能属性的效用存在差异，因此不妨假设 V 为随机变量，服从 $[0,1]$ 上的均匀分布。类似 Ghosh 和 Shah（2015）的研究，假设消费者对价格的敏感性高于其对产品绿色度的敏感性，即 $0 < k < 1$。不妨假设市场规模为 1，又由于消费者仅会在效用大于零的时候才会购买绿色产品，因此绿色产品的需求函数可以表示为：$D_S = P\{V > p - k\mu g_S - t\} = 1 - F(p - k\mu g_S - t)$。由于 $V \sim U[0,1]$，因此有 $D_S = 1 - p + k\mu g_S + t$。

当制造商采用认证标签时，假设政府设定的认证标准为 G，则此时消费者对认证产品的绿色质量感知为 G，同样考虑到产品功能属性、产品价格、产品的绿色质量和零售商绿色市场努力水平对消费者效用 u 的影响，制造商购买认证标签的绿色产品的效用为 $u = V - p + kG + t$，则认证标签策略下绿色产品的需求函数可以表示为 $D_E = 1 - p + kG + t$。不同于制造商自贴标签，消费者对第三方认证标签下制造商绿色产品的信任度标准化为 1。

具体参数符号如表 7-4 所示。

表 7-4　符号定义

变量	符号定义
w	制造商销售给零售商绿色产品的批发价格
g	制造商的绿色生产努力水平
p	销售价格
t	零售商的绿色市场努力水平
ϕ	制造商对零售商绿色努力的分担比例
V	消费者对绿色产品功能属性的效用
g_S	自贴标签下制造商的绿色生产努力水平
c	制造商的单位生产成本
μ	消费者对制造商自贴标签绿色产品的信任度
k	消费者对产品绿色水平的敏感度
a	认证成本系数
G	消费者对认证产品的绿色质量感知水平

7.3.2　模型构建

1. 无成本分担契约下的均衡结果分析

首先考虑自贴标签策略（S 策略），在 S 策略中，$D_S=1-p+k\mu g+t$。制造商的利润函数 π_{SM} 和零售商的利润函数 π_{SR} 分别为

$$\pi_{\text{SM}}(w,g)=(w-c)(1-p+k\mu g+t)-g^2 \tag{7-1}$$

$$\pi_{\text{SR}}(p,t)=(p-w)(1-p+k\mu g+t)-t^2 \tag{7-2}$$

供应链利润 π_S 为

$$\pi_S=\pi_{\text{SM}}(w,g)+\pi_{\text{SR}}(p,t)=(p-c)(1-p+k\mu g+t)-g^2-t^2 \tag{7-3}$$

S 策略中，制造商将首先设置绿色生产努力水平 g 和批发价格 w，而后零售商再决策绿色市场努力水平 t 和绿色产品的销售价格 p。基于以上设置，通过求解，可得命题 7-1。

命题 7-1　在 S 策略下，制造商与零售商的均衡决策及利润函数为：$g_S^*=\dfrac{k\mu(1-c)}{6-k^2\mu^2}$，$w_S^*=\dfrac{3+3c-ck^2\mu^2}{6-k^2\mu^2}$，$p_S^*=\dfrac{5+c-ck^2\mu^2}{6-k^2\mu^2}$，$t_S^*=\dfrac{1-c}{6-k^2\mu^2}$，$\pi_{\text{SM}}^*=\dfrac{(1-c)^2}{6-k^2\mu^2}$，$\pi_{\text{SR}}^*=\dfrac{3(1-c)^2}{6-k^2\mu^2}$，$\pi_S^*=\dfrac{(1-c)^2(9-k^2\mu^2)}{6-k^2\mu^2}$。

命题 7-1 给出了 S 策略下的均衡决策和利润函数，下面分析 k 和 μ 对最优决策的影响。

性质 7-1　S 策略下消费者绿色意识和消费者对自贴标签绿色产品的信任度对均衡决策的影响如下。

（1）$\dfrac{\partial g_S^*}{\partial k}>0$，$\dfrac{\partial t_S^*}{\partial k}>0$，$\dfrac{\partial p_S^*}{\partial k}>0$，$\dfrac{\partial w_S^*}{\partial k}>0$。

（2）$\dfrac{\partial g_S^*}{\partial \mu}>0$，$\dfrac{\partial t_S^*}{\partial \mu}>0$，$\dfrac{\partial p_S^*}{\partial \mu}>0$，$\dfrac{\partial w_S^*}{\partial \mu}>0$。

性质 7-1 表明，当消费者的绿色偏好增强时，即其对自贴标签绿色产品越信任或绿色意识越强，制造商与零售商分别会提升绿色市场努力水平和绿色生产努力水平，同时其也会分别提高产品的批发价格和销售价格。这表明增强消费者的绿色环保意识或提升其对自贴标签绿色产品的信任度，都可以激励制造商和零售商分别设置更高的绿色生产努力水平和绿色市场努力水平，同时能以更高的价格销售。

下面分析制造商的 S 策略对社会福利的影响。用 SW_S 表示 S 策略下的社会福利，包括供应链的总利润 π_S、消费者剩余 CS_S 和环境改进收益 EI_S，其中 $\pi_S=\pi_{\mathrm{SM}}+\pi_{\mathrm{SR}}$。不妨假设 $\hat{p}$ 为产品需求为 0 时的价格，可求得 $\hat{p}=1+kG+t$，则消费者剩余 $\mathrm{CS}_S=(\hat{p}-p)D_S/2$。用环境质量水平来代表环境的改善，则 $\mathrm{EI}_S=gD_S$。因此，社会总福利为

$$\mathrm{SW}_S=\pi_S+\mathrm{CS}_S+\mathrm{EI}_S=\pi_{\mathrm{SM}}+\pi_{\mathrm{SR}}+(\hat{p}-p)D_S/2+gD_S \tag{7-4}$$

性质 7-2　在 S 策略下，消费者绿色意识、信任度对最优利润、最优福利的影响如下。

（1）$\dfrac{\partial D_S^*}{\partial k}>0$，$\dfrac{\partial \pi_{\mathrm{SM}}^*}{\partial k}>0$，$\dfrac{\partial \pi_{\mathrm{SR}}^*}{\partial k}>0$，$\dfrac{\partial \pi_S^*}{\partial k}>0$，$\dfrac{\partial \mathrm{SW}_S^*}{\partial k}>0$。

（2）$\dfrac{\partial D_S^*}{\partial \mu}>0$，$\dfrac{\partial \pi_{\mathrm{SM}}^*}{\partial \mu}>0$，$\dfrac{\partial \pi_{\mathrm{SR}}^*}{\partial \mu}>0$，$\dfrac{\partial \pi_S^*}{\partial \mu}>0$，$\dfrac{\partial \mathrm{SW}_S^*}{\partial \mu}>0$。

性质 7-2 表明，如果消费者具有更强的绿色意识或者对自贴标签绿色产品的信任度更高，那么零售商的利润将会不断上升。并且随着消费者的绿色偏好提升，供应链的整体利润与社会福利也随之提高。因此，消费者的绿色意识的提升以及他们对自贴标签绿色产品的信任度提高对绿色供应链的发展有促进作用。

前面考虑了自贴标签下的均衡解和均衡利润，下面将考虑认证标签下的均衡解和均衡利润。

在认证标签策略（E 策略）下，需求函数为 $D_E=1-p+kG+t$，不同于 S 策略，E 策略下政府将最先设定认证标准，此时，制造商和零售商的利润函数分别为

$$\pi_{\text{EM}}(w,g)=(w-c)(1-p+kG+t)-g^2-aG^2 \tag{7-5}$$

$$\pi_{\text{ER}}(p,t)=(p-w)(1-p+kG+t)-t^2 \tag{7-6}$$

供应链利润为

$$\pi_E=\pi_{\text{SM}}(w,g)+\pi_{\text{SR}}(p,t)=(p-c)(1-p+kG+t)-g^2-aG^2-t^2 \tag{7-7}$$

社会福利为

$$\text{SW}_E=\pi_E+\text{CS}_E+\text{EI}_E=\pi_{\text{EM}}+\pi_{\text{ER}}+(\hat{p}-p)D_E/2+gD_E \tag{7-8}$$

通过逆向求解法，可得命题 7-2。

命题 7-2　在 E 策略下，制造商与零售商的均衡决策及利润函数为：$g_E^*=G_E^*=\dfrac{(1-c)(6+11k)}{36+36a-12k-11k^2}$，$p_E^*=\dfrac{6a(5+c)+5(6-k)+c(6-7k-11k^2)}{36+36a-12k-11k^2}$，$t_E^*=\dfrac{(1-c)(6+6a-k)}{36+36a-12k-11k^2}$，$w_E^*=\dfrac{1+c}{2}+\dfrac{k(1-c)(6+11k)}{2(36+36a-12k-11k^2)}$，$\pi_{\text{EM}}^*=\dfrac{(E_1+aE_2)(1-c)^2}{(36+36a-12k-11k^2)^2}$，$\pi_{\text{ER}}^*=\dfrac{3(1-c)^2(6+6a-k)^2}{(36+36a-12k-11k^2)^2}$，$\pi_E^*=\dfrac{(1-c)^2(E_3+aE_4)}{(36+36a-12k-11k^2)^2}$，$\text{SW}_E^*=\dfrac{(12+11a)(1-c)^2}{(36+36a-12k-11k^2)^2}$。其中 $E_1=180+216a^2-204k-115k^2$，$E_2=396-204k-121k^2$，$E_3=324a^2-16(15k+7k^2-18)$，$E_4=612-240k-121k^2$。

命题 7-2 给出了 E 策略下的均衡决策和利润函数，下面分析 k 对均衡决策、利润和社会利润的影响。

性质 7-3　E 策略下，消费者绿色意识对供应链各最优决策以及供应链各决策主体最优利润的影响如下。

（1）$\dfrac{\partial G_E^*}{\partial k}>0$，$\dfrac{\partial g_E^*}{\partial k}>0$，$\dfrac{\partial t_E^*}{\partial k}>0$，$\dfrac{\partial p_E^*}{\partial k}>0$，$\dfrac{\partial w_E^*}{\partial k}>0$。

（2）$\dfrac{\partial D_E^*}{\partial k}>0$，$\dfrac{\partial \pi_{\text{EM}}^*}{\partial k}<0$，$\dfrac{\partial \pi_{\text{ER}}^*}{\partial k}>0$，$\dfrac{\partial \pi_E^*}{\partial k}<0$，$\dfrac{\partial \text{SW}_E^*}{\partial k}>0$。

性质 7-3 表明，E 策略下，消费者绿色意识越强，政府将会设置越高的绿色认证标准。制造商的最优绿色生产努力水平也随着消费者绿色意识的增加而被设置得更高，这主要是因为制造商将面临政府更严格的认证标准。对于零售商而言，随着消费者绿色意识的增加，其将进一步提高绿色市场努力水平以吸引更多的消费者购买产品，同时将提高产品的销售价格。由性质 7-3 还可以知道，提升消费者绿色意识时，制造商的利润将逐渐减少，供应链整体利润也呈下降趋势。然而，零售商的利润和社会总福利却呈上升趋势。消费者绿色意识越强，制造商将设置更高的绿色生产努力水平进而将使得制造商绿色生产投入成本增加，此时制造商销售给零售商的产品批发价格会增加，同时市场需求也将提升，但是由于制造商将支付更多的绿色生产成本和认证成本，最终使得制造商的利润随着消费者绿色意识的增加而不断减少。同时，此时因消费者绿色意识增加，制造商所减少的利润比零售商增加的利润多，供应链利润将不断降低。分析消费者绿色意识对零售商利润的影响时发现，随着消费者绿色意识的增强，零售商的利润将不断上升，这主要是绿色产品销售价格和市场需求增加导致的结果。分析消费者绿色意识对社会福利的影响发现，尽管供应链的利润随着消费者绿色意识的增加将不断降低，但是由于制造商绿色生产努力水平被设置得较高，这使得消费者剩余增加与环境质量水平得以改善，社会福利也在不断上升。

2. 制造商成本分担契约下均衡结果分析

制造商成本分担契约下制造商将分担比例为ϕ的零售商绿色市场努力成本。也就是说，制造商将承担ϕt^2的绿色市场努力成本，而零售商将承担$(1-\phi)t^2$的绿色市场努力成本。下面将分析S策略和E策略两种标签策略下的均衡解和均衡利润。使用上角标s表示制造商成本分担契约，SS和ES分别表示制造商成本分担契约下的自贴标签策略和认证标签策略。

首先考虑制造商成本分担契约下的自贴标签策略（SS策略），制造商和零售商的利润函数分别为

$$\pi_{\mathrm{SM}}^{s}(w,g,\phi)=(w-c)(1-p+k\mu g+t)-g^2-\phi t^2 \tag{7-9}$$

$$\pi_{\mathrm{SR}}^{s}(p,t)=(p-w)(1-p+k\mu g+t)-(1-\phi)t^2 \tag{7-10}$$

SS策略下的供应链总利润：

$$\pi_S^s=\pi_{\mathrm{SM}}^{s}(w,g,\phi)+\pi_{\mathrm{SR}}^{s}(p,t)=(p-c)(1-p+k\mu g+t)-g^2-t^2 \tag{7-11}$$

SS策略下，首先制造商决定批发价格w和绿色生产努力水平g及成本分担比例ϕ，其次零售商将再决定绿色市场努力水平t和销售价格p。根据逆向求解法计算，可以得到命题7-3。

命题 7-3 SS策略下的制造商与零售商的均衡决策及利润函数为：$g_S^{s*}=\dfrac{4k\mu(1-c)}{23-4k^2\mu^2}$，$w_S^{s*}=\dfrac{13+10c-4ck^2\mu^2}{23-4k^2\mu^2}$，$p_S^{s*}=\dfrac{21+2c-4ck^2\mu^2}{23-4k^2\mu^2}$，$t_S^{s*}=\dfrac{6(1-c)}{23-4k^2\mu^2}$，$\phi_S^{s*}=\dfrac{1}{3}$，$\pi_{\mathrm{SM}}^{s*}=\dfrac{4(1-c)^2}{23-4k^2\mu^2}$，$\pi_{\mathrm{SR}}^{s*}=\dfrac{40(1-c)^2}{(23-4k^2\mu^2)^2}$，$\pi_S^{s*}=\dfrac{4(1-c)^2(33-4k^2\mu^2)}{(23-4k^2\mu^2)^2}$。

性质 7-4 SS策略下消费者绿色意识和消费者对自贴标签产品的信任度对最优决策的影响如下。

（1）$\dfrac{\partial g_S^{s*}}{\partial k}>0$，$\dfrac{\partial t_S^{s*}}{\partial k}>0$，$\dfrac{\partial p_S^{s*}}{\partial k}>0$，$\dfrac{\partial w_S^{s*}}{\partial k}>0$。

（2）$\dfrac{\partial g_S^{s*}}{\partial \mu}>0$，$\dfrac{\partial t_S^{s*}}{\partial \mu}>0$，$\dfrac{\partial p_S^{s*}}{\partial \mu}>0$，$\dfrac{\partial w_S^{s*}}{\partial \mu}>0$。

性质 7-4 表明，自贴标签下消费者绿色意识越强或其对自贴标签绿色产品越信任，制造商就越有动机投入更多的绿色生产努力，同时将设置更高的批发价格，而零售商也会提升产品的销售价格。由性质 7-4 可知，SS 策略下，随着消费者绿色意识的增强，绿色产品的批发价格将不断上升。

性质 7-5　在 SS 策略下，绿色意识和消费者对自贴标签产品的信任度对需求函数、最优利润和社会福利的影响如下。

（1）$\frac{\partial D_S^{s*}}{\partial k}>0$，$\frac{\partial \pi_{\text{SM}}^{s*}}{\partial k}>0$，$\frac{\partial \pi_{\text{SR}}^{s*}}{\partial k}>0$，$\frac{\partial \pi_S^{s*}}{\partial k}>0$，$\frac{\partial \text{SW}_S^{s*}}{\partial k}>0$。

（2）$\frac{\partial D_S^{s*}}{\partial \mu}>0$，$\frac{\partial \pi_{\text{SM}}^{s*}}{\partial \mu}>0$，$\frac{\partial \pi_{\text{SR}}^{s*}}{\partial \mu}>0$，$\frac{\partial \pi_S^{s*}}{\partial \mu}>0$，$\frac{\partial \text{SW}_S^{s*}}{\partial \mu}>0$。

性质 7-5 表明，SS 策略下市场需求、制造商与零售商的利润、供应链利润和社会福利均对消费者的绿色意识或其对自贴标签绿色产品信任度呈现正向影响。此外，与 S 策略相比，成本分担契约下的制造商自贴标签策略更能激励制造商产生绿色生产行为，进而将会使得制造商的利润随着消费者的绿色意识或其对自贴标签绿色产品的信任度的增加而上升，此时供应链总利润和社会福利都将增加。

前面考虑了 SS 策略情形的均衡解和均衡利润，下面将考虑制造商成本分担契约下认证标签策略（ES 策略）情形的均衡解和均衡利润。

在 ES 策略中，需求函数为 $D_E^s=1-p+kG+t$，制造商和零售商的利润函数分别为

$$\pi_{\text{EM}}^s(w,g)=(w-c)(1-p+kG+t)-g^2-\phi t^2-aG^2 \tag{7-12}$$

$$\pi_{\text{ER}}^s(p,t)=(p-w)(1-p+kG+t)-(1-\phi)t^2 \tag{7-13}$$

在 ES 策略下，政府首先决策最优的认证标准 G，然后制造商设定绿色生产努力水平 g、绿色产品的批发价格 w 和绿色市场努力成本分担比例 ϕ，最后零售商再设定绿色市场努力水平 t 和销售价格 p。基于以上设置，通过计算，可得命题 7-4。

命题 7-4　ES 策略下制造商与零售商的均衡决策、利润函数和最优社会福利为：$g_E^{s*}=G_E^{s*}=\frac{4(1-c)(23+41k)}{E_5}$，$t_E^{s*}=\frac{6(1-c)(23+23a-4k)}{E_5}$，$p_E^{s*}=\frac{483+23a(21+2c)}{E_5}-\frac{84k+2cE_6}{E_5}$，$w_E^{s*}=\frac{10c+13}{23}+\frac{52k(1-c)(23+41k)}{23E_5}$，$\phi_E^{s*}=\frac{1}{3}$，$\pi_{\text{EM}}^{s*}=\frac{4(1-c)^2(E_7+2aE_8)}{E_5^2}$，$\pi_{\text{ER}}^{s*}=\frac{40(1-c)^2(23+23a-4k)^2}{E_5^2}$，$\pi_E^{s*}=\frac{4(1-c)^2(529(1+a)(29+33a)-E_9)}{E_5^2}$，$\text{SW}_E^{s*}=\frac{4(45+41a)(1-c)^2}{E_5}$。其中：$E_5=529+529a-184k-164k^2$，$E_6=82k^2+50k-23$，

$E_7 = 10\,051 + 12\,167a^2 - 11\,776k - 6356k^2$，$E_8 = 11\,109 - 5888k - 3362k^2$，$E_9 = 13\,616k(1+a) + 4k^2(1549 + 1681a)$。

性质 7-6 ES 策略下绿色意识、信任度对最优决策、需求函数、最优利润和社会福利的影响如下。

（1）$\frac{\partial G_E^{s*}}{\partial k} > 0$，$\frac{\partial g_E^{s*}}{\partial k} > 0$，$\frac{\partial t_E^{s*}}{\partial k} > 0$，$\frac{\partial p_E^{s*}}{\partial k} > 0$，$\frac{\partial w_E^{s*}}{\partial k} > 0$。

（2）$\frac{\partial D_E^{s*}}{\partial k} > 0$，$\frac{\partial \pi_{\mathrm{EM}}^{s*}}{\partial k} < 0$，$\frac{\partial \pi_{\mathrm{ER}}^{s*}}{\partial k} > 0$，$\frac{\partial \pi_E^{s*}}{\partial k} < 0$，$\frac{\partial \mathrm{SW}_E^{s*}}{\partial k} > 0$。

性质 7-6 表明，在 ES 策略下，如果消费者的绿色消费偏好增强，即绿色意识增强，政府会提升其绿色认证水平，制造商和零售商则会分别提高其绿色生产努力水平以及绿色市场努力水平，由此会导致批发价格和市场需求的增长。此外，零售商利润以及社会福利均会上升。然而，制造商的利润和供应链总利润与消费者绿色意识呈负相关。这意味着 ES 策略下消费者绿色意识的提升会导致制造商与零售商配置更高的绿色生产努力水平、绿色市场努力水平，但这并不会改变绿色生产成本和认证成本增加所导致的制造商利润降低的局面，进一步供应链整体利润将由于制造商利润降低而减少。

3. 零售商成本分担契约下均衡结果分析

零售商成本分担契约下，由零售商分担 θ 比例的制造商绿色生产成本，即 θg^2，而制造商只需承担 $(1-\theta)g^2$ 部分。下面将分析自贴标签和认证标签两种标签策略下的均衡解与均衡利润。上角标 c 代表零售商成本分担契约的情形，SC 和 EC 分别代表零售商成本分担契约下的 S 策略和 E 策略。

首先分析 SC 策略的情形，该策略下制造商与零售商的利润为

$$\pi_{\mathrm{SM}}^c(w,g) = (w-c)(1-p+k\mu g+t) - (1-\theta)g^2 \tag{7-14}$$

$$\pi_{\mathrm{SR}}^c(p,t,\theta) = (p-w)(1-p+k\mu g+t) - t^2 - \theta g^2 \tag{7-15}$$

SC 策略下，制造商先决定绿色生产努力水平 g 和批发价格 w，而后零售商决定绿色市场努力水平 t、零售价格 p 与成本分担比例 θ。基于以上设置，通过求解可得命题 7-5。

命题 7-5 SC 策略下的均衡决策、利润函数和社会福利为：$g_S^{c*} = \frac{2k\mu(1-c)}{3(4-k^2\mu^2)}$，$w_S^{c*} = \frac{1+c}{2} + \frac{2k^2\mu^2(1-c)}{6(4-k^2\mu^2)}$，$p_S^{c*} = \frac{12(5+c) - k^2\mu^2(5+13c)}{18(4-k^2\mu^2)}$，$t_S^{c*} = \frac{(1-c)(12-k^2\mu^2)}{18(4-k^2\mu^2)}$，$\pi_{\mathrm{SM}}^{c*} = \frac{(1-c)^2(12-k^2\mu^2)}{18(4-k^2\mu^2)}$，$\pi_{\mathrm{SR}}^{c*} = \frac{(1-c)^2(12+k^2\mu^2)}{36(4-k^2\mu^2)}$，$\pi_S^{c*} = \frac{(1-c)^2(36-k^2\mu^2)}{36(4-k^2\mu^2)}$，

$$\mathrm{SW}_S^{c*}=\frac{(1-c)^2(1584+k\mu(288-k\mu(408+k\mu(24-11k\mu))))}{324(4-k^2\mu^2)^2}\text{。}$$

命题 7-5 给出了 SC 策略下的最优决策、需求函数、利润函数和社会福利。同时分析参数对最优决策的影响，得到性质 7-7。

性质 7-7　在 SC 策略下，消费者的绿色意识、信任度对最优决策的影响如下。

（1）$\dfrac{\partial g_S^{c*}}{\partial k}>0$，$\dfrac{\partial t_S^{c*}}{\partial k}>0$，$\dfrac{\partial p_S^{c*}}{\partial k}>0$，$\dfrac{\partial w_S^{c*}}{\partial k}>0$。

（2）$\dfrac{\partial g_S^{c*}}{\partial \mu}>0$，$\dfrac{\partial t_S^{c*}}{\partial \mu}>0$，$\dfrac{\partial p_S^{c*}}{\partial \mu}>0$，$\dfrac{\partial w_S^{c*}}{\partial \mu}>0$。

由性质 7-7 可知，SC 策略下消费者的绿色意识或对自贴标签绿色产品的信任度增加，制造商和零售商将分别提升绿色生产努力水平和绿色市场努力水平，同时制造商应设置更高的批发价格，此时市场需求将会不断增加。

性质 7-8　SC 策略下消费者的绿色意识和消费者对自贴标签产品的信任度对最优利润的影响如下。

（1）$\dfrac{\partial D_S^{c*}}{\partial k}>0$，$\dfrac{\partial \pi_{\mathrm{SM}}^{c*}}{\partial k}>0$，$\dfrac{\partial \pi_{\mathrm{SR}}^{c*}}{\partial k}>0$，$\dfrac{\partial \pi_S^{c*}}{\partial k}>0$，$\dfrac{\partial \mathrm{SW}_S^{c*}}{\partial k}>0$。

（2）$\dfrac{\partial D_S^{c*}}{\partial \mu}>0$，$\dfrac{\partial \pi_{\mathrm{SM}}^{c*}}{\partial \mu}>0$，$\dfrac{\partial \pi_{\mathrm{SR}}^{c*}}{\partial \mu}>0$，$\dfrac{\partial \pi_S^{c*}}{\partial \mu}>0$，$\dfrac{\partial \mathrm{SW}_S^{c*}}{\partial \mu}>0$。

由性质 7-8 可知，消费者的环保意识和消费者对自贴标签绿色产品的信任度与消费者需求、供应链中各成员的利润以及整个供应链的总利润和社会福利呈正相关。因此，对企业和政府部门而言，二者都应致力于创造更可信赖的商业环境，同时提升消费者的环保意识和消费者对自贴标签绿色产品的信任度。

其次分析 EC 策略的情形。此时，制造商和零售商的利润函数分别为

$$\pi_{\mathrm{EM}}^c(w,g)=(w-c)(1-p+kG+t)-(1-\theta)g^2-aG^2 \tag{7-16}$$

$$\pi_{\mathrm{ER}}^c(p,t,\theta)=(p-w)(1-p+kG+t)-\theta g^2-t^2 \tag{7-17}$$

在 EC 策略下，与不分担不同的是，当零售商设置最优的 t 和 p 时还要设置分担比例 θ。通过逆向求解后得到命题 7-6。

命题 7-6　EC 策略下 $\theta_E^{c*}=0$，即该契约无法实现供应链协调。

结果表明 EC 策略下零售商不参与分担绿色生产成本。这是因为在 EC 策略下制造商缺乏提高绿色生产努力水平的动机，此时制造商仅会将最优绿色生产努力水平调整成与政府所规定的认证标准水平相一致，即 $g_E^{c*}=G_E^{c*}$。因此，在 EC 策略下即使零售商分担制造商的绿色生产努力成本，也不会激励制造商提高自身绿色生产努力，但主动承担绿色生产成本将损害零售商自身的利润，此时成本分担契约无法实现供应链协调。

7.3.3 策略选择与均衡决策对比

下面比较S策略、E策略、SS策略、ES策略、SC策略、EC策略下的均衡决策，由于E策略与EC策略均衡结果相同，因此接下来不再单独列出EC策略的结果，如命题7-7所示。

命题7-7 比较自贴标签策略和认证标签策略的最优决策：

（1）$g_S^* < g_S^{s*}(g_S^{c*}) < g_E^* < g_E^{s*}$；当$\frac{1}{\sqrt{2}} < \mu < 1$且$\frac{1}{\sqrt{2}\mu} < k < 1$时，有$g_S^{s*} < g_S^{c*}$；反之，则有$g_S^{s*} > g_S^{c*}$。

（2）$t_S^* < t_S^{c*} < t_E^* < t_S^{s*} < t_E^{s*}$。

（3）$p_S^* < p_S^{c*} < p_E^*(p_S^{s*}) < p_E^{s*}$。

（4）$w_S^* < w_S^{c*} < w_E^*(w_S^{s*}) < w_E^{s*}$。

结果表明，ES策略下制造商最优绿色生产努力水平和零售商的最优绿色市场努力水平都将设置得更高，同时批发价格和销售价格也将设置得更高，而在S策略下上述最优解都将会最小。这表明相比其他策略，ES策略更能激励供应链主体提升绿色生产或市场努力水平，而此时绿色生产或市场努力水平的提升将会导致更高的批发价格和销售价格。由命题7-7可知，成本分担契约的协调效果总是有效的，该契约能激励供应链主体设置更高的绿色生产或市场努力水平，同时将使得批发价格和销售价格上升。此外，由命题7-7还可知，E策略与SS策略下批发价格与销售价格依赖于消费者绿色意识和消费者对自贴标签绿色产品的信任度。

进一步通过数值模拟分析绿色意识、消费者对自贴标签绿色产品的信任度这两个因素将如何影响批发价格和销售价格。选取$c = 0.2$、$a = 0.2$，E策略和SS策略下k、μ与批发价格和销售价格的关系如图7-2所示。由图7-2可知，消费者绿色意识越低，或者意识越强但其对自贴标签产品的信任度越高时，SS策略下批发价格和销售价格都将设置得更高；反之，E策略下批发价格和销售价格都将会被设置得更高。

由命题7-7的结论可知，通过比较SS与SC两种策略发现，消费者对绿色产品的偏好程度越高，相较于制造商成本分担契约，零售商成本分担契约越能激励制造商提高绿色生产努力水平，即$g_S^{s*} < g_S^{c*}$。反之，消费者对绿色产品的偏好程度越低，制造商成本分担契约的激励效果则比零售商成本分担契约的激励效果更优。进一步对比发现，SC策略下零售商的绿色市场努力水平会低于SS策略下零售商的绿色市场努力水平，这是由于制造商分担了部分零售商绿色市场努力成本

进而使得零售商更有动机提升绿色市场努力水平。通过比较批发价格和销售价格可以发现，SS 策略下批发价格与销售价格将高于 SC 策略。可能的原因是制造商成本分担契约下将分担零售商市场努力成本，而这将增加制造商的成本，但是零售商成本分担契约则会降低制造商的成本。因此，批发价格和销售价格在两种成本分担契约下都被设置得更高。

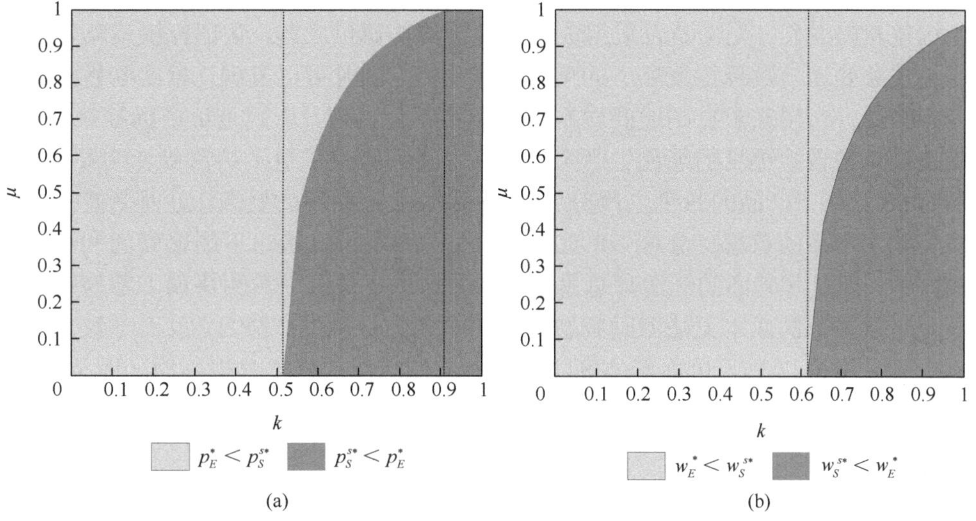

图 7-2　E 策略和 SS 策略下 p^*、w^* 的关系

比较不同策略下制造商选择成本分担契约时零售商的市场努力成本，得到如下推论。

推论 7-1　①$(1-\phi_S^{s*})(t_S^{s*})^2 > (t_S^*)^2$；②$(1-\phi_E^{s*})(t_E^{s*})^2 > (t_E^*)^2$。

推论 7-1 表明，制造商成本分担契约下制造商分担了零售商部分比例的绿色市场努力成本，但是零售商的绿色市场努力投资成本将会更高。具体而言，SS 策略下零售商绿色市场努力成本 $(1-\phi_S^{s*})(t_S^{s*})^2$ 高于 S 策略下的绿色市场努力成本 $(t_S^*)^2$，而 ES 策略下零售商绿色市场努力成本 $(1-\phi_E^{s*})(t_E^{s*})^2$ 高于 E 策略下的绿色市场努力成本 $(t_E^*)^2$。结合命题 7-7 可知，制造商成本分担契约下，制造商的绿色生产水平高于零售商成本分担契约的情况（$g_S^* < g_S^{s*}$ 和 $g_E^* < g_E^{s*}$）。因此，由于绿色生产努力成本的增加以及绿色生产努力水平被设置得更高，制造商将会提升批发价格（$w_S^* < w_S^{s*}$ 和 $w_E^* < w_E^{s*}$），而此时零售商将提升绿色市场努力成本（$t_S^* < t_S^{s*}$ 和 $t_E^* < t_E^{s*}$）。但是，当批发价格很高，成本分担比率 ϕ 不足以弥补零售商的绿色投入成本时，零售商只能通过提升绿色市场努力水平以吸引更多的消费者购买产品。

命题 7-8　比较自贴标签策略和认证标签策略下的需求与利润：

（1）$D_S^* < D_S^{c*} < D_S^{s*} < D_E^* < D_E^{s*}$。

（2）$\pi_{\text{EM}}^* < \pi_{\text{EM}}^{s*} < \pi_{\text{SM}}^* < \pi_{\text{SM}}^{c*} < \pi_{\text{SM}}^{s*}$。

（3）$\pi_{\text{SR}}^{s*} < \pi_{\text{ER}}^{s*} / \pi_{\text{SR}}^* < \pi_{\text{SR}}^{c*} < \pi_{\text{ER}}^*$。

命题 7-8（1）表明，制造商成本分担契约和零售商成本分担契约可以提升标签策略下的绿色市场需求，即 $D_S^* < D_S^{s*}$、$D_E^* < D_E^{s*}$、$D_S^* < D_S^{c*}$。比较两种不同绿色标签策略发现，无论是否采用成本分担契约协调供应链，认证标签策略下的市场需求总是比自贴标签策略下的市场需求更高。同时可以发现，相比零售商成本分担契约，市场需求在制造商成本分担契约下会更高，原因是认证标签策略下，制造商总是设置更高的绿色生产努力水平，进而吸引了更多的消费者购买产品，同时SS策略下产品的绿色生产努力水平相比SC策略下的更高，进而更能提高消费者购买产品的意愿。命题 7-8（2）和（3）表明，SS策略下制造商的利润总是最高的，但是零售商的利润却总是最低的，这主要是由于契约协调下零售商分担绿色市场努力的成本无法激励制造商付出更多的绿色生产努力，反而导致自身成本提升（推论 7-1），因而零售商不愿意参与制造商的成本分担契约。而SC策略下制造商和零售商二者的利润均将会上升，此时尽管相比SS策略的情形，制造商的利润将会更低（$\pi_{\text{SM}}^{c*} < \pi_{\text{SM}}^{s*}$），但是该情形下供应链将会实现协调且供应链各成员都将会参与合约。

通过对自贴标签和认证标签两种策略进行比较，发现在有或无契约协调情况下，自贴标签策略能够为制造商带来最高的利润，即 $\pi_{\text{EM}}^* < \pi_{\text{SM}}^*$ 和 $\pi_{\text{EM}}^{s*} < \pi_{\text{SM}}^{c*} < \pi_{\text{SM}}^{s*}$；然而，在没有契约协调的情况下，认证标签策略将给零售商带来更高的利润。这是因为，在采用认证标签策略时，零售商不必花费额外的努力去推动制造商生产更环保的产品。制造商会按照第三方认证的标准生产绿色产品，进而将会节约零售商的成本。零售商在制造商自贴标签策略下会选择SC策略，此时零售商会积极分担部分绿色生产成本，而制造商成本分担契约下零售商更多的利润将会被制造商瓜分。

命题 7-9　比较自贴标签策略和认证标签策略下的供应链利润与社会福利：

（1）$\pi_E^{s*} < \pi_E^* < \pi_S^{s*} < \pi_S^{c*}$ 且 $\pi_E^* < \pi_S^* < \pi_S^{c*}$，当 $0 < k\mu < \frac{1}{2}\sqrt{\frac{1}{2}(25-\sqrt{481})}$ 时，$\pi_S^{s*} < \pi_S^*$；当 $\frac{1}{2}\sqrt{\frac{1}{2}(25-\sqrt{481})} < k\mu < 1$ 时，$\pi_S^* < \pi_S^{s*}$。

（2）$\text{SW}_S^* < \text{SW}_S^{c*} < \text{SW}_S^{s*}$ 且 $\text{SW}_S^* < \text{SW}_E^{s*}$ 和 $\text{SW}_E^* < \text{SW}_E^{s*}$。

由命题 7-9 可知，自贴标签策略的供应链利润总是高于认证标签策略，即 $\pi_E^* < \pi_S^*$、$\pi_E^{s*} < \pi_S^{s*}$ 和 $\pi_E^{s*} < \pi_S^{c*}$，且供应链利润在ES策略下最低。在自贴标签策略

下且制造商选择成本分担契约时，供应链各成员的利润能否实现协调取决于消费者的绿色消费偏好，即对绿色产品偏好及其对自贴标签绿色产品的信任度。特别地，若其影响较小，则该契约无法实现协调，即 $\pi_S^{s*} < \pi_S^*$，反之，制造商成本分担契约能实现供应链利润的提升。而在零售商成本分担契约下，总是能实现供应链的协调，且其效果优于制造商成本分担契约即 $\pi_S^* < \pi_S^{c*}$、$\pi_S^{s*} < \pi_S^{c*}$。

命题 7-9（2）表明契约协调在两种绿色标签策略下均能提升社会福利，即 $\mathrm{SW}_S^* < \mathrm{SW}_S^{c*} < \mathrm{SW}_S^{s*}$ 且 $\mathrm{SW}_E^* < \mathrm{SW}_E^{s*}$，同时 SS 策略的社会福利总是高于 SC 策略，此时零售商的成本分担契约可以实现供应链协调（即 $\pi_S^{s*} < \pi_S^{c*}$），但相比制造商成本分担该契约下的绿色生产水平较低，因此零售商的成本分担契约对绿色环境的优化效果更差，且社会福利也更低。但 SS 策略、SC 策略和 ES 策略下社会福利的大小受 k、μ 和 a 的影响，如图 7-3 所示。

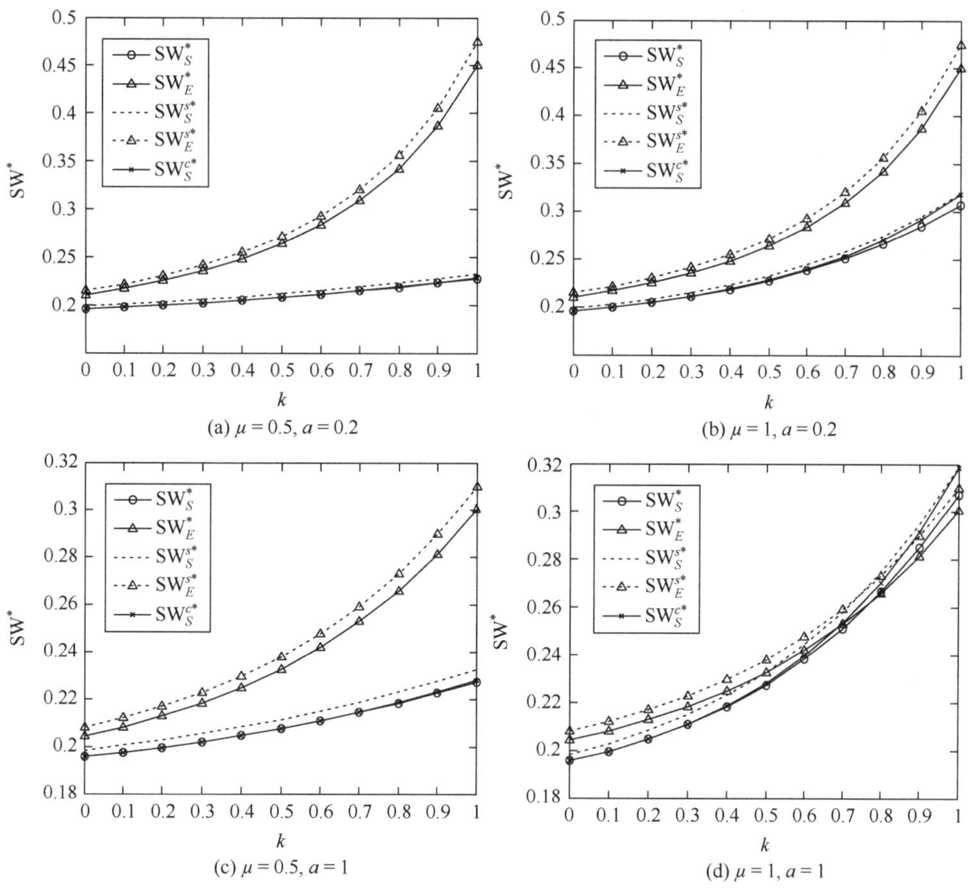

图 7-3　k、μ、a 与 SW^* 的关系

由图 7-3 可知，不论采取哪种绿色标签策略，社会福利总是随着 k 的增加而上升，但社会福利增长在不同标签策略下的变化趋势有所差异。具体而言，自贴标签策略下社会福利增长的幅度较小，而认证标签策略下社会福利增长的幅度更为显著。通过比较发现，认证标签策略的社会福利高于自贴标签策略。图 7-3 还表明，自贴标签策略下，若消费者对自贴标签绿色产品的信任度越高，社会福利随 k 的增加，其变化幅度越大。同时，消费者对自贴标签绿色产品的信任度更高时，SC 策略下的社会福利会更加接近 SS 策略，尽管 $SW_S^{c*} < SW_S^{s*}$ 仍成立，零售商成本分担契约协调的效果随着消费者对自贴标签绿色产品信任度的提高变得更加显著。但是，认证标签策略下认证成本的增加将会使社会福利水平降低，如图 7-3（a）和图 7-3（b）的 E 策略和 ES 策略下的福利水平显著高于图 7-3（c）和图 7-3（d）。当消费者绿色意识、消费者对自贴标签绿色产品的信任度及制造商认证成本很高时，自贴标签策略下的社会福利比认证标签更高。这表明由于自贴标签策略不存在认证费用，因此消费者的绿色消费偏好以及对自贴标签绿色产品信任程度较高时，自贴标签策略的效率反而会高于认证标签策略。

7.3.4 结论启示

考虑由制造商和零售商组成的绿色供应链，本节研究了制造商在自贴标签与认证标签两种策略间的环境标签选择与协调问题。研究发现，随着消费者环境意识的增强及其对制造商自贴标签产品信任度的提升，制造商会分别设置更高的绿色生产努力水平和绿色市场努力水平。但值得注意的是，消费者的环保意识增强并非始终对制造商有利。具体来说，采取认证标签策略时，制造商的利润可能会因消费者环保意识的增强而减少。比较两种标签策略下的绿色生产努力和绿色市场努力可以发现，相比自贴标签，认证标签下制造商的绿色生产努力和零售商的绿色市场努力均会更高，同时批发价格和销售价格也会高于自贴标签下的情形。而从成本共担合同的视角来看，无论签订制造商成本共担合约还是签订零售商成本共担合约，二者均能增强供应链的绿色实践，但二者协调效果有所差异。具体而言，认证标签策略下，制造商成本共担合约下绿色生产努力水平和绿色市场努力水平都将更高；而自贴标签策略下，制造商成本共担合同能够显著提高零售商的绿色市场努力水平，但其对制造商的绿色生产努力水平的影响还与消费者意识及对自贴标签产品的信任度相关，特别是二者较小时，制造商成本分担契约仍然更为有效。

分析制造商的标签选择策略可知，制造商会倾向于使用自贴标签策略，且制造商成本分担契约中制造商的利润高于零售商成本分担契约中的利润。然而，对于零售商而言，无协调的认证标签策略下其利润最高，而在自贴标签且制造商分担成本的契约下利润反而是最低的。值得注意的是，零售商的成本分担契约能改变其在自贴标签策略中的不利情况，并能够使得制造商和零售商的利润都将高于无契约协调的情形。但在考虑认证标签策略时，两种成本分担契约均无法实现供应链的协调。这主要是因为在制造商成本分担契约下，零售商承担了高昂的绿色市场成本和部分比例的制造商成本导致其自身利润减少，使得其无法实现供应链的协调，而在零售商成本分担契约中，零售商因其行为不会影响制造商的绿色生产决策，因此没有动机分担供应商成本，从而导致协调未能实现。

通过分析供应链总利润与社会福利发现，在认证标签策略中，无论是制造商成本共担契约还是零售商成本共担契约，二者均会导致供应链总利润的减少。然而，就社会福利而言，在大部分情境中认证标签策略的社会福利普遍高于自贴标签策略。尽管认证标签可能对零售商的利润产生不利影响，但对整体社会的福利仍然具有积极意义。因此，政府部门应加强消费者的环境意识，更积极地承担绿色市场推广的成本，并为构建一个更加可靠的市场环境提供支持，从而增强消费者对绿色产品的信赖度。进一步研究发现，当消费者对绿色生产的关注度增加、对制造商自贴标签产品的信任度提高或绿色产品认证成本系数较大时，与认证标签策略相比，自贴标签策略下的社会福利可能更为优越；反之，认证标签策略下的社会福利可能更高。

参 考 文 献

杜睿云，蒋侃. 2017. 新零售：内涵、发展动因与关键问题[J]. 价格理论与实践，(2)：139-141.

杜之利，苏彤，葛佳敏，等. 2021. 碳中和背景下的森林碳汇及其空间溢出效应[J]. 经济研究，56（12）：187-202.

胡祥培，王明征，王子卓，等. 2020. 线上线下融合的新零售模式运营管理研究现状与展望[J]. 系统工程理论与实践，40（8）：2023-2036.

李秋香，邓清，黄毅敏. 2021. 新零售模式下制造商渠道入侵的供应链定价研究[J]. 管理评论，33（10）：297-312.

梁喜，蒋琼，郭瑾. 2018. 不同双渠道结构下制造商的定价决策与渠道选择[J]. 中国管理科学，26（7）：97-107.

林伯强. 2022. 碳中和进程中的中国经济高质量增长[J]. 经济研究，57（1）：56-71.

王宝义. 2017. "新零售"的本质、成因及实践动向[J]. 中国流通经济，31（7）：3-11.

鄢章华，刘蕾. 2017. "新零售"的概念、研究框架与发展趋势[J]. 中国流通经济，31（10）：12-19.

赵树梅，徐晓红. 2017. "新零售"的含义、模式及发展路径[J]. 中国流通经济，31（5）：12-20.

中国流通三十人论坛秘书处，本刊编辑部，林英泽，等. 2017. 从阿里与百联"联姻"看"新零售” [J]. 中国流通经济，31（3）：124-128.

Abdelsalam H M，El-Tagy A O. 2012. A simulation model for managing marketing multi-channel conflict[J]. International Journal of System Dynamics Applications，1（4）：59-76.

Abdulla H，Ketzenberg M，Abbey J D. 2019. Taking stock of consumer returns：a review and classification of the literature[J]. Journal of Operations Management，65（6）：560-605.

Baksi S，Bose P. 2007. Credence goods，efficient labelling policies，and regulatory enforcement[J]. Environmental and Resource Economics，37：411-430.

Beck N，Rygl D. 2015. Categorization of multiple channel retailing in multi-，cross-，and omni-channel retailing for retailers and retailing[J]. Journal of Retailing and Consumer Services，27：170-178.

Bell D R，Gallino S，Moreno A. 2014. How to win in an omnichannel world[J]. MIT Sloan Management Review，56（1）：45.

Brach S，Walsh G，Shaw D. 2018. Sustainable consumption and third-party certification labels：consumers' perceptions and reactions[J]. European Management Journal，36：254-265.

Brynjolfsson E，Hu Y J，Rahman M S. 2013. Competing in the age of omnichannel retailing[J]. MIT Sloan Management Review，54（4）：23-29.

Chen L，Lee H L. 2017. Sourcing under supplier responsibility risk：the effects of certification，audit，and contingency payment[J]. Management Science，63（9）：2795-2812.

Choi T M，Chen Y，Chung S H. 2019. Online-offline fashion franchising supply chains without channel conflicts：choices on postponement and contracts[J]. International Journal of Production Economics，215：174-184.

Dangelico R M，Pujari D. 2010. Mainstreaming green product innovation：why and how companies integrate environmental sustainability[J]. Journal of Business Ethics，95：471-486.

Du S F，Tang W Z，Zhao J J，et al. 2018. Sell to whom? Firm's green production in competition facing market segmentation[J]. Annals of Operations Research，270（1）：125-154.

Font X. 2001. Conclusions：a strategic analysis of tourism ecolabels[C]//Font X，Buckley R. Tourism Ecolabelling：Certification and Promotion of Sustainable Management. Wallingford：CaBI Publishing：259-269.

Gao F，Su X M. 2017. Omnichannel retail operations with buy-online-and-pick-up-in-store[J]. Management Science，63（8）：2478-2492.

Ghosh D，Shah J. 2015. Supply chain analysis under green sensitive consumer demand and cost sharing contract[J]. International Journal of Production Economics，164：319-329.

Guo X L，Cheng L H，Liu J. 2020. Green supply chain contracts with eco-labels issued by the sales platform：profitability and environmental implications[J]. International Journal of Production Research，58（5）：1485-1504.

He Y，Xu Q Y，Wu P K. 2020. Omnichannel retail operations with refurbished consumer returns[J]. International Journal of Production Research，58（1）：271-290.

Herhausen D，Binder J，Schoegel M，et al. 2015. Integrating bricks with clicks：retailer-level and channel-level outcomes of online-offline channel integration[J]. Journal of Retailing，91（2）：309-325.

Jin D L，Caliskan-Demirag O，Chen F，et al. 2020. Omnichannel retailers' return policy strategies in the presence of competition[J]. International Journal of Production Economics，225：107595.

Jin M，Li G，Cheng T C E. 2018. Buy online and pick up in-store：design of the service area[J]. European Journal of Operational Research，268（2）：613-623.

Loureiro M L，Lotade J. 2005. Do fair trade and eco-labels in coffee wake up the consumer conscience?[J]. Ecological Economics，53（1）：129-138.

Mandal P，Basu P，Saha K. 2021. Forays into omnichannel：an online retailer's strategies for managing product returns[J]. European Journal of Operational Research，292（2）：633-651.

Melacini M，Perotti S，Rasini M，et al. 2018. E-fulfilment and distribution in omni-channel retailing：a systematic literature review[J]. International Journal of Physical Distribution & Logistics Management，48（4）：391-414.

Momen S，Torabi S A. 2021. Omni-channel retailing：a data-driven distributionally robust approach for integrated fulfillment services under competition with traditional and online retailers[J]. Computers & Industrial Engineering，157：107353.

Morrison H. 2011. Consumer demand for lower-carbon lifestyles is putting pressure on business [EB/OL]. https://www.carbontrust.com/news-and-insights/insights/consumer-demand-for-lower-carbon-lifestyles-is-putting-pressure-on-business[2024-02-19].

Murali K，Lim M K，Petruzzi N C. 2019. The effects of ecolabels and environmental regulation on green product development[J]. Manufacturing & Service Operations Management，21（3）：519-535.

Niu B，Yu X，Shen Z. 2021. Structure adjustment of automobile supply chain facing low-carbon emission standard[J]. Resources，Conservation and Recycling，171：105629.

Ofek E，Katona Z，Sarvary M. 2011. "Bricks and clicks"：the impact of product returns on the strategies of multichannel retailers[J]. Marketing Science，30（1）：42-60.

Olsen M C，Slotegraaf R J，Chandukala S R. 2014. Green claims and message frames：how green new products change brand attitude[J]. Journal of Marketing，78（5）：119-137.

Rex E，Baumann H. 2007. Beyond ecolabels：what green marketing can learn from conventional marketing[J]. Journal of Cleaner Production，15（6）：567-576.

Rubik F，Frankl P. 2017. The Future of Eco-labelling：Making Environmental Product Information Systems Effective[M]. London：Routledge.

Shi X T，Dong C W，Cheng T C E. 2018. Does the buy-online-and-pick-up-in-store strategy with pre-orders benefit a retailer with the consideration of returns?[J]. International Journal of Production Economics，206：134-145.

Wagner M. 2008. Empirical influence of environmental management on innovation：evidence from Europe[J]. Ecological Economics，66（2/3）：392-402.

Wang H，Wang L. 2022. Product line strategy and environmental impact oriented to carbon tax constraints[J]. Sustainable Production and Consumption，32：198-213.

Wang W，Krishna A，McFerran B. 2017. Turning off the lights：consumers' environmental efforts depend on visible efforts of firms[J]. Journal of Marketing Research，54（3）：478-494.

Wang X，Ng C T. 2020. New retail versus traditional retail in e-commerce：channel establishment，price competition，and consumer recognition[J]. Annals of Operations Research，291：921-937.

第三篇　绿色制造与供应链运营管理前沿

随着我国制造业的高速发展，供应链绿色转型和运营不仅仅体现在生产中的某个环节，而是贯穿整个产品生命周期，贯穿企业经营发展的全过程。2021 年 2 月，国务院印发《关于加快建立健全绿色低碳循环发展经济体系的指导意见》，强调了构建绿色供应链，鼓励企业开展绿色设计、选择绿色材料、实施绿色采购、打造绿色制造工艺、推行绿色包装、开展绿色运输、做好废弃产品回收处理，实现产品全周期的绿色环保。为推动绿色供应链更高层次、更高质量的进一步发展，需要将供应链运营与前沿理论知识相结合，只有这样才能使绿色供应链运营达到新的高度。

党的二十大报告提出“推动制造业高端化、智能化、绿色化发展”，积极引导企业智能化、绿色化转型，探索形成新的产业生态体系，有助于提升我国工业整体发展质量。数字化、智能化转型是高端绿色制造的关键抓手，因此，可以结合数字经济发展，积极应用物联网、大数据和云计算等信息技术，将数字技术贯穿企业从产品设计到原材料采购、生产、运输、储存、销售、使用和报废处理的全过程，提升绿色制造技术、通信技术，加强绿色供应链整合，增加绿色制造融资渠道，促使中国企业自主生产出更高质量、高精度的绿色制造产品，建立数字经济时代背景下的绿色供应链管理体系。

第 8 章　绿色制造技术研究前沿

8.1　绿色制造技术概述

8.1.1　可持续发展与绿色制造

可持续发展的思想产生于 20 世纪 80 年代，是出于人类对自然界生态平衡的合理诉求而诞生的，是对自然、经济、社会、科学技术基本关系的深入探索。而在第四次工业革命的时代语境下，可持续发展作为第四次工业革命的核心增长点，被赋予了新的内涵。工业 4.0 阶段对个人、企业以及政府提出了四大要求：以客户需求为中心、加强供应链韧性、提升效率与利润、保护环境。工业 4.0 阶段的可持续发展，强调运用先进的数字化工具和高级分析技术，重构企业制造模式，改善生态效率，让生态文明和工业文明“相互交融”“和谐共生”。绿色制造是可持续发展的客观要求，近几十年我国制造业迅猛发展，但是同时也产生了一定的环境污染问题。因此，我国必须转变制造业发展方式，积极发展绿色制造业。现阶段，我国正处于从“制造大国”向“制造强国”转型的关键时期，要求紧跟时代浪潮，积极适应工业革命带来的新变化。党的二十大报告明确提出“推动制造业高端化、智能化、绿色化发展”，引导企业智能化转型，激发企业创新活力，推动绿色制造向纵深发展。同时，多家咨询企业联合发布《绿色智能制造技术融合创新报告》，强调加大绿色技术研发投入，共创绿色制造生态共赢平台，建立健全绿色产品标准、认证、标识体系，引导企业融入绿色制造体系。绿色制造已成为拉动企业绿色转型、助力实现“双碳”目标的核心引擎。

现阶段，绿色制造研究的重点主要集中在绿色制造体系研究以及绿色制造技术研究。绿色制造技术是企业参与国际竞争、提高可持续竞争力的重要组成部分，是面向整个生命周期的技术改进。绿色制造内涵可以从如下两个方面进行解释：一是绿色制造指产品全生命周期中广义的绿色“制造”，它要求将产品生命周期的全过程都考虑在内，做到设计、制造、包装、消费至最终的绿色回收整个过程循环，如图 8-1 所示，实现对环境负面效应最轻、资源使用效率最高两个目标；二是绿色制造技术涉及工艺规划、绿色包装技术、材料选择技术、回收处理技术等多个方面。

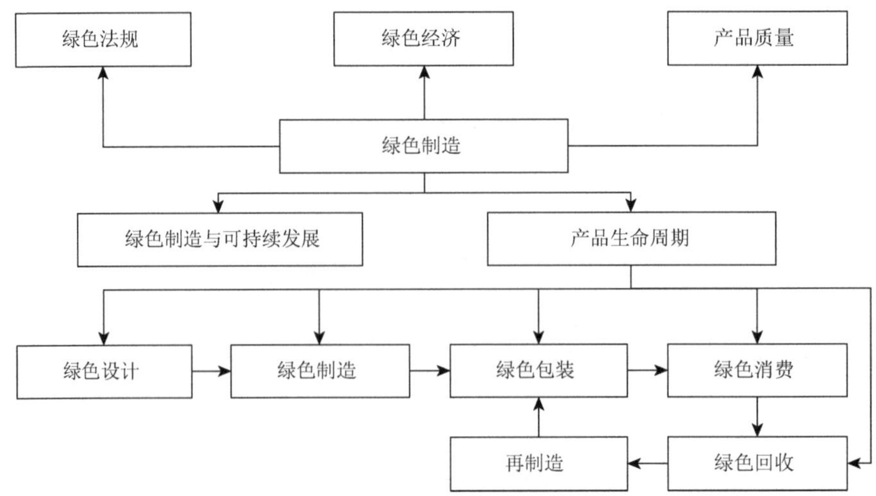

图 8-1　绿色制造生命周期

学者对于绿色制造技术的研究主要从自然资源观点（Hart，1995）、制度理论、利益相关者、企业社会责任（Dahlsrud，2008）等视角出发，分析制度、市场等外部影响因素，内部及外部绿色导向，以及环境管理系统等企业内部影响因素对绿色技术创新的驱动作用，并深入探讨了企业技术创新对企业绩效的关系，进一步为绿色制造技术创新提供了理论支持。现阶段，绿色制造技术作为企业绿色转型中不可或缺的一部分，已经被纳入企业战略的重要一环。未来，绿色制造技术将会进一步分析企业内、外部因素联动对绿色制造技术的驱动，同时，在产品分类之外，深入分析其他创新型、探索型分类下，绿色制造技术、企业绩效、经济绩效之间的关系。

8.1.2　绿色制造技术

1. 绿色设计技术

绿色设计是在整个产品生命周期中本着清洁生产的原则，以能源为导向进行的产品设计，在减少毒性物质、垃圾和能源损耗的同时，保证产品生产效率、功能、质量。绿色设计秉持“3R”（reduce、reuse、recycle，降低、再使用、回收）原则，即最小化对环境的负面影响，减少生产实践中的能源消耗，关注产品零部件报废后的分类回收与再循环。因此，绿色设计出来的产品应具备以下三种基本要求：首先，在产品的制造过程中节约资源；其次，在使用过程中节约能源且无污染；最后，产品报废后便于回收和重复再利用。绿色设计技术为绿色设计提供了重要支撑，绿色设计技术是在确保产品功能、质量以及成本的基础上兼顾环境影响和资源效率，从而实现在产品从设计到最终报废整个产品生命周期内，不对环境造成污染或者使环境污染最小化，满足环境保护要求，并且对生态环境无害或几乎无害，节约资源与能源，资源利用率最大、能源消耗最低的设计技术（亓新政等，2010）。绿色设计技术的研究方向主要分为三类：节能型设计、简约主义、面向废品回收与再循环的设计。

1）节能型设计

节能型设计综合考虑产品制造及使用中产生的能耗，通过优化产品设计理念、运用新型节能技术、使用环保替代材料等手段实现节能减排。绿色设计不仅能有效降低企业能耗，提高环境效率，还能通过新颖、环保的产品设计，进一步提升企业形象。例如，比亚迪唐 DM-i 采取新型混动力系统，装载 1.5 升高效发动机、新型专用功率型刀片电池以及电混系统（electric hybrid system，EHS），电机利用效率高达 97%，每百公里油耗低至 3.8 升。

2）简约主义

20 世纪 80 年代出现了一种追求极致的简约，专注于自身实际需求，减少过度消费，注重简单实用的设计，这就是简约主义。它强调精简化、轻量化，即保留产品核心功能部分，舍弃大部分装饰物，只关注其作为产品的本质属性。而随着简约主义生活方式的不断普及，市场也会变得更加环保（Hüttel et al.，2020）。这种设计简单、材料使用少的产品非常适合规模化、产业化发展，极大降低了生产成本。其目标有两个：一是产品实现质量、功能与艺术造型之间的统一；二是提高材料的利用效率和生产效率。

3）面向废品回收与再循环的设计

产品设计不仅要考虑减少产品制造使用产生的能耗，还要关注废品的回收与再循环，面向产品的回收、拆卸、再制造的流程进行环保性、可行性考察。例如，对再制造中的拆卸过程进行研究，综合考虑拆卸效率、材料拆卸的可行性、材料相容性等，以对产品设计进行优化。

2. 绿色工艺创新技术

绿色工艺创新是指在产品制造加工过程当中，通过改善现有工艺与技术，提高能源使用效率，减少环境污染的创新模式，主要包括清洁生产技术和末端治理技术两个研究方向。清洁生产技术强调从污染物产生的源头进行治理，通过改进制造流程、优化管理模式、引入环保技术等方式来防范、减少污染物的产生，常见的技术包括循环流化床清洁燃烧技术、复叠式热功转换制热技术等。末端治理技术重点则是治理企业排放的工业污染物。例如，VOCs（volatile organic compounds，挥发性有机物）循环脱附分流回收吸附技术在吸附段进行工艺改进，通过切换阀和内置吸附器实现气体再生循环回路，实现气体净化回收率达到 90%

以上。这两者可以形成互补，共同减少企业对环境的负面影响。长期来看，清洁生产技术对企业创新与绩效提升具有更显著的影响。

3. 绿色包装技术

绿色包装是指可以进行回收或再循环的，可以显著降低对环境的影响、延长使用寿命的包装物。绿色包装具体有以下几方面内涵，即包装减量化、可重复利用、可回收再生、可降解腐化，具体而言：①包装可自然降解，对环境和人类基本无害。②包装可以重复利用或者通过回收、再利用，达到对环境零污染的同时充分利用资源。③包装轻量化，产品包装在满足最基本的质量、功能需要之后，尽量减少装饰性包装材料，降低生产成本，提升环境效率。

4. 绿色回收技术

绿色回收指对废品进行回收处理，并令其作为原材料进入再制造环节以提高环境效率。以汽车的报废回收为例，截至 2020 年，我国汽车保有量已达到 2.6 亿辆，每年的汽车报废量超 0.12 亿辆，但进入正规回收渠道进行回收的汽车仅占其中的 29%，且汽车处理技术水平较低，有效回收率仅 40%。拆解汽车的过程中处理不规范会导致有毒物质（铅、汞、镉等）及污染物的排放。这在一定程度上说明了目前我国回收市场的现状：①正规渠道回收率低，正规市场发展难。②市场回收积极性不高。③回收技术水平偏低。为应对这种挑战，必须鼓励企业创新，普及先进技术。例如，运用废塑料化学回收技术和第五代废塑料回收技术加速催化裂解烯重组，进一步提高生产效率。

8.1.3 工业 4.0 与绿色制造技术

工业 4.0 通常是基于工业发展的不同阶段做出的划分，是以信息物理融合系统的智能化为动力，以服务为核心的高度个性化和智能化的生产模式（Li et al.，2017）。科学研究显示，工业 4.0 的核心技术与绿色制造呈现出正相关关系（Dubey et al.，2019；金芳等，2021），由此来看，工业 4.0 技术的发展可能通过组织文化、领导者领导风格、授权、组织沟通等方面影响绿色制造（de Sousa Jabbour et al.，2018），并产生一些协同作用，促进绿色制造技术的发展。

1. 信息物理系统

信息物理系统（cyber-physical systems，CPS）是由综合计算、网络及物理环境多维复杂系统构成，实现数据的实时分享，用于控制物理实体的系统。关于 CPS 的应用本章主要列举两个方面。一是信息物理生产系统（cyber-physical production systems，CPPS），这一系统主要应用于生产制造流程的控制与优化。在生产制造过程中，感知层通过引进先进技术，如智能传感器、智能识别仪等，收集实时数据，并提交到服务器，再由控制层进行分析认知控制，并传回给客户端，实现客户个性化定制。这种高效动态的大数据分析系统能在车间制造过程中及时准确地分配企业资源和能源。同时，CPPS 是基于 CPS 的车间物料处理智能控制模型（Zhang et al.，2018），减少物料处理过程中的能源和时间消耗，符合绿色制造的理念。二是信息物理管理系统，一方面，通过将物理实体与信息处理和通信相结合，信息物理系统实现了大规模的物联网设备连接和数据交换。通过全覆盖的实体信息和网络信息处理技术的结合，实现更大范围内的数据协调与共享。另一方面，通过纳入信息采集和控制技术，实现全域数据的整合，并通过人工智能技术提高节能决策效率和水平，实现绿色化。

2. 云制造

云制造是指整合现有产品、信息型制造技术、物联网技术等，向用户提供各种制造资源和制造资料的制造云服务平台。用户通过制造云池获得海量的资源和技术，在这一过程中，基于知识的制造资源能力虚拟化封装和接入，通过一系列智能化搜索、匹配、调度、聚合、运用技术，实现用户需求与云服务的对接，并实现包括制造资源、能力和知识的全面协同与共享，提高制造技术水平、资源利用效率，实现降能增效，这符合绿色和低碳制造的理念。

3. 3D 打印技术

3D 打印（三维打印）技术，又称增材制造技术，其利用计算机虚拟模型，通过软件分层离散和数控成型系统，采用激光束等方式将材料逐层累积，最终制成物理实体。3D 打印技术由以下几个方面实现绿色制造。一是 3D 打印技术减少了原材料消耗。由于制造流程是通过原材料的逐步堆叠和添加构建物理实体的，相比传统制造流程，其减少了废弃物和边角料的产生。二是 3D 打印技术减少了物流中的能源消耗。由于大型制造机器的价格昂贵，为了减少成本，企业从产品设计理念的提出到规模化生产往往需要与制造厂商进行多次交涉，并经过打样、修改、试产、量产等多个步骤，物流成本高，但 3D 打印技术可以代替传统实物运输，通过电子信息技术传送数字模型快速就近按需打印，能在极短的时间内满足生产需要。三是 3D 打印技术制造的产品便于拆卸、回收。

8.2　绿色制造材料的研发与创新

绿色制造材料指的是在自然的条件下，会在环境中分解并被环境消纳的一类材料。目前绿色制造材料的研究主要集中在建筑、包装、电子信息等领域运用的复合材料和仿生材料等方面。未来制造材料的研究领域将聚焦于新能源材料、新型塑料和轻量化材料。

8.2.1　新能源材料

新能源材料是一类用于节约资源、储存能量并能进行转化运用的材料（蒋利军等，2009；黄学杰等，2020）。新能源材料可以分为七类，分别是新型储能材料、太阳能电池材料、燃料电池材料、锂电子电池材料、核能材料、生物质能材料以及其他新能源材料。下面仅列举核能材料和太阳能电池材料。

1. 核能材料

核能材料主要包括核燃料、核反应堆及其辅助用结构材料等，包括核聚变和核裂变两种方式，其具有的高效的能源产出及极少的污染物排放使其在一众清洁能源中脱颖而出。数据表明，1 公斤铀裂变产出的能量相当于 2700 吨煤燃烧产生的能量，在保证核安全的情况下，该反应几乎是“零排放”，足可见核能材料潜力之巨大。

2. 太阳能电池材料

太阳能电池材料涵盖引起光伏效应的电极及导线材料、半导体材料、用于薄膜的衬底、减反射膜材料以及电池组件封装材料等，其核心技术在于硅电池的创新与应用。截至 2023 年，太阳能电池以单晶硅电池为主，这种太阳能电池的能源转化效率已达到 23.7%。但随着高效、廉价薄膜电池的发展，单晶硅电池即将退出历史舞台，目前最薄的 CaAs、CdTe 及非晶硅薄膜的厚度仅 1～2 微米。

8.2.2　新型塑料

新型塑料是在一定的外界条件下，以天然或合成树脂为主要元素，添加特定的成分，形成聚合物，且能在常温中保持形状的材料，主要包括生物塑料、新型防弹塑料、塑料血液、可变色塑料薄膜、降噪塑料五大类。这种新材料兼具高性能、低密度、可降解等优势。例如，聚乳酸（polylactic acid，PLA）作为近年来研究最活跃的生物塑料之一，被广泛应用于产品生产。聚乳酸兼具成本低、可再生、可降解三大优点，制造聚乳酸的主要原材料都可以通过发酵、脱水、纯化一系列步骤获得，且在自然环境下，聚乳酸制品能迅速分解并被环境消纳，具有极高的环保价值。

8.2.3　轻量化材料

轻量化材料具有优质、智能、环保三大特性，其致力于探求高性能、高强度和轻重量三者间的统一协调，它能在不改变原有产品质量的情况下，最小化产品重量，提高环境效率，降低能耗。轻量化材料主要包括六种，分别是铝合金、钛合金、镁合金、高强钢、工程塑料、碳纤维复合材料。本节主要列举高强钢和铝合金两种。

1. 高强钢

钢材在制造领域具有重要的应用前景。钢材种类繁多，包括 A100 高强钢、316L 不锈钢、18Ni(300)马氏体时效钢等。高强钢能有效减轻钢板材料的重量，实现材料的轻量化。但现阶段的高强钢成本较高，不适用于工业生产。

2. 铝合金

铝是一种比钢更加轻的金属材料，并且具有耐腐蚀、易加工的优点。为克服铝材料硬度低的问题，通常将硅、铬、锆等材料加入其中制成铝合金，主要包括 AlSi10Mg、A20X、AlMgSc 等。

8.3　绿色产品设计及支持系统开发

8.3.1　绿色产品设计

绿色设计的概念最早可追溯到 20 世纪 70 年代，但是当时的概念尚不清晰，经过多年的发展，现在对绿色设计已经有了较为科学的定义。绿色设计理念是以实现节约资源、环境友好为目的，强调在整个产品生命周期内，从环境、经济和社会三个方面出发对产品进行绿色设计，最大限度地减少对环境的负面效应，提高资源利用效益，从而满足人们的需求和期望。杨辉（2021）认为绿色设计需要将环境影响放在首位，但是又要保证产品或服务的功能性，以满足人们需求。蒋啸（2023）则围绕对环境和资源方面的影响，使产品或服务各指标均符合节能环保要求。绿色设计理念是在产品的设计阶段即把环境因素与预防污染的措施结合起来，以环境性能为产品设计的目标与出发点，使其对环境的影响降到最低限度。由此，绿色产品设计应具备以下三种基本要求：首先，在产品的制造过程中节约资源；其次，在使用过程中节约能源且无污染；最后，产品报废后便于回收和重复再利用。

在环境污染问题逐渐严峻的大背景下，人类社会面临着日益严重的资源紧缺、环境污染、生态破坏等复杂难题，而传统的产品设计和生产实践往往忽视了对环境、社会的影响，致使大量浪费和污染现象产生。为了实现人与自然的和谐共生，更重要的是在未来能够实现可持续发展，促进经济、环境和社会的均衡进步，充分体现节能环保的时代理念，绿色产品设计成为大势所趋。在产品设计的实际过程中，绿色产品设计综合考虑产品对经济、环境和社会的负面影响，从而使产品在整个生命周期内，尽可能地减少资源浪费和能源消耗，降低污染物的形成与排放，大力提高可回收性、可降解性、再利用性，满足人们的使用需求和期望，改善环境质量，提高绿色化水平。绿色产品设计是一种符合可持续发展理念的新方法、新途径，从研发环节开始，选取各阶段的最优施行方案，充分体现了生产者的环境责任和社会责任的统一，同时也是提高产品竞争力和企业创新能力的重大举措。

1. 绿色设计原则

当今时代背景下，践行可持续发展理念，需要在生产实践中融入绿色设计理念，体现绿色设计理念的实用价值，实现社会效益、经济效益和环保效益的并存共赢。为充分把握其绿色设计的原则，可以从以下几点入手：①以防范为主体，从源头上减少甚至避免污染和废弃物的产生、排放；②以循环为根基，促进原材料、能源和零部件的回收再利用；③以监控为手段，综合考虑产品的环境影响、经济影响和社会影响；④以创新为动力，不断革新新技术、新材料、新方法，大力提高绿色设计工作的水平、效率。

2. 绿色设计目标

作为新型设计理念，绿色设计的目标是实现产品的“两低两高”（低成本、低能耗、高质量、高水平）。具体来说，绿色设计考虑以下几个因素。

（1）资源：产品在生产、使用和处理过程中所消耗利用的资源总量，如原材料、水、能源等。

（2）环境：产品在其整个生命周期内对环境造成的影响（负面），如温室气体排放、污水废水排放、固态废弃物产生等。

（3）社会：产品在满足人们使用需求、体现产品价值的同时，对社会公平正义、公共健康、人权等方面的影响。

绿色产品设计的目的就是节能环保，提高资源利用率，减少污染排放。因此主要遵循了“3R”原则。这三个原则要求在产品设计和生产实践中，尽量减少对原材料和能源的耗费，尽力将有害物质的产生和排放控制在最小区间。同时，又注重提高产品的使用寿命和多功能性，提高产品的回收再利用率，以及废品、成品的可降解性，达到资源循环使用的目的，实现产品实用性和环保性的同行并重。当前，为了在产品设计、生产实践中有效运用绿色设计理念，深刻把握绿色设计原则，从而在产品设计中实现绿色设计目标，需要对产品进行全方位、多层次的评价反馈，以确定产品对经济、环境和社会的影响程度，提供改进措施。

3. 绿色设计生产实践

在绿色产品设计和生产实践的过程中，对于绿色产品设计理念的运用有众多方式，比如绿色材料选择、可回收性设计、模块化选择等，这些手段往往是生产者的主要选择，也是契合绿色设计理念和原则的重要措施。围绕着产品的整个生命周期，考虑产品从开始的原材料获取到最终回收处理环节，遵循“3R”原则，尽量减少资源消耗，并进行系统分析和综合评估，在保障产品功能性的同时，提高绿色化水平。同时，在不同的领域中，生产者需要做到因地制宜，结合行业特点和现实需求，不断进行改进和创新工作，开发出符合绿色设计理念的新技术、新方法。下面列举几个不同领域的绿色产品设计案例。

（1）生态薯条包装：这是一种以土豆皮为原材料制造而成的可降解包装，可以减少对塑料等不可降解材料的依赖，包装废弃物也可以作为肥料或饲料被再次利用，从而实现循环使用。生态薯条包装这一案例体现了绿色设计原则。该包装能够在自然环境下分解为无害物质，降低产品包装对土壤、水源等生态环境的污染。

（2）Gigs 2 Go：这是一种由竹子制造而成的可回收 U 盘套装，可以实现方便拆分和使用，也可以避免使用后期电子垃圾的产生。Gigs 2 Go 综合考虑了原材料、零部件、产品的成本、使用和回收，其在保证产品功能性的同时减少了资源浪费，提高了产品在环保层面的性能表现。

（3）天津生态城低碳体验中心：该体验中心通过利用时节的天然变化，收集光线和调节温度，运用可再生绿色能源，安装节能部件，使整个建筑实现资源节约、绿色节能。而相对于同类型的传统建筑，天津生态城能节省近 30%的能源。这意味着天津生态城一年可减少 171 吨标准煤的使用，同时减少 427 吨二氧化碳的排放，在全球低碳生态城市建设上发挥了带头示范作用。

（4）京东物流“青流箱”：京东物流是首创物流回收体系的电商平台，在中转过程中创造性使用循环快递箱——“青流箱”，由热塑性树脂材料制成，采用中空板结构，抗击打，耐高温，性能强。更重要的是，经过回收、清洗和消毒后，在固定区域内可提高循环使用效率，这是继冷链保温循环箱、循环包装袋后的又一新创造、新设计，也是节能环保事业的又一里程碑。

综上所述，可以看出绿色设计的几个突出优势，例如，在环境方面，改善环境质量，促进生态平衡；在经济方面，节约资源，降低成本，提高竞争力；在社会方面，增强用户满意度和信任感，提升企业形象和声誉。然而，在现实生活中，节能环保事业也面临着众多亟待解决的挑战，比如在技术方面，需要不断克服技术上的难题，开发出新材料、新技术、新方法，以适应不断变化的动态环境、经济和社会条件；在管理方面，需要建立一套完善的管理体系，同时也要协调好各个部门、供应商、客户等各方主体的利益；在文化方面，需要培养一种绿色文化，包括绿色设计理念、价值观等，增强普罗大众对绿色产品设计理念的认识和支持。尽管在发展过程中会面临种种难题，但是新事物往往有着旺盛的生命力，呈现出螺旋上升的发展姿态，前程是光明的，新事物必将战胜旧事物。展望未来，绿色产品设计将成为一种普遍的设计理念，被广泛应用于各个行业和领域。绿色产品设计必将不断创新发展，以促进可持续发展，实现人与自然的和谐共生，为人类创造一个更加美好的未来。

8.3.2 绿色产品设计支持系统

绿色产品设计支持系统是指为绿色产品设计提供技术支持和服务的软件操作系统，它可以帮助设计者、生产者进行评价、决策、优化等相关活动，提高绿色设计工作的水平效率。而绿色产品设计支持系统的开发是一个复杂工程，涉及多学科和跨领域的知识与技术。在企业的开发实践过程中，更是困难重重，需要在实践应用中，进行成果检验，展示对现实问题的解决能力，不断进行软件系统的改进。目前，已经有科研机构和企业开发出了一些绿色产品设计支持系统。

（1）GaBi，由德国 Thinkstep 公司研究开发，该系统是基于生命周期评价而形成的专业软件系统。GaBi 软件系统可以帮助用户分析产品或服务在整个生命周期内产生的对生态环境、社会的影响。除此之外，该系统还拥有全球最大、内容最丰富的高水平生命周期评价数据库，覆盖了众多行业领域和地区国家的数据，其中用户可以利用 GaBi 软件系统进行系统分析，如碳足迹、水足迹、环境产品声明（environmental product declaration，EPD）、绿色设计等，为用户提供权威可信的依据结果。

（2）SimaPro，该系统由荷兰 Pre Consultants 公司开发创造，SimaPro 软件系统依靠大数据来衡量、分析和比较产品和服务的环境绩效、社会影响，帮助用户用数据驱动整个决策过程，从而寻求可持续发展的最优方案，进而达到绿色产品设计的目的，实现可持续发展。

8.4　绿色制造系统及生产技术优化

8.4.1　绿色制造系统

中国作为世界制造业大国，是唯一一个拥有完整系统的工业体系国家，具有“工业大国”称号（白永亮和赵春晓，2023）。然而，我国的工业发展模式整体上仍然处于高耗能和高排放的状态（邵帅等，2017），在资源能源和生态环境方面背负着沉重负担（徐斌等，2019）。因此，为克服工业文明早中期种种弊端，推动我国工业发展稳步迈入生态文明阶段，应摸索资源节约型、环境友好型发展新模式，大力推行绿色制造。推行绿色制造有利于社会经济和环境的可持续发展（吕海利等，2021）。《中国制造 2025》中明确强调要全面推行绿色制造。绿色制造要求综合考虑环境影响和资源效率，走经济发展与环境改善的双赢之路（田红娜和孙钦琦，2020），其是可持续发展战略在现代制造业中的体现，是实现生态工业和社会可持续发展的重要抓手（陶永等，2016），有助于实现企业在经济利益和社会效益上的双赢（曹华军等，2020）。相比常规的生产方法，绿色制造具有更节约能源、节省资源、降低成本、避免浪费以及防止环境污染的优点（李委委，2013）。作为一种新理念、新方法、新路径，绿色制造以资源节约和环境保护为目的，贯穿发展的整个过程，从生产制造、资源消耗和生态环境三个方面综合考虑问题，从而实现绿色发展。对绿色制造的相关因素进行组织就形成了绿色制造系统。

绿色制造系统是指以保护环境和节约资源为目的，通过技术创新和系统优化，在生产制造过程中提高资源利用率，将其对生态环境的负面影响控制在合理范围，实现各方效益平衡。在借鉴工业生态学、循环经济、清洁生产、生态效率等相关概念的基础上，绿色制造系统强调在生产制造过程中模仿自然界的物质交换和能量流动这一循环过程，搭建一个类似于自然生态系统的动态循环系统，实现人与自然的和谐共生，是可持续发展战略在现代制造业的有力体现。根据不同的层次划分和领域范围，可以将绿色制造系统分门别类地进行划分，比如有以下几种。

（1）绿色产品设计系统：在产品设计阶段，采纳绿色设计理念，选择绿色材料，在生产之初就综合考虑产品的生产制造，以及潜在的对后续环节的影响，将绿色设计理念深入渗透生产全过程，在生产源头就进行预防处理。

（2）绿色工艺技术系统：在产品制造阶段，采用清洁生产、循环经济等原则方法，对生产制造过程中的物质能源消耗、污染产生排放、废弃物生成处理等方面进行优化控制。并且随着环境和社会变化，需要适时改进技术，不断革新，以适应动态的现实世界。

（3）绿色供应链管理系统：在产品流通阶段，将绿色制造理念和方法应用于供应链管理中，对供应链中的各个环节，如原材料采购、生产规划、库存管理、物流配送等进行优化处理，推动技术创新，减少供应链总体成本，形成供应链配套优势，建立高效协同的生态供应链。

（4）绿色集成制造系统：在整个生产周期内，将绿色产品设计系统、绿色工艺技术系统、绿色供应链管理系统等子系统进行装配，集成一个有机整体，把相对独立、结构功能不同的各模块进行排列组合，最终建成统筹全局的立体制造系统，从而使得在满足用户需求的同时能不断拓展产品功能和提高产品竞争力。

8.4.2 生产技术优化

创新是发展的第一动力，为更快、更稳地实现经济发展与环境目标的双向奔赴，需要将科技创新放在核心位置，努力做到节能减排，实现绿色升级。生产技术是指在产品生产制造过程中，如加工、组装、检测、运输和回收等环节采用的技术手段和方法，生产技术的采用直接或间接影响了产品的成本、质量、效益。生产技术优化是指在保证产品功能性和性能表现的前提下，通过技术改造升级，大力开展绿色技术创新，践行创新驱动发展战略，以提高效率、降低成本、提升产品质量和市场竞争力，实现“两高三低”（即高质量、高效率、低消耗、低污染、低排放）。因此，生产技术如何优化是一个关于绿色制造系统乃至绿色制造的重大命题，可以从以下几个方面实现。

（1）实现智能制造，推动数字化转型。在互联网技术高度发达的背景下，广泛利用物联网、云计算、大数据、人工智能等技术，加快推进信息技术应用进程，提升生产加工、物流配送、质量控制等各环节的数字化、智能化水平，并进一步提高生产效率和产品质量，降低生产成本和风险，加快产业绿色改进升级。通过采取一系列措施，实现对生产设备的远程监控和维护，提高设备的稳定性和安全性，实现对生产数据的集中存储和处理。结合互联网最新技术可以实现对生产加工过程的实时分析和优化，提高生产任务的自动化和智能化水平，大力提升绿色产品或服务的供给能力。

（2）落实精益制造，缩减不必要开支。通过发展工业园区、推行循环生产、大力推进再利用工程等方式，减少甚至消除生产加工过程中的各种浪费，提升资源和能源的循环利用率，避免资源浪费和库存积压，控制生产、行政等成本，将有限的资源投入生产、加工、创新等工作中，提升绿色精益制造水平，推动企业持续健康发展。

（3）实现团队学习，建立培训激励机制。创新要素是企业生存之本，创新和发展相互联系，二者相辅相成。优化生产技术，提升创新水平，不能仅仅依靠领导者、管理者，更要依靠广大员工的工作热情，员工成长是企业持续发展的诉求之一。当前，普遍存在的问题是员工管理仍然以产出为导向，注重短期利益，员工培养方案不能实现个性化成长需求等。因此，在当今知识经济时代，需要践行以人为本的理念，建立健全员工培训激励机制，提升员工的专业知识和技能，使员工能够适应生产技术的变化发展，激发员工的工作热情和生产积极性，使员工能够主动参与生产技术的优化创新，提高员工的工作创造力，这也是塑造企业文化，树立企业形象的重大举措，从而实现员工成长和企业持续发展的双赢。

参考文献

白永亮，赵春晓. 2023. “双循环”背景下长江经济带节点城市的功能评价与空间组织方向[J]. 区域经济评论，（3）：127-136.

曹华军，李洪丞，曾丹，等. 2020. 绿色制造研究现状及未来发展策略[J]. 中国机械工程，31（2）：135-144.

胡爱武，傅志红. 2002. 产品的绿色设计概念及其发展[J]. 机械设计与制造工程，31（3）：7-9.

黄学杰，赵文武，邵志刚，等. 2020. 我国新型能源材料发展战略研究[J]. 中国工程科学，22（5）：60-67.

蒋利军，张向军，刘晓鹏，等. 2009. 新能源材料的研究进展[J]. 中国材料进展，28（Z1）：50-56，66.

蒋啸. 2023. 绿色设计理念在建筑设计中的应用价值及策略研究[J]. 房地产世界，（12）：40-42.

金芳，齐志豪，梁益琳. 2021. 大数据、金融集聚与绿色技术创新[J]. 经济与管理评论，37（4）：97-112.

李委委. 2013. 绿色产品设计在当代社会的全方位构建[J]. 生态经济，29（2）：190-193.

刘飞，李聪波，曹华军，等. 2009. 基于产品生命周期主线的绿色制造技术内涵及技术体系框架[J]. 机械工程学报，45（12）：115-120.

吕海利，孙佳祺，吴姝. 2021. 考虑机器能耗的绿色作业车间调度问题[J]. 运筹与管理，30（12）：220-225.

亓新政，赵嵩正，盛之林. 2010. 绿色设计：现代设计的发展趋势[J]. 宁夏大学学报（人文社会科学版），32（2）：183-185.

邵帅，张曦，赵兴荣. 2017. 中国制造业碳排放的经验分解与达峰路径：广义迪氏指数分解和动态情景分析[J]. 中国工业经济，（3）：44-63.

陶永，李秋实，赵罡. 2016. 面向产品全生命周期的绿色制造策略[J]. 中国科技论坛，（9）：58-64.

田红娜，孙钦琦. 2020. 基于云模型的汽车制造企业绿色技术创新能力评价研究[J]. 管理评论，32（2）：102-114.

徐斌，陈宇芳，沈小波. 2019. 清洁能源发展、二氧化碳减排与区域经济增长[J]. 经济研究，54（7）：188-202.

杨东，柴慧敏. 2015. 企业绿色技术创新的驱动因素及其绩效影响研究综述[J]. 中国人口·资源与环境，25（S2）：132-136.

杨辉. 2021. 关于绿色产品设计理念与准则的思考[J]. 中国文艺家，（2）：61-62.

Dahlsrud A. 2008. How corporate social responsibility is defined：an analysis of 37 definitions[J]. Corporate Social Responsibility and Environmental Management，15（1）：1-13.

de Sousa Jabbour A B L，Jabbour C J C，Foropon C，et al. 2018. When titans meet：can industry 4.0 revolutionise the environmentally-sustainable manufacturing wave? The role of critical success factors[J]. Technological Forecasting and Social Change，132：18-25.

Dubey R，Gunasekaran A，Childe S J，et al. 2019. Can big data and predictive analytics improve social and environmental sustainability?[J]. Technological Forecasting and Social Change，144：534-545.

Hart S L. 1995. A natural-resource-based view of the firm[J]. Academy of Management Review，20（4）：986-1014.

Hüttel A，Balderjahn I，Hoffmann S. 2020. Welfare beyond consumption：the benefits of having less[J]. Ecological Economics，176：106719.

Li G P，Hou Y，Wu A Z. 2017. Fourth Industrial Revolution：technological drivers，impacts and coping methods[J]. Chinese Geographical Science，27：626-637.

Zhang Y F，Zhu Z F，Lv J X. 2018. CPS-based smart control model for shopfloor material handling[J]. IEEE Transactions on Industrial Informatics，14（4）：1764-1775.

第 9 章　绿色供应链整合研究前沿

9.1　绿色供应链整合概述

9.1.1　绿色供应链整合的内涵

绿色供应链整合源自 2011 年 Wolf 提出的“可持续供应链整合”理念，其核心在于整合产品与服务流、资金流、信息流与决策流，旨在实现社会、经济和环境的可持续性，从而最大化利益相关者的价值（Wolf，2011）。随后，学者进一步探讨并演化出“绿色供应链整合”的概念。如今，普遍认为绿色供应链整合是指“企业与供应链伙伴开展战略性的环境合作，通过协同管理组织内外部的流程，从而提高环境绩效水平”（Wu，2013；Du et al.，2018；江怡洒和冯泰文，2022）。比如，Du 等（2018）认为绿色供应链整合即企业与其供应链合作伙伴在组织内部与组织之间进行环境合作，并且对合作过程进行管理，以提高资源使用与环境目标达成度。效率和财务绩效的提升是传统供应链整合的重点，与传统供应链整合不同，绿色供应链整合则是将绿色响应和绿色实践纳入到了整合过程，其涉及更为广泛的资源协调和利益相关者（Wong et al.，2015；Wong et al.，2020；解学梅和韩宇航，2022）。在此基础上，本章将绿色供应链整合划分为以下三个方面：环保导向、战略合作与全流程管理。其中环保导向体现的是在供应链运作管理中以环保为导向，将环保这一理念融入供应链运作的各个环节中，而战略合作体现的是与供应链伙伴间的紧密合作，全流程管理则体现的是组织内部和组织间流程的协同管理。绿色供应链整合将绿色发展的概念添加到传统的供应链集成管理实践中，其不仅可以帮助企业获得维持业绩所需的能力和资源，有效地减少污染，还可以从更高的角度制定发展战略，进一步提高核心竞争力，促进企业的可持续发展。

9.1.2　绿色供应链整合的划分

1. 绿色内部整合、绿色供应商整合和绿色客户整合

已有学者从不同的角度对绿色供应链整合进行了划分，其中部分学者根据整

合对象对其进行了类别划分。Wu（2013）和 Mao 等（2017）把绿色供应链整合划分为绿色内部整合及绿色供应商整合。但有学者认为基于整合对象的维度划分方式由于忽略了供应商与客户之间的互动，因此其不能准确地反映绿色供应链整合的内涵。因此，部分学者将绿色供应链整合分为绿色内部整合、绿色供应商整合、绿色客户整合（Flynn et al.，2010；Zhao et al.，2013；Lo et al.，2018，Wong et al.，2020；Yang et al.，2020）。其中，绿色内部整合意味着公司消除跨功能障碍，使不同部门能够在战略、决策和运营环节进行环境方面的合作，以迅速应对潜在的环境问题（Shah and Soomro，2021）。绿色供应商整合和绿色客户整合，通常被统称为外部绿色整合，反映了企业与其供应链合作伙伴在环境保护方面的合作程度（Guo et al.，2022）。其中，绿色供应商整合帮助企业和供应商了解彼此的环境责任，并通过共同制定环境目标和共享环境计划，帮助企业从源头上降低污染物排放，这样可以帮助企业减轻环境压力（Ji et al.，2020），而绿色客户整合可以帮助企业更好地理解市场的绿色需求，通过联合规划，实现相同的供求环境目标（Zhao et al.，2020）。

2. 绿色战略整合、绿色信息整合和绿色运营整合

部分学者根据整合的内容对绿色供应链整合进行了类别划分，将其划分为绿色战略整合、绿色信息整合和绿色运营整合三个部分（Flynn et al.，2010；Han and Huo，2020；Wong et al.，2011），如图 9-1 所示。部分学者指出通过整合的内容来划分绿色供应链整合可能会提供更多新颖的见解（Wang and Feng，2023），这主要基于以下几点考虑。首先，在低碳、环保、节能减排的背景下，衡量所有整合对象的绿色供应链整合程度并不容易（Zhou et al.，2016）。以往的研究一般是根据主要供应商/客户来衡量绿色供应商/客户整合的程度。然而，核心企业的环境形象不仅受到主要供应商/客户的影响，还受到其他一线或二线供应商/客户的影响。其次，从生态系统的角度来看，绿色供应链整合应该是由供应商、核心公司和客户组成的整体（Viswanadham and Samvedi，2013）。基于整合对象的维度划分意味着核心公司与客户和供应商的整合，这可能会忽略供应商与客户之间的互动，也不能准确地反映绿色供应链整合的内涵。因此，使用绿色战略整合、绿色信息整合和绿色运营整合这三个部分来衡量供应链整合，以突出供应链伙伴之间的战略协作（Flynn et al.，2010；Han and Huo，2020；Wong et al.，2011）。

绿色战略整合、绿色信息整合和绿色运营整合具体的含义如下：战略整合是指核心公司与供应链合作伙伴建立长期关系以实现绿色战略目标的管理过程（Lee and Whang，2000；Liu et al.，2016）。企业实行绿色战略整合意味着与供应链合作伙伴共同制订和修订绿色计划、战略和目标（Flynn et al.，2010）。根据 Formentini

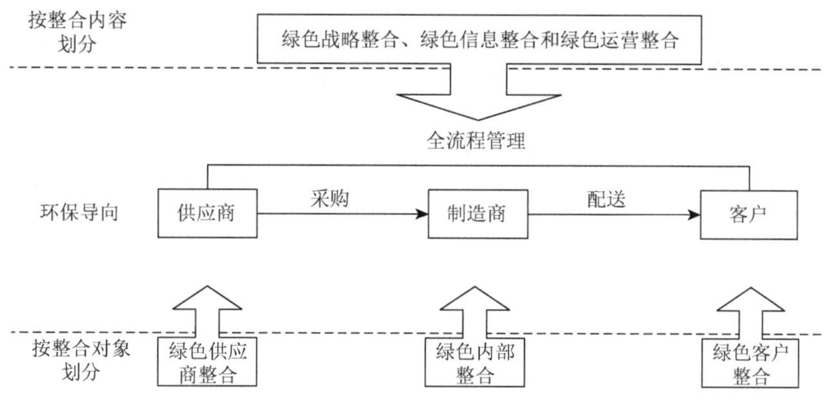

图 9-1　绿色供应链整合的内涵

和 Taticchi（2016）的研究，供应链中的每个节点公司都处于一个复杂的网络关系中。与供应链合作伙伴保持良好的战略合作关系将有效地减少机会主义行为（Li et al.，2010）。绿色信息整合是指整个供应链成员之间信息交换的管理过程（Liu et al.，2016），即供应链合作伙伴及时交换有价值的信息，其包括两个方面：一方面指的是从供应商处获取高质量信息并传递给制造商和客户；另一方面指的是从客户处获得准确的反馈信息和动态需求信息并传递给制造商和供应商（Li and Lin，2006）。供应链合作伙伴间的信息整合有助于企业获得更全面的知识进而做出更好的决策（Rosenzweig et al.，2003），同时高质量的信息整合也有助于提高业务绩效（Choi et al.，2008；Liu et al.，2021；Zhou et al.，2014）。绿色运营整合是指企业在整个绿色供应链中交换决策权、知识和资源以简化供应链活动的管理过程（Liu et al.，2013）。一些学者指出由于供应链合作伙伴之间的高资产特殊性，公司间的合作是必不可少的（Simpson et al.，2007）。绿色运营整合将供应商和客户整合到整个绿色价值链中，有助于加强供应链协调和提高绿色运营效率（Sanders，2007），同时可以降低交易成本，并使得供应商和买家获益（Lo et al.，2018）。

9.2　绿色供应链整合的影响因素

绿色供应链整合是一个多维度的概念，每个维度都有其特定的价值，因此为了全面了解绿色供应链整合，有必要对每个维度进行深入研究。下文将重点从企业层面、组织间和外部环境三个维度入手，概述绿色供应链整合的影响因素。

现有文献从价值创造（Cooper et al.，1997）、成本最小化（Chen et al.，2009）、管理与不确定性（环境）相关的问题（Wong and Boon-itt，2008；Flynn et al.，2016）、绩效改进（Foerstl et al.，2013）等方面对供应链整合的影响因素进行了积极的探索。诸多学者也尝试总结了供应链整合影响因素的分类，Chen 等（2009）认为成本导向和客户导向是推动绿色供应链整合的主要影响因素，其中成本导向是指成本节约、库存最小化和效率等，而客户导向则是指服务水平和响应能力等。Richey等（2009）将供应链整合的驱动因素分为内部驱动因素和外部驱动因素，其中内部驱动因素是指公司自己“渴望改善”的动机，而外部驱动因素则是指公司运营的环境。Kamal和Irani（2014）从战略、管理、组织、运营、技术、财务、环境维度对供应链整合的影响因素进行了分类。此外，Cao等（2015）将供应链整合的影响因素归纳为环境效应、组织间因素和企业层面因素，其中环境效应（技术不确定性和需求不确定性等）和企业层面的因素（战略和信息技术等）与Richey等（2009）所描述的相同，而组织间因素由信任、权力和承诺这三个软因素构成。江怡洒和冯泰文（2022）认为绿色供应链整合的影响因素应包括资源与能力、环保意识和利益相关者压力三个方面。

本节结合现有研究将绿色供应链整合的影响因素分为：企业层面因素、组织间因素和外部环境因素（表9-1）。

表 9-1　绿色供应链整合的影响因素

分类	影响因素	参考文献
企业层面因素	战略	Rodrigues 等（2004）；Gatignon 和 Xuereb（1997）
	信息技术	Paulraj 和 Chen（2007）；Sanders（2008）
	综合信息技术	Vickery 等（2003）
	信息技术能力	Sanders 和 Premus（2005）
	电子商务能力	Devaraj 等（2007）
	信息技术集成能力	Angeles（2008）
	外部信息技术集成	Chen 等（2013）；Gonzálvez-Gallego 等（2015）
	信息技术应用	Yu（2015）
	环保意识	江怡洒和冯泰文（2022）
	竞争能力	Kim（2009）
	组织内部资源和最高管理者的支持	Xu 等（2014）
	技术更新	Tseng 和 Liao（2015）
	员工参与程度	Pradabwong 等（2017）
组织间因素	信任	Yeung 等（2009）
	权力	Yeung 等（2009）；Zhao 等（2008）
	承诺	Zhao 等（2008）
	组织文化	Cao 等（2015）
	维持人际关系	Wang 等（2016）
	协作规划	Barratt（2004）
	关系承诺	Zhao 等（2011）

续表

分类	影响因素	参考文献
组织间因素	长期关系	Prajogo 和 Olhager（2012）
	客户和供应商的依赖与信任	Zhang 和 Huo（2013）
	供应链规划和信任	Paiva 等（2014）
	组织间沟通	Jacobs 等（2016）
外部环境因素	环境不确定性	Iyer（2011）；Wong 等（2011）
	市场竞争	Richey 等（2009）
	渠道权力向下游转移	Richey 等（2009）
	技术不确定性	Wong 等（2011）；Ragatz 等（2002）
	需求不确定性	Wong 等（2011）

9.2.1　企业层面因素

企业层面因素主要包括战略（Rodrigues et al.，2004；Gatignon and Xuereb，1997）、信息技术（Paulraj and Chen，2007；Sanders，2008）、竞争能力（Kim，2009）等。

企业愿景和战略对绿色供应链整合具有重要影响。一个企业的定位可能会对其实现特定目标的策略和方法的选择产生重大影响。如果企业有强烈的改进愿望，其就有可能将供应链整合视为提高经营业绩和实现其他目标的有效方法。与此同时，不同的战略将影响企业具体决策及与其他贸易伙伴的关系等，进而会影响供应链整合，而不同的战略对供应链整合的影响程度和方向都不相同。

除了战略，企业的信息技术也会影响绿色供应链整合的程度。信息技术改变了定义供应链整合的传统方式，模糊了合作伙伴间的边界（Palomero and Chalmeta，2014）。信息技术使得企业与其贸易伙伴之间通过即时生成和发送准确信息进而支持供应链合作伙伴间的活动协调（Lai et al.，2008；Wong et al.，2013；Zhou et al.，2014）。目前绿色供应链整合研究中，信息技术已被很多研究列为“期望改进”的因素，如综合信息技术（Vickery et al.，2003）、信息技术能力（Sanders and Premus，2005）、电子商务能力（Devaraj et al.，2007）、信息技术集成能力（Angeles，2008）、外部信息技术集成（Chen et al.，2013；Gonzálvez-Gallego et al.，2015）、信息技术应用（Yu，2015）等。

对于绿色供应链而言，企业的环保意识的影响同样不容忽视。企业的环保意识不仅体现在企业的战略上，同时企业高管环保意识的提高也能促进绿色供应链整合的开展（江怡洒和冯泰文，2022）。在面临复杂的环境时，高管的感知和解读的异质性将使得其绿色战略决策不同（陈泽文和陈丹，2019），进而产生不同的绿色供应链整合结果。

此外，竞争能力（Kim，2009）、组织内部资源和最高管理者的支持（Xu et al.，2014）、技术更新（Tseng and Liao，2015）、员工参与程度（Pradabwong et al.，2017）等其他公司层面的因素也会影响绿色供应链整合。

9.2.2 组织间因素

现有关于组织间因素的相关研究主要考虑承诺、权力、信任和组织文化等对公司与供应商或客户关系的影响（Maloni and Benton，2000；Yeung et al.，2009；Zhao et al.，2008，Cao et al.，2015）。其中，关系承诺包含规范关系承诺和工具性关系承诺，其对客户整合具有重要影响。专家权、参照权和奖励权对提高规范关系承诺具有重要作用，而奖励权和强制权则增强了工具性关系承诺。相比工具性关系承诺，规范关系承诺对客户整合的影响更大（Zhao et al.，2008）。不同类型的客户权力可以不同的方式影响关系承诺，进而影响客户整合。

与此同时，信任度高和强制权力大都对内部和供应商整合有积极作用，然而当信任度较低时，强制权力大会减弱内部整合程度，且无论是否存在信任，强制权力大都能提高中国供应链中的供应商整合效果（Yeung et al.，2009）。因此，要改善内部整合，买方应首先与供应商建立良好的信任关系。在此基础上，供应商对权力的利用程度将增强买方在内部整合方面的努力程度。如果无法建立起这种信任，供应商就应慎用强制力，因为这会损害内部整合实践。另外，如果供应链参与者希望改善供应商整合，就应同时使用高水平的权力和信任来管理关系。例如，Wang 等（2016）调查了客户服务、订单处理、销售、计划和控制方面的一线人员，发现采购部门通过维持人际关系，促进组织间整合的实现。

在组织文化方面，Cao 等（2015）的研究表明，发展文化和集团文化与供应链整合的所有三个维度（内部整合、客户整合和供应商整合）都呈正相关。但是，理性文化只与内部整合正相关，而等级文化与内部整合和客户整合都呈负相关。扁平型文化显示了最高水平的发展文化、团体文化和理性文化，以及最低水平的等级文化。同时，扁平型文化在内部整合、客户整合和供应商整合方面也达到了最高水平。

此外，协作规划（Barratt，2004）、长期关系（Prajogo and Olhager，2012）、客户和供应商的依赖与信任（Zhang and Huo，2013）、供应链规划和信任（Paiva et al.，2014）以及组织间沟通（Jacobs et al.，2016）等因素也会影响组织间整合关系。

9.2.3 外部环境因素

企业所处的外部环境对企业采用和实施供应链整合起着至关重要的作用（Richey et al.，2009）。企业的外部环境影响因素主要包括环境不确定性（Iyer，2011；Wong et al.，2011）、市场竞争（Richey et al.，2009；Cao et al.，2015）、渠道权力向下游转移（Richey et al.，2009）、技术不确定性（Wong et al.，2011；Ragatz et al.，2002）和需求不确定性（Wong et al.，2011）等。

首先，环境不确定性在供应链整合的实施中起着重要的作用。瞬息万变的市场需求要求企业整合供应链流程，以提高反应速度。客户需要更快、更可靠地持续交付产品，这就要求企业内部以及企业与供应商之间密切协调。例如，延迟策略作为一种流行的供应链战略，在很大程度上得益于各职能领域的整合。van Hoek（1998）指出，当客户需求的可预测性越来越低时，公司更有可能实施供应链整合以实现延期。产品生命周期的缩短也迫使企业整合内部和外部流程，以便更好地参与市场竞争。

其次，市场竞争在整合的实施中也起着重要的作用（Richey et al.，2009）。Cao 等（2015）分析本地竞争、国际竞争和运营挑战等七种竞争模式对供应链整合的影响时发现，不同模式下的公司实现的供应链整合的程度有显著差异，其中更高水平的本地竞争、国际竞争和运营挑战推动了更高水平的供应链整合程度，但国际竞争比本地竞争对供应链整合程度的影响更大。此外，高竞争强度下由于公司需要更有效地分配资源以保持竞争力或实现竞争优势（Hunt and Morgan，1995），在这种情形下供应链整合将会是一个很好的选择。

最后，渠道权力向下游转移也会影响供应链整合的实施（Richey et al.，2009），其中渠道权力指渠道中的一个成员对另一个成员的影响力。Williams（1994）研究发现，渠道权力对电子数据交换（electronic data interchange，EDI）的采用过程有重大影响，而电子数据交换是供应链整合实践的其中一种。例如，沃尔玛启动的 RFID 计划促使上游供应商迅速采用该技术，并将其流程与沃尔玛等零售商整合在一起。此外，技术不确定性和需求不确定性等因素也会影响供应链整合。

9.3 绿色供应链整合的研究趋势

在上述丰富的研究成果的基础上，下面提出了绿色供应链整合领域中值得进一步研究的问题。

首先，深入探究影响绿色供应链整合的因素。目前大部分对绿色供应链整合的影响因素的研究仅局限于探究该因素对绿色供应链整合的影响方向，即正面或负面影响，而很少触及产生影响的机制以及所产生的影响的大小等问题。例如，在组织文化对绿色供应链整合的影响研究中，未来可以在模型中引入制度环境等调节因素，以更深入地研究组织文化对供应链整合的影响。此外，在生产实践过程中如何高效地实施绿色供应链整合都是需要深入研究的因素。

其次，丰富绿色供应链整合的研究对象。目前绿色供应链整合文献的研究对象主要集中在中国、美国等国家，而收集的数据也大多来源于大型世界级制造商（Cao et al.，2015）。与中小型企业相比，这些世界级企业可能在资源获取和议价能力方面具有更大的优势来实施绿色供应链整合。但是，不同国家的特点对供应链整合的影响也不同，而现有结论在中小型企业中可能将会存在差异。因此，绿色供应链整合研究需要更多国家和新兴市场中世界级企业和小型企业的数据的对比和分析。同时，现有研究多局限于制造业（Khanuja and Jain，2019），但由于供应链的性质和特征各不相同，研究中所提出的模型还需进一步针对不同行业进行测试。此外，现有的大多数研究未考虑企业不同成长阶段对绿色供应链整合的影响，而文化的不同维度可能在企业成长的不同阶段发挥不同的作用，从而对绿色供应链整合产生不同的影响（Cao et al.，2015）。未来的研究可以选择对处于不同成长阶段的企业进行研究，探讨企业成长阶段对组织文化与绿色供应链整合关系的调节作用。

最后，探究绿色供应链整合在提升企业绩效等方面的作用。在全球供应链管理过程中，供应链合作伙伴发挥着重要作用（Wong et al.，2015）。因此，未来的研究可以考察供应链合作伙伴的环境管理实践绩效如何影响核心企业的绩效，并分析供应商承诺或客户满意度等供应链关系方面对企业绩效的影响。同时，为了进一步了解绿色供应链整合的商业和环境价值，未来可进一步分析商业环境条件、与供应链伙伴的合作条件和环境法规等对绿色供应链整合绩效的影响。此外，未来的理论和实证研究可以分析某种技术的使用和供应链整合类型对运营和财务绩效的影响。

参考文献

陈泽文，陈丹. 2019. 新旧动能转换的环境不确定性背景下高管环保意识风格如何提升企业绩效：绿色创新的中介作用[J]. 科学学与科学技术管理，40（10）：113-128.

江怡洒，冯泰文. 2022. 绿色供应链整合：研究述评与展望[J]. 外国经济与管理，44（6）：135-152.

解学梅，韩宇航. 2022. 本土制造业企业如何在绿色创新中实现“华丽转型”？——基于注意力基础观的多案例研究[J]. 管理世界，38（3）：76-106.

Angeles R. 2008. Anticipated IT infrastructure and supply chain integration capabilities for RFID and their associated deployment outcomes[J]. International Journal of Information Management. 29（3）：634-646.

Barratt M. 2004. Unveiling enablers and inhibitors of collaborative planning[J]. The International Journal of Logistics Management，15（1）：73-90.

Cao Z，Huo B F，Li Y，et al. 2015. Competition and supply chain integration：a taxonomy perspective[J]. Industrial Management & Data Systems，115（5）：923-950.

Chen D Q，Preston D S，Xia W D. 2013. Enhancing hospital supply chain performance：a relational view and empirical test[J]. Journal of Operations Management，31（6）：391-408.

Chen H Z，Daugherty P J，Landry T D. 2009. Supply chain process integration：a theoretical framework[J]. Journal of Business Logistics，30（2）：27-46.

Choi H C P，Blocher J D，Gavirneni S. 2008. Value of sharing production yield information in a serial supply chain[J]. Production and Operations Management，17（6）：614-625.

Cooper M C，Lambert D M，Pagh J D. 1997. Supply chain management：more than a new name for logistics[J]. The International Journal of Logistics Management，8（1）：1-14.

Devaraj S，Krajewski L，Wei J C. 2007. Impact of eBusiness technologies on operational performance：the role of production information integration in the supply chain[J]. Journal of Operations Management，25（6）：1199-1216.

Du L Z，Zhang Z L，Feng T W. 2018.Linking green customer and supplier integration with green innovation performance：the role of internal integration[J]. Business Strategy and the Environment，27（8）：1583-1595.

Flynn B B，Huo B F，Zhao X D. 2010. The impact of supply chain integration on performance：a contingency and configuration approach[J]. Journal of Operations Management，28（1）：58-71.

Flynn B B，Koufteros X，Lu G Y. 2016. On theory in supply chain uncertainty and its implications for supply chain integration[J]. Journal of Supply Chain Management，52（3）：3-27.

Foerstl K，Hartmann E，Wynstra F，et al. 2013. Cross-functional integration and functional coordination in purchasing and supply management：antecedents and effects on purchasing and firm performance[J]. International Journal of Operations & Production Management，33（6）：689-721.

Formentini M，Taticchi P. 2016. Corporate sustainability approaches and governance mechanisms in sustainable supply chain management[J]. Journal of Cleaner Production，112：1920-1933.

Gatignon H，Xuereb J M. 1997. Strategic orientation of the firm and new product performance[J]. Journal of Marketing Research，34（1）：77-90.

Gonzálvez-Gallego N，Molina-Castillo F J，Soto-Acosta P，et al. 2015. Using integrated information systems in supply chain management[J]. Enterprise Information Systems，9（2）：210-232.

Guo X L，Xia W L，Feng T W，et al. 2022. Sustainable supply chain finance adoption and firm performance：is green supply chain integration a missing link?[J]. Sustainable Development，30（5）：1135-1154.

Han Z J，Huo B F. 2020. The impact of green supply chain integration on sustainable performance[J]. Industrial Management & Data Systems，120（4）：657-674.

Hunt S D，Morgan R M. 1995. The comparative advantage theory of competition[J]. Journal of

Marketing，59（2）：1-15.

Iyer K N S. 2011. Demand chain collaboration and operational performance：role of IT analytic capability and environmental uncertainty[J]. Journal of Business & Industrial Marketing，26(2)：81-91.

Jacobs M A，Yu W T，Chavez R. 2016. The effect of internal communication and employee satisfaction on supply chain integration[J]. International Journal of Production Economics，171：60-70.

Ji L，Yuan C L，Feng T W，et al. 2020. Achieving the environmental profits of green supplier integration：the roles of supply chain resilience and knowledge combination[J]. Sustainable Development，28（4）：978-989.

Kamal M M，Irani Z. 2014. Analysing supply chain integration through a systematic literature review：a normative perspective[J]. Supply Chain Management：An International Journal，19(5/6)：523-557.

Khanuja A，Jain R K. 2019. Supply chain integration：a review of enablers，dimensions and performance[J]. Benchmarking：An International Journal，27（1）：264-301.

Kim S W. 2009. An investigation on the direct and indirect effect of supply chain integration on firm performance[J]. International Journal of Production Economics，119（2）：328-346.

Lai K H，Wong C W Y，Cheng T C E. 2008. A coordination-theoretic investigation of the impact of electronic integration on logistics performance[J]. Information & Management，45（1）：10-20.

Lee H L，Whang S. 2000. Information sharing in a supply chain[J]. International Journal of Manufacturing Technology and Management，1（1）：79-93.

Li S H，Lin B S. 2006. Accessing information sharing and information quality in supply chain management[J]. Decision Support Systems，42（3）：1641-1656.

Li Y，Xie E，Teo H H，et al. 2010. Formal control and social control in domestic and international buyer-supplier relationships[J]. Journal of Operations Management，28（4）：333-344.

Liu H F，Ke W L，Kee Wei K，et al. 2013. Effects of supply chain integration and market orientation on firm performance：evidence from China[J]. International Journal of Operations & Production Management，33（3）：322-346.

Liu H F，Wei S B，Ke W L，et al. 2016. The configuration between supply chain integration and information technology competency：a resource orchestration perspective[J]. Journal of Operations Management，44：13-29.

Liu M L，Dan B，Zhang S G，et al. 2021. Information sharing in an E-tailing supply chain for fresh produce with freshness-keeping effort and value-added service[J]. European Journal of Operational Research，290（2）：572-584.

Lo S M，Zhang S S，Wang Z Q，et al. 2018. The impact of relationship quality and supplier development on green supply chain integration：a mediation and moderation analysis[J]. Journal of Cleaner Production，202：524-535.

Maloni M，Benton W C. 2000. Power influences in the supply chain[J]. Journal of Business Logistics，21：49-73.

Mao Z F，Zhang S，Li X M. 2017. Low carbon supply chain firm integration and firm performance in China[J]. Journal of Cleaner Production，153：354-361.

Paiva E L，Teixeira R，Vieira L M，et al. 2014. Supply chain planning and trust：two sides of the same coin[J]. Industrial Management & Data Systems，114（3）：405-420.

Palomero S，Chalmeta R. 2014. A guide for supply chain integration in SMEs[J]. Production Planning & Control，25（5）：372-400.

Paulraj A，Chen I J. 2007. Strategic buyer-supplier relationships，information technology and external logistics integration[J]. Journal of Supply Chain Management，43（2）：2-14.

Pradabwong J，Braziotis C，Tannock J D T，et al. 2017. Business process management and supply chain collaboration：effects on performance and competitiveness[J]. Supply Chain Management，22（2）：107-121.

Prajogo D，Olhager J. 2012. Supply chain integration and performance：the effects of long-term relationships，information technology and sharing，and logistics integration[J]. International Journal of Production Economics，135（1）：514-522.

Ragatz G L，Handfield R B，Petersen K J. 2002. Benefits associated with supplier integration into new product development under conditions of technology uncertainty[J]. Journal of Business Research，55（5）：389-400.

Richey R G,Jr，Chen H Z，Upreti R，et al. 2009. The moderating role of barriers on the relationship between drivers to supply chain integration and firm performance[J]. International Journal of Physical Distribution & Logistics Management，39（10）：826-840.

Rodrigues A M，Stank T P，Lynch D F. 2004. Linking strategy，structure，process，and performance in integrated logistics[J]. Journal of Business Logistics，25（2）：65-94.

Rosenzweig E D，Roth A V，Dean J W. 2003. The influence of an integration strategy on competitive capabilities and business performance：an exploratory study of consumer products manufacturers[J]. Journal of Operations Management，21（4）：437-456.

Sanders N R. 2007. An empirical study of the impact of e-business technologies on organizational collaboration and performance[J]. Journal of Operations Management，25（6）：1332-1347.

Sanders N R. 2008. Pattern of information technology use：the impact on buyer-suppler coordination and performance[J]. Journal of Operations Management，26（3）：349-367.

Sanders N R，Premus R. 2005. Modeling the relationship between firm IT capability，collaboration，and performance[J]. Journal of Business Logistics，26（1）：1-23.

Shah N，Soomro B A. 2021. Internal green integration and environmental performance：the predictive power of proactive environmental strategy，greening the supplier，and environmental collaboration with the supplier[J]. Business Strategy and the Environment，30（2）：1333-1344.

Simpson D，Power D，Samson D. 2007. Greening the automotive supply chain：a relationship perspective[J]. International Journal of Operations & Production Management，27（1）：28-48.

Tseng P H，Liao C H. 2015. Supply chain integration，information technology，market orientation and firm performance in container shipping firms[J]. The International Journal of Logistics

Management，26（1）：82-106.

van Hoek R I. 1998. Logistics and virtual integration：postponement，outsourcing and the flow of information[J]. International Journal of Physical Distribution & Logistics Management，28（7）：508-523.

Vickery S K，Jayaram J，Droge C，et al. 2003. The effects of an integrative supply chain strategy on customer service and financial performance：an analysis of direct versus indirect relationships[J]. Journal of Operations Management，21（5）：523-539.

Viswanadham N，Samvedi A. 2013. Supplier selection based on supply chain ecosystem，performance and risk criteria[J]. International Journal of Production Research，51（21）：6484-6498.

Wang B，Childerhouse P，Kang Y F，et al. 2016. Enablers of supply chain integration：interpersonal and interorganizational relationship perspectives[J]. Industrial Management & Data Systems，116（4）：838-855.

Wang J Y，Feng T W. 2023. Supply chain ethical leadership and green supply chain integration：a moderated mediation analysis[J]. International Journal of Logistics Research and Applications，26（9）：1145-1171.

Williams L. 1994. Understanding distribution channels：an interorganizational study of EDI adoption[J]. Journal of Business Logistics，15（2）：173-204.

Wolf J. 2011. Sustainable supply chain management integration：a qualitative analysis of the German manufacturing industry[J]. Journal of Business Ethics，102（2）：221-235.

Wong C W Y，Wong C Y，Boon-itt S. 2013. The combined effects of internal and external supply chain integration on product innovation[J]. International Journal of Production Economics，146（2）：566-574.

Wong C Y，Boon-itt S. 2008. The influence of institutional norms and environmental uncertainty on supply chain integration in the Thai automotive industry[J]. International Journal of Production Economics，115（2）：400-410.

Wong C Y，Boon-itt S，Wong C W Y. 2011. The contingency effects of environmental uncertainty on the relationship between supply chain integration and operational performance[J]. Journal of Operations Management，29（6）：604-615.

Wong C Y，Wong C W Y，Boon-itt S. 2015. Integrating environmental management into supply chains：a systematic literature review and theoretical framework[J]. International Journal of Physical Distribution & Logistics Management，45（1/2）：43-68.

Wong C Y，Wong C W Y，Boon-itt S. 2020. Effects of green supply chain integration and green innovation on environmental and cost performance[J]. International Journal of Production Research，58（15）：4589-4609.

Wu G C. 2013. The influence of green supply chain integration and environmental uncertainty on green innovation in Taiwan's IT industry[J]. Supply Chain Management：An International Journal，18（5）：539-552.

Xu D H，Huo B F，Sun L Y. 2014. Relationships between intra-organizational resources，supply chain integration and business performance：an extended resource-based view[J]. Industrial Management & Data Systems，114（8）：1186-1206.

Yang Q，Geng R Q，Feng T W. 2020. Does the configuration of macro-and micro-institutional environments affect the effectiveness of green supply chain integration?[J]. Business Strategy and the Environment，29（4）：1695-1713.

Yeung J H Y，Selen W，Zhang M，et al. 2009. The effects of trust and coercive power on supplier integration[J]. International Journal of Production Economics，120（1）：66-78.

Yu W T. 2015. The effect of IT-enabled supply chain integration on performance[J]. Production Planning & Control，26（12）：945-957.

Zhang M，Huo B F. 2013. The impact of dependence and trust on supply chain integration[J]. International Journal of Physical Distribution & Logistics Management，43（7）：544-563.

Zhao L，Huo B F，Sun L Y，et al. 2013. The impact of supply chain risk on supply chain integration and company performance：a global investigation[J]. Supply Chain Management：An International Journal，18（2）：115-131.

Zhao X D，Huo B F，Flynn B B，et al. 2008. The impact of power and relationship commitment on the integration between manufacturers and customers in a supply chain[J]. Journal of Operations Management，26（3）：368-388.

Zhao X D，Huo B F，Selen W，et al. 2011. The impact of internal integration and relationship commitment on external integration[J]. Journal of Operations Management，29（1/2）：17-32.

Zhao Y H，Zhang N S，Feng T W，et al. 2020. The green spillover effect of green customer integration：does internal integration matter?[J]. Corporate Social Responsibility and Environmental Management，27（1）：325-338.

Zhou H G，Shou Y Y，Zhai X，et al. 2014. Supply chain practice and information quality：a supply chain strategy study[J]. International Journal of Production Economics，147：624-633.

Zhou Y J，Bao M J，Chen X H，et al. 2016. Co-op advertising and emission reduction cost sharing contracts and coordination in low-carbon supply chain based on fairness concerns[J]. Journal of Cleaner Production，133：402-413.

第10章　绿色供应链金融研究前沿

10.1　绿色供应链金融概述

10.1.1　绿色金融

2016年8月，中央全面深化改革领导小组第二十七次会议审议通过了《关于构建绿色金融体系的指导意见》，会议指出，发展绿色金融，是实现绿色发展的重要措施，也是供给侧结构性改革的重要内容。[①]由此可见，绿色金融发展对绿色发展至关重要。目前全球主要经济体纷纷出台相关文件或战略以推动绿色金融健康发展，并取得了一定成效。欧洲和美国等发达国家和地区在绿色金融政策的制定、金融产品的创新以及风险管理方面，表现出了相当高的水平。为了确立绿色金融的发展目标和路径，欧盟推出“可持续金融行动计划”，加强对绿色金融的监管。随着时间的推移，绿色债券在国际金融市场上的发行规模不断扩大，为绿色产业注入了充足的资金。同时，各国政府积极鼓励金融机构进行绿色金融业务创新，并出台相关激励政策促进绿色金融业务开展。近些年来，我国也陆续出台了系列政策以促进绿色金融行业的发展。2016年8月31日，中国人民银行、财政部、国家发展改革委、环境保护部等七部委联合印发《关于构建绿色金融体系的指导意见》。该意见中首次系统提出并构建了绿色金融的概念与政策框架。党的十九大报告中指出要发展绿色金融，这意味着我国将发展绿色金融体系提升到国家战略的高度。2021年10月，中共中央、国务院印发的《国家标准化发展纲要》中指出建立健全绿色金融等绿色发展标准。2022年国务院印发的《“十四五”节能减排综合工作方案》中明确指出健全绿色金融体系。

诸多国内外学者、国际组织及政府机构都定义了绿色金融，但并未达成共识。早在1990年，国外学者便对绿色金融进行了定义，其中Cowan（1990）指出绿色金融旨在为绿色经济提供金融支持以缓解资金约束问题。Salazar（1998）认为绿色金融在金融产业和环境产业中起到重要的桥梁作用，其是支持环境保护的必要金融手段。Labatt和White（2002）指出绿色金融能在一定程度上提升环境质量并

---

①《中央全面深化改革领导小组第二十七次会议召开》，https://www.gov.cn/xinwen/2016-08/30/content_5103650.htm，2016年8月30日。

削弱环境管理风险。Scholtens（2006）则指出绿色金融是指有助于实现可持续、经济、社会和环境发展目标的金融工具。相比国外学者，国内学者对绿色金融的定义则更为具体。安伟（2008）认为绿色金融应该是以市场经济规律和生态文明建设为指导，将保险、证券以及其他衍生工具作为措施，把环境和经济协同发展作为目标的一种调控政策。张文中（2005）梳理绿色金融的定义后提出需进一步明确绿色金融的底层逻辑，认为金融行业必须将资源配置到绿色低碳产业和环保项目中去，同时在这个过程中需要加入环保理念，以考虑环境的潜在影响。根据 2016 年中国人民银行、财政部、国家发展改革委等七部委印发的《关于构建绿色金融体系的指导意见》，绿色金融是指“为支持环境改善、应对气候变化和资源节约高效利用的经济活动，即对环保、节能、清洁能源、绿色交通、绿色建筑等领域的项目投融资、项目运营、风险管理等所提供的金融服务”。此后还有学者从不同视角对绿色金融进行了界定。马骏（2017）、王俊杰和裘以峰（2023）一致认为绿色金融是一种可以应对气候变化、提升环境质量、避免资源浪费、保证资源再循环利用的经济活动。徐政和江小鹏（2021）认为绿色金融是指运用金融机构的信贷、债券、保险等系列政策工具来支持环境保护和可持续发展。

就其内涵而言，绿色金融具有两方面的含义：一是将环保理念与经济发展协同起来。具体而言，企业在生产经营中将绿色环保理念作为公司战略导向，通过金融手段把筹集起来的资源投入到节约减排、新能源产业建设等项目领域中去，以此实现从项目开发到业务拓展再到引导消费者这一链条中的绿色实践。二是促进自身的可持续发展。具体而言，绿色金融可持续发展是指金融业从自身的可持续发展出发，用长远的发展眼光来考虑当前的问题并跟上政策的改变。

10.1.2　绿色供应链金融

随着环境管理和供应链的不断演进以及供应链融资和环境保护的深度融合，绿色供应链金融作为一种新兴金融模式也应时而生，为企业提供可持续发展的路径。全球范围内，绿色供应链金融正以惊人的速度蓬勃发展，引起了政府、金融机构和企业的广泛关注。近年来，随着经济增长方式转变和产业结构调整，我国企业面临更多的融资需求，绿色供应链金融成为解决这一问题的重要手段。作为全球第二大经济体，中国高度重视绿色供应链金融的发展，将其视为一项至关重要的任务。中国政府在积极推进绿色供应链金融政策体系建设方面不遗余力，出台了以建设绿色供应链金融体系为目标的一系列指导意见。2019 年，由兴业银行在国内率先制定并发布的《绿色供应链金融业务指引》中明确了绿色供应链金融的概念。2021 年 2 月，《国务院关于加快建立健全绿色低碳循环发展经济体系的指导意见》明确提出要“大力发展绿色金融”“构建绿色供应链”。此外，《绿色贷款专项统计制度》、《绿色债券支持项目目录》和《关于加强产融合作推动工业绿色发展的指导意见》等政策的颁发为绿色供应链金融提供了更多的支持。目前我国绿色供应链金融仍处于探索与发展的初期，而该阶段政府的支持在其演化发展中扮演至关重要的引导角色，其中目前政府主要通过提供专项补贴和税收优惠等方式支持绿色供应链金融发展。金融机构层面，各金融机构如商业银行、保险公司、证券公司等均积极开展绿色金融业务，通过设立绿色基金、发行绿色债券、提供绿色信贷等服务，推动可持续发展的进程。例如，2020 年 9 月，中国人民银行广州分行指导广东金融学会绿色金融专业委员会制定了《大湾区绿色供应链金融服务指南（汽车制造业）》，旨在为供应商及核心企业实施地方绿色金融专项补偿政策，同时为金融机构提供央行绿色金融专项货币政策。2021 年，中国银行发布的《关于创新供应链金融服务模式 全力支持产业链供应链现代化水平提升的十五条措施》中指出要全力打造开放型绿色供应链金融生态圈。企业层面，越来越多的企业已经认识到积极参与绿色供应链金融是实现绿色转型的关键所在，这不仅有助于推动企业的可持续发展，更能够为企业的可持续发展注入新的活力。作为当下供应链发展的主要业务，供应链金融对实现“双碳”目标和促进绿色发展具有重要战略意义（Demailly and Quirion，2008；陈啸和薛英岚，2021）。

绿色供应链金融是在供应链金融的基础上，融入可持续发展的绿色理念的金融模式。绿色供应链金融是在供应链金融的基础上加入了环境保护的理念。目前，绿色供应链金融的研究尚处于起步阶段，其内涵还未达成共识。Narasimhan 等（2015）将绿色供应链金融定义为银行投入资金到绿色产业中从而实现链上绿色化。Kayser（2016）归纳出绿色供应链金融的目的，具体来说是解决企业减排过程中所面临的资金约束问题。2019 年，兴业银行在国内率先发布的《绿色供应链金融业务指引》中明确了绿色供应链金融概念，并认为其是指“将绿色理念融入供应链金融全流程，资金专项用于节能环保和可持续发展领域，通过绿色金融和供应链金融的有机融合实现供应链金融的环境保护功能”。杨晓叶（2020）认为绿色供应链金融与绿色制造目的不谋而合。徐荣贞等（2022）研究指出，绿色供应链金融可在供应链金融的基础上，通过更有利的金融工具强化中小企业在获得资金支持后的绿色供应链管理，从而使得环境和经济绩效达到趋同。从上面的定义可知，绿色供应链金融基本可以概括为绿色金融与供应链的有机结合并使得环境效益和经济效益实现双赢。不同于传统的供应链金融方案主要是为了解决运营资本的约束，在绿色供应链金融中，既要解决运营资本的约束，还要解决绿色创新资本的约束（Lai et al.，2022）。

有学者分析了绿色供应链金融的核心要素：潘悦和石聪颖（2023）指出绿色供应链金融的核心要素包括绿色评价标准、绿色信贷政策、绿色金融产品、绿色风险管理、信息披露与透明度五个方面。其中，绿色评价标准是以环境、社会、治理为基础的评价体系，评估企业的绿色绩效和可持续发展能力；绿色信贷政策是指金融机构将绿色因素纳入信贷政策，优先支持绿色、低碳、环保产业和项目，降低其融资成本；绿色金融产品包括开发绿色债券、绿色基金、绿色保险等金融产品以为绿色产业提供多元化融资渠道；绿色风险管理是指金融机构在风险管理过程中关注企业的环境风险、社会风险、治理风险等，从而降低潜在损失；信息披露与透明度是绿色供应链企业为了加强环境绩效、社会责任等信息披露，提高透明度，助力金融机构做出更为明智的投融资决策。

10.2　绿色供应链金融模式研究

绿色实践伴随着研发和采用新技术，而这意味着大量的绿色投资（Chen and Huang，2021；Lai et al.，2023a）。但是这些投资通常会占用制造商的生产资本，使其面临初始资本有限的困境（Xu and Fang，2020；Lai et al.，2023b）。也就是说，许多制造商不仅在原材料采购中面临运营资金限制，而且缺乏提供环保产品的绿色创新资金（Glover et al.，2014；He et al.，2019）。例如，德国高端电视生产商 Loewe 于 2013 年推出了一系列基于 OLED（organic light emitting diode，有机发光二极管）技术的高端节能电视，但由于缺乏资金，该公司于 2019 年启动了破产程序（Larsen，2019）。银行贷款是企业获得间接融资来源最常见的方式（Gong et al.，2014；Kouvelis and Zhao，2016），然而，由于缺乏抵押品和低信用评级（Liu et al.，2019，Fang and Xu，2020），资金受限的制造商很难从银行获得绿色信贷支持（Xu and Fang，2020；Dong et al.，2023）。因此，资金受限的制造商除了向银行等外部金融机构寻求资金支持（Wu et al.，2019；Tang and Yang，2020），还可以向供应链核心企业（An et al.，2021；Lai et al.，2022）或电商平台寻求资金支持（Qin et al.，2021）。例如，实际中，越来越多的电商平台开发低碳相关项目，或为供应商的碳减排项目进行投资（Qin et al.，2021）。目前，在我国，绿色供应链金融仍处于探索阶段，只有一小部分大型公司结合自身发展开展了相应绿色供应链金融业务，主要包括三种模式：银行主导模式、核心企业主导模式和平台主导模式（徐荣贞等，2022）。

10.2.1　银行主导模式

银行主导模式是银行通过运用供应链金融的产品，加大对绿色供应链中绿色产业、绿色项目的金融支持力度，该模式强调银行在给供应链中借款方发放贷款时将通过充分考虑借款方的资金用途进而推动企业向绿色可持续发展方向转型，实现供应链金融与绿色金融的有效融合。该模式中，银行不仅可以通过绿色供应链金融服务给予绿色设备生产商在生产与销售方面的支持，或者支持下游企业购买绿色设备；而且还可以通过发展保理、应收账款质押融资等供应链金融工具支持下游企业采购绿色标识产品进而促进绿色发展。

在此背景下，各银行开始与供应商合作，通过开展一系列的绿色金融创新业务来帮助供应链上的上下游企业实现可持续发展目标。2012 年，兴业银行向天津恒景再生合金材料有限公司发放了 2000 万元的经营贷款和 6000 万元的绿色创新贷款以升级其清洁制造技术①。此外，兴业银行以设备和节能收益为抵押，实现能源节约效益的战略目标。2019 年 4 月，沃尔玛与汇丰银行共同启动了“可持续供应链融资计划”，进而促进其供应链的可持续发展。该融资计划旨在通过对零售商和制造商实施绿色技术与节能改造，帮助它们实现可持续发展目标。同时，参与沃尔玛节能可持续项目的供应商，在取得显著成绩后，可向汇丰银行申请获得相应的优惠融资率，以促进其可持续发展。这种做法不仅可以帮助用能企业获得银行贷款，还有助于推动绿色经济增长。此外，浦发银行推行了合同能源管理项目支持绿色供应链金融产品以帮助企业缓解资金约束问题。

10.2.2 核心企业主导模式

核心企业主导模式是指核心企业根据其在供应链上的核心地位为上下游企业进行绿色改造等绿色努力提供资金方面的支持，在推动供应链整体环境发展的前提下进一步实现核心企业自身与上下游企业的双赢目标。目前，国际上许多大型企业集团已经形成了以核心企业为主导的绿色供应链管理模式。以通用电气公司为例，2014 年 11 月，通用电气公司以原有的绿色供应链管理体系为基础，运用更为科学的手段启动“绿色供应链创新 GSI 项目”，对包括绿色物流、绿色回收、绿色生产等在内的六个方面进行了改进。Levi Strauss & Co 的服装供应商 US Apparel & Textiles 于 2015 年加入了国际金融公司中的供应链融资计划以改善环境和社会绩效②，其中在该计划中 US Apparel & Textiles 可以从国际金融公司获得营运资金，并从 Levi Strauss & Co 得到早期付款支持，从而将其环境和社会绩效提高 40%。

---

① 《兴业天津分行灵活创新 破解中小企业融资瓶颈》，https://www.cib.com.cn/cn/aboutCIB/about/news/2012/20120117_1.html，2012 年 1 月 17 日。

② IFC, US Apparel, and Levi Strauss and Co.：setting a higher standard for sustainability in Pakistan（English），https://documents.worldbank.org/en/publication/documents-reports/documentdetail/727531525341784258/ifc-us-apparel-and-levi-strauss-and-co-setting-a-higher-standard-for-sustainability-in-pakistan，2023 年 8 月 15 日。

10.2.3　平台主导模式

平台主导模式是一种新型融资模式，主要以普惠理念和平台技术为搭建框架，通过取代核心企业，将平台改造为资源整合桥梁。其核心还是以成功交易为基础，通过交易、采购、仓储等物流交易环节，为平台上融资困难的中小微企业提供多样化的金融支持，解决中小微企业的资金受限难题。例如，蚂蚁集团推出了“绿色采购贷”，其中核心企业将给予采购认证绿色品牌的经销商贷款利率折扣以鼓励小微经销商多向更绿色、更环保的企业采购商品。平台主导模式的优越之处在于其开放度高的同时能为企业上下游提供一定的绿色金融服务。但是，在绿色供应链金融领域，大型电商企业中只有少数拥有金融牌照且具备足够的实力参与其中。在平台主导的绿色供应链金融的发展中，数字信贷、票据融资等产品在满足中小制造企业等不同主体的融资需求方面起到了重要的作用。但是，平台主导的绿色供应链金融也有一些缺点。第一，该模式的核心是平台，究其根源是一种中介模式，因此，作为整个业务流程体系的基础，平台的生态性被破坏之后金融业务将难以展开。第二，技术能帮助平台主导的绿色供应链金融实现融资需求，但技术不是万能的，不能从根源上改变金融的核心本质。第三，平台主导的绿色供应链金融实践仅体现在少数平台生态中，其模式的可复制性存在一定的难度。

10.3　绿色供应链金融发展趋势

在未来的发展中，绿色供应链金融将成为我国实现“双碳”目标重要的金融工具。我国正处于经济转型升级阶段，节能减排是一项长期任务，而供应链融资可以有效缓解这一压力。随着环保意识的日益增强，人们对于减少碳排放的重视程度也日益提高。绿色供应链金融是一种以绿色供应链为基础，以金融机构、绿色供应商与消费者为主体，以资金融通为主要目的，同时也包含了信用风险控制在内的新型融资模式。在此背景下，未来绿色供应链金融将有以下三种发展趋势。

首先，在政策支持方面，可采取建立绿色供应链金融专项基金或者发放贴息贷款的政策扶持方式为中小微企业提供资金支持。这些基金可专项用于扶持中小微企业开展环境改善、绿色创新等活动，减少企业融资的难度与成本。同时把绿色供应链融资余额列入监管统计范围，将符合监管条件的绿色供应链金融业务列入绿色信贷和绿色贷款统计范围，并采取财政补贴和税收减免等措施支持业务发展。另外，有关产业部委可加快推动各产业绿色高质量发展指导意见的制定，持续覆盖更多的产业、绿色供应链管理有良好基础的核心企业和金融部门实现信息共享。提供财务支持及激励机制、政府及金融机构可给予资金支持及奖励措施以激励企业开展绿色投资及减排行动。其中可包括低息贷款、补贴、碳交易以及其他金融工具，以帮助公司解决早期投资压力问题。

其次，绿色供应链金融的根基将建立在大数据、区块链等技术的基础之上。一方面，随着大数据在金融业中应用的日益广泛，其带来的影响也越来越受到关注，其中金融机构在绿色资源信息处理方面的能力得到了显著提升，而这在很大程度上得益于大数据技术的广泛应用。在银行绿色信贷中应用大数据分析手段，能从多个角度获取贷款客户的信用特征，并根据这些特征做出更加科学有效的决策。借助大数据技术搭建全覆盖的信息网络系统，不仅可以缓解金融部门、企业和政府部门之间的信息不对称情况，而且还能提高信息数据共享速度与准确度，在一定程度上为实体经济的绿色化转型提供有力支持。此外，大数据技术在降低交易费用方面发挥着重要作用，由于有助于解决绿色信贷中信息不对称问题，因此可以有效减少交易成本和风险损失。另一方面，目前有不少学者在研究通过区块链来解决供应链金融问题。对于绿色供应链金融业务来说，区块链技术为金融机构提供了一种安全、透明、高效的供应链数据共享和资金流动服务，从而增强了其业务能力。区块链技术将成为绿色供应链金融的基石，因为它提供了分布式、不可更改、可追溯的数据库，使得供应链中的各个参与方能够更加高效地共享信息、进行信任验证和智能合约执行，从而降低运营成本、缩短交易周期，实现绿色供应链金融的自动化和数字化。区块链技术的应用不仅能够提升绿色供应链金融的安全性和透明度，同时也能够有效降低金融风险，为绿色供应链金融市场的进一步发展提供有力支持。

最后，绿色供应链金融在产品方面会更多元化。由于绿色供应链金融涉及的融资需求与风险较多，各参与主体在各环节上面临着不同的融资需求与风险，所以有必要根据各参与主体在不同环节上的融资需求推出不同种类的绿色供应链金融产品。在绿色信贷领域，截至 2023 年末，我国 21 家主要银行绿色信贷余额达到 27.2 万亿元，同比增长 31.7%。在银行绿色贷款规模快速增长的同时，国有银行与商业银行均将绿色金融作为重要的战略资源进行布局和拓展。金融产品支持绿色供应链金融呈现出了全面开花的局面。截至 2023 年 6 月底，绿色保险半年保费收入 1159 亿元；保险资金投向绿色发展相关产业余额 1.67 万亿元，同比增长 36%。在推进“绿色保险”银保联动机制的过程中，农行农银财险致力于为绿色金融业务提供全面的保险和再保险服务，同时积极探索开发绿色技术装备保险、环境污染责任保险、绿色农业保险和绿色产业财产保险等多元化产品。截至 2022 年底，中国银行与中银保险合作，共同研发了 85 款绿色保险产品，并共同承担了约 1656 亿元的保险责任。未来在绿色技术、绿色模式和不同业态层出不穷的情况下，绿色供应链金融产品将不断得到创新以适应参与各方的要求。绿色供应链金融将不再局限于传统的贸易融资模式，未来将推出多元化的绿色产品，包括保兑仓、应收账款质押、应收账款保理、存货质押、动产质押、票据融资、船舶抵押融资等。这类产品主要是为了解决供应链融资困难和成本高的问题，并针对供应链各环节提供了各种融资方式。未来不同种类的绿色供应链金融产品将更为丰富和完善。

参考文献

安伟. 2008. 绿色金融的内涵、机理和实践初探[J]. 经济经纬，25（5）：156-158.

陈啸，薛英岚. 2021. 普惠金融发展可以减少中国碳排放吗？——基于 LMDI 分解法的时间序列分析[J]. 财经问题研究，（5）：59-66.

马骏. 2017. 构建中国绿色金融体系[M]. 北京：中国金融出版社.

潘悦，石聪颖. 2023. 绿色供应链金融研究综述[J]. 中国集体经济，（19）：84-87.

王俊杰，裘以峰. 2023. 2030 年碳达峰的可行性和挑战性：以山东省为例[J]. 齐鲁学刊，（3）：130-143.

徐荣贞，王森，何婷婷. 2022. 绿色供应链金融视角下中小企业可持续发展的动力机制研究[J]. 金融理论与实践，（1）：76-86.

徐政，江小鹏. 2021. 绿色金融支持碳中和：现状、机理与路径[J]. 学术交流，（10）：78-87.

杨晓叶. 2020. 绿色供应链金融风险评估研究：基于 Logit 模型与 BP 神经网络的比较研究[J]. 工业技术经济，39（12）：46-53.

张文中. 2005. 绿色金融：现状、问题与趋势[J]. 新疆财经，（6）：38-44.

An S M，Li B，Song D P，et al. 2021. Green credit financing versus trade credit financing in a supply chain with carbon emission limits[J]. European Journal of Operational Research，292（1）：125-142.

Chen J，Huang S J. 2021. Evaluation model of green supply chain cooperation credit based on BP neural network[J]. Neural Computing and Applications，33：1007-1015.

Cowan E. 1990. Topical issues in environmental finance[R]. Economy and Environment Program for Southeast Asia Special and Technical Paper.

Demailly D，Quirion P. 2008. European emission trading scheme and competitiveness：a case study on the iron and steel industry[J]. Energy Economics，30（4）：2009-2027.

Dong G S，Liang L，Wei L H，et al. 2023. Optimization model of trade credit and asset-based securitization financing in carbon emission reduction supply chain[J]. Annals of Operations Research，331(1): 35-84.

Fang L，Xu S. 2020. Financing equilibrium in a green supply chain with capital constraint[J]. Computers & Industrial Engineering，143：106390.

Glover J L，Champion D，Daniels K J，et al. 2014. An institutional theory perspective on sustainable practices across the dairy supply chain[J]. International Journal of Production Economics，152：102-111.

Gong X T，Chao X L，Simchi-Levi D. 2014. Dynamic inventory control with limited capital and short-term financing[J]. Naval Research Logistics（NRL），61（3）：184-201.

He L Y，Liu R Y，Zhong Z Q，et al. 2019. Can green financial development promote renewable energy investment efficiency? A consideration of bank credit[J]. Renewable Energy，143：974-984.

Kayser D. 2016. Solar photovoltaic projects in China：high investment risks and the need for institutional response[J]. Applied Energy，174：144-152.

Kouvelis P，Zhao W H. 2016. Supply chain contract design under financial constraints and bankruptcy costs[J]. Management Science，62（8）：2341-2357.

Labatt S，White R R. 2002. Environmental Finance：A Guide to Environmental Risk Assessment and Financial Products[M]. Hoboken：John Wiley & Sons.

Lai Z X，Lou G X，Ma H C，et al. 2022. Optimal green supply chain financing strategy：internal collaborative financing and external investments[J]. International Journal of Production Economics，253：108598.

Lai Z X，Lou G X，Yin L S，et al. 2023a. Supply chain green strategy considering manufacturers' financial constraints：how to manage the risk of green supply chain financing[J]. Annals of Operations Research，292：1-32.

Lai Z X，Lou G X，Zhang T T，et al. 2023b. Financing and coordination strategies for a manufacturer with limited operating and green innovation capital：bank credit financing versus supplier green investment[J]. Annals of Operations Research，331（1）：85-119.

Larsen R. 2019. TV maker Loewe goes bankrupt[EB/OL]. https://www.flatpanelshd.com/news.php?subaction=showfull&id=1561546685[2019-06-26].

Liu X H，Wang E X，Cai D T. 2019. Green credit policy，property rights and debt financing：quasi-natural experimental evidence from China[J]. Finance Research Letters，29：129-135.

Narasimhan R，Schoenherr T，Jacobs B W，et al. 2015. The financial impact of FSC certification in the United States：a contingency perspective[J]. Decision Sciences，46（3）：527-563.

Qin J J，Fu H P，Wang Z P，et al. 2021. Financing and carbon emission reduction strategies of capital-constrained manufacturers in E-commerce supply chains[J]. International Journal of Production Economics，241：108271.

Salazar J. 1998. Environmental finance：linking two world[R]. The Workshop on Financial Innovations for Biodiversity Bratislava.

Scholtens B. 2006. Finance as a driver of corporate social responsibility[J]. Journal of Business Ethics，68（1）：19-33.

Tang R H，Yang L. 2020. Impacts of financing mechanism and power structure on supply chains under cap-and-trade regulation[J]. Transportation Research Part E：Logistics and Transportation Review，139：101957.

Wu D S，Zhang B F，Baron O. 2019. A trade credit model with asymmetric competing retailers[J]. Production and Operations Management，28（1）：206-231.

Xu S，Fang L. 2020. Partial credit guarantee and trade credit in an emission-dependent supply chain with capital constraint[J]. Transportation Research Part E：Logistics and Transportation Review，135：101859.